前沿 理論

暨南大学“十二五”规划教材
国务院侨务办公室立项项目

# 政治学概论

鞠海龙◎著

时事出版社

本教材由国务院侨务办公室立项

获彭磷基外招生人才培养改革基金资助

# 前　言

我从2006年开始执教暨南大学的政治学概论，迄今已有八个年头了。在这八年中，我经历了对国内马克思主义政治学的再次领悟、对西方政治学的反思，以及为求自我理解而写作的体系再建构。在这个复杂而艰辛的过程中，暨南大学国际政治专业的学生与我共同成长，暨南大学专门为外招生设计的教材资助项目给了我重新建构政治学理论体系的动力。

2009年初，我开始筹划这本《政治学概论》，试图找到一个既可以体现马克思主义政治学理论基本观点，又可以综合当代政治理论发展前沿的思路，编撰一本既有中国特色又能够给海外学生使用的政治学教材。经过多年的教学相长、理论酝酿，和反复修改、调整、实践，2012年年底终于凝练出了这本书的初稿。

在撰写这本书的过程中，因为工作需要我多次赴国外调研。这些调研工作让我实实在在地感受到了那些很难在书本上看到的形形色色的政治现象，以及发展中国家和发达国家虽拥有类似政治制度却无法实现相同经济、社会结果的巨大反差。

2013年，我赴美访学。这次访学给了我亲身体验让美国人自豪又备受世界瞩目的“美国式民主”。这期间，我亲历了美国政府的“关门事件”，了解了美国大草坪擅闯禁区女子被乱枪击毙事件的前因后果，见证了全美华人因一句“杀死中国人”而引发的万人签名和抗议，感受了美国制度的完善和死板，见识了美国警察的认真、原则，也得悉了他们偶尔也会“钓鱼执法”的黑幕……

一次次赴国外调研的经历和美国生活的岁月改变了我过去对西方政治学很多经典理论的认识。在中国的“传统”和美国的“自由”之间，我一直在寻找理解政治真谛的方向。古人有云“政者，正也”。那么，何为“正”？难道仅仅是实现社会的公平吗？如果正义仅仅是公平，那么政治又与平均主义有什么不同？人生而有差异，让有差异的人得到无差异的结果怎么算得上公平？如果公平不是正义，那么为什么不公平却带来了那么多灾难？马科斯治下的菲律宾、卡扎菲治下的利比亚、穆巴拉克治下的埃及不都是因为不公平走向了失败吗？

政治的正义只有和人民的幸福绑在一起才有意义。无论什么制度，只要它能够以全体人民的幸福，而不是以统治集团和与统治集团相关的一部分人的幸福为自己的奋斗目标，这样的政治就具备了政治的正义。正义为纲，纲举目张。目标正确了，制度自然不会坏到哪里。制度不是决定政治正义的根本。政治正义本身才是制度等的基础。关键的问题在于制度是否能够有效地确保其避免堕落，并且一直沿着正义的方向前进。

政治的无奈在于它自己无法选择。因为政治的正义不得不凭借有着私欲的人来实现，所以无论何种完善的制度都会随着时间的流逝、环境的变迁而面临被私欲腐蚀的命运。马克思在《法兰西内战》中曾指出，国家是一个祸害，权力难以永不异变，没有哪一种制度能够彻底防止掌握公权力的人变成骑在人民头上的老爷的悲剧。在公权力没有消失之前，朱元璋的酷刑无法震慑公权力和私欲结合的蠢动，现代制度中的三权分立也无法杜绝公权力为少数人利用的可能。共产主义实现之前，公权力的变异必定依旧是一个人类社会的难题。

技术革命以来，科技成为改变经济和社会的重要动力。科技改变了经济和社会，也改变了传统的政治模式。发端于20世纪70年代的政府再造运动、新兴的公共管理技术，以及信息革命条件下空前发达的新媒体，不仅缩小了政府行政机构和官僚体系规模，改变了公权力和社会的传统关系，而且创造了人民与公权力几乎平等的信息互动平台。公权力从政府体系的向外游离，民众基于新媒体对公权力的约束与引导成为新时代政治发展的重要变数。这些变化虽然并未从根本上使人类社会的公权力升华到共产主义社会的高度，然而，却在现实社会让人们有了更多去了解、评论、约束曾经神秘的公权力的机会。人民约束公权力能力的增长为公权力沿着正义方向前进提供了新的保障力量。

20 世纪后半期，人类社会迈入了全球化时代。全球化时代从纵向切割了传统国家公权力的绝对性。经济贸易权、文化意识形态传播权、国际行为决策权的局部让渡给现代政治带来了更多复杂的因素。国际社会中占有优势地位的国家拥有了更多向外散播自己政治优势的能力，以及将本国经济、社会矛盾转移出去的能力。相对弱小的国家则在自身经济社会发展需要不断应付内部矛盾的过程中不得不时刻警惕来自外部的干扰，以避免国际政治压力诱爆国内社会政治矛盾。在国际社会秩序的制定、监督、裁决权主要掌握在强国手中的情况下，弱国、小国的生存十分艰难。如果这种艰难再加上经济、社会、政治等内部因素极易被外部影响和诱导的压力，弱国、小国的国内政治环境便呈现出前所未有的脆弱性。

面向未来，公权力向社会的让渡、非政府组织的崛起、新媒体对民智的冲击、国际政治与国内政治传统边界的瓦解从新的高度培育了一个国家兴盛发达的高度。在这样一个时代，一个国家的强国之路已经发生了与历史截然不同的变化。富国强兵的手段曾经创造出来的辉煌，在今日已经成为历史。国家强大所需要的不仅仅是足够的财富和强大的武力，还要有以社会和政治结构性优化为基础的内在强悍。这种内在的力量不仅会在国家发展过程中形成抵御来自外部干扰的屏障，而且还会在国家走向强大的过程中形成对外关系的坚实后盾。

政治是人类社会的现象，更是一个国家理解自己和发展自己的依托。政治的正确是一个国家政治正义性的体现，是这个国家人民最大利益与公权力最佳结合的体现。如果一个国家能够在这样的高度建构自己的政治方向和战略目标，那么这个国家无论经历何等的艰难险阻都将成为屹立世界之林的强者。

历经七年的努力，几易其稿，我终于在 2013 年冬天完成了这本书。然而，这本书留给我的思考并没有结束。我的这个所谓的新的体系仍然需要接受来自世界各地的读者的审视。至今，我仍然没有去过欧洲，我仍旧不熟悉当代民主思想的发源地——英国、法国、德国这三个最具代表性国家的民主制度的现状，对北欧国家的政治制度也不甚了解，希望有机会亲自去考察并在有了真正的感知后再来完善这本教材。

这本书在撰写的过程中，融入了我自己对政治的理解，这是我为什么没有按照传统的政治学理论的写作方法进行编撰的重要原因。此外，需要说明的是，本书在编撰过程中因电脑使用问题，曾一度出现注释格式混乱的现象，很多注释成为乱码，甚至丢失。随后虽尽力补救，但仍难免有诸多缺漏。

最后，在本书出版过程中，国务院侨办、暨南大学给予了大力支持。不但获得了国务院侨办的立项，被列入暨南大学“十二五”规划教材，还得到了彭磷基外招生人才培养改革基金的资助。我对来自各方的资助和支持在此一并表示最诚挚的谢意！

**鞠海龙**

2014 年 2 月 18 日

于华盛顿美利坚大学

# 目　录

# 第一章　政治的一般内涵

## 第一节　政治与政治现象

### 一、有关政治的说法

政治是人类社会的一个社会现象。它与大多数人的心理、行为特点有关，表现出特有的行为与社会规律，最终形成人类现实生活中特点相对稳定、影响比较深远的人类活动现象。作为一种人类社会的现象，政治因其具有大多数人的心理与行为共性，反过来对生活在其中的每一个人类社会的个体产生或多或少的影响。这些影响的普遍存在造成了人们对政治的敏感和关注。随着政治这种人类社会现象的历史延续，人们心理与行为被政治规律约束和规范，其产生了能够影响人类活动（或人类个体心理与行为）的具有惯性特征的影响力。这种影响力随着政治现象在近代以来社会的普遍发展，产生了非常广泛的影响。这些影响延伸出种种社会变革与社会发展，冲击和影响着每一个人的生活和生存状态。时至今日，政治已经成为一个几乎所有人无法逃避的东西。无论什么人，无论他（她）是什么国家、民族、种族，无论他（她）的能力、信仰、财富状况如何，他（她）都无法逃离政治以及政治的影响。

正是因为政治对人和人类社会的影响如此之大，所以从古至今，人们对政治的规律性研究也层出不穷。尽管并不是所有古今中外的研究成果和政治信念都是对政治这一人类现象的精准解析或规律性的升华，然而，每一次总结都具有独特的价值。

对于人类社会政治现象的解释，最核心的问题在于辨析这个现象存在的价值和意义。换句话说，就是要从人类存在的根本原因和意义的角度对政治现象做出一个解释。唯其如此，才能够对这一现象的规律性内容进行有意义的剖析和演绎。

对政治现象价值性的阐释是政治哲学对人类政治现象的解析。由于这种解释通常带有理想性的色彩，因此其表达也常常带有某种对政治应当如何、理应如何的主观色彩。对这种政治现象的解释和评判带有特定的价值标准，这种标准或许是人类政治活动应当追求的，但并不一定是与现实政治相吻合的。现实生活中，这种政治价值的追求也可能是完全背离现实政治特征的。尽管这种政治解释有时不一定符合政治现象规律，但是作为一种人类社会对美好未来的追求却具有重要的意义。如果从人类自我觉醒和规范、修正政治现象的角度来理解，这种价值性的研究可能还具有更大的意义。

对政治价值性的研究中外都有，但大多数解释和理解都存在于古代社会。例如中国古代孔子对“政”的解释，“政者，正也。子帅以正，孰敢不正?”（《论语·颜渊》）“其身正，不令而行；其身不正，虽令不从。”（《论语·子路》）“政”被冠以中国古代“正”的内涵。

与古代中国对政治的解释相类似，古代西方也有类似的对政治的阐释。柏拉图所谓的理想国就是“公道或正义之国”。柏拉图将正义视为最大的“善”。他理想的城邦政治就是为了追求这种“至善”。在柏拉图的“至善”之国中，所有人各司其事、互不干扰；城邦政治生活井然有序，人与人之间彼此关系和谐。在和谐、秩序与各安本分的状态中，柏拉图发现了政治的“正义”。[①] 与柏拉图的政治观念一样，亚里士多德也将政治的终极目的归结为“善”。他认为，善是人类生活的核心道德，他所生活时代政治现象的中心——城邦——存在的目的也不能脱离这个中心。他认为，城邦的存在就是让人们过上有道德的生活。“城邦是若干生活良好的家庭或部族为了追求自足而且至善的生活，才行

---

① ［古希腊］柏拉图著，郭斌和、张竹明译：《理想国》，北京：商务印书馆，1986 年版，第 155—156 页。

结合而构成的。”“城邦自足而至善的生活，是人类真正的幸福。”[①]

对政治价值性的解释是有意义的。虽然这种解释在某种程度上被认为有忽视现实政治规律的缺陷，但是它所体现的对人类社会价值的终极关怀却对现实政治和人类发展提出了一个别样的方向和路径。虽然这些价值性的追求和信念在理论的论述中缺乏相应的现实、客观依据加以支撑，但是它毕竟反映了人类社会，或者说是政治本来应当发展的方向，或者是一个可能的发展方向。毕竟人类社会要继续，无论如何离不开“正”与“善”。

如果说对政治价值性的解释是来自于对人类社会现实状况的憧憬，那么对政治现实性的解释则越来越贴近人类政治现象的规律。随着人类社会由古及今的发展，道德和人类发展的终极关怀逐渐同政治的发展方向相分离。相反，对政治当权者权力合法性的解释和探索则逐渐繁盛。这是一个随着人类社会内在复杂性的不断增加，政治本初概念的模糊性被逐渐打破，政治内涵诸要素被纳入逐一解析的过程。随着政治的内在要素被分解并逐渐趋向清晰。政治的现实主义色彩也越来越浓重。与政治相关联的权力概念的出现和相关解读使现实政治对人类社会的影响迅速扩大。

君权神授是人类社会对政治现象最早的一种解释，也是最早对政治与权力概念的分离性诠释。中国《诗经》中有“文王在上，于昭于天”,[②] 汉朝董仲舒有“天子受命于天，天下受命于天子”[③] 等说法。西方《汉谟拉比法典》有明确的君权神授的标识，而学者托马斯·阿奎那也有人世间一切皆遵从神的旨意、“权莫不出于神”、“国王是神之仆”等说法。[④]

君权神授的说法为政治权力者所掌握的权力赋予了神圣不可侵犯的“合法性”。然而，拥有权力并不等于能够很好地运用权力。随着人类社

---

① ［古希腊］亚里士多德著，吴寿彭译：《政治学》，北京：商务印书馆，1983 年版，第 140 页。

② 《诗经·大雅·文王》。

③ 《春秋繁露·为人者天》。

④ ［意］托马斯·阿奎那著，马清槐译：《阿奎那政治著作选》，北京：商务印书馆，1963 年版，第 65 页。

会政治现象的复杂化和政治矛盾的尖锐化，一批阐释政治权力运用的政治内涵相继产生。中国古代法家“先王所期者利也，所用者力也”① 等“法”、“术”、“势”之类的政治之道，以及西方马基雅维利所谓“政治就是夺取权力、掌握权力的必要方法的总和”② 等政治观念是对残酷的政治现实的典型概括和描述。

现实政治的残酷性彻底涤荡政治的道德追求之后，权力要素对政治的影响彻底被释放。政治就是运用力量来统治人、用权术来欺骗人，政治目的就是获取并保持权力，政治活动就是玩弄权术等思想开始在政治发展史上泛滥。这种政治观念的影响之大，不仅表现在它几乎彻底消灭了古代人类对政治的道德追求，而且表现在相关权力政治的客观研究几乎成为政治的核心纳入。“政治就是争取分享权力或者争取对权力分配施加影响”，③“如果特定的疆域范围内，命令之得以实行的原因是凭借行政人员运用武力和武力威胁，那么这个范围内的人类团体就具有政治性”，而“政治学则是一门经验科学，研究权力的形成和分享，而政治行为则是觊觎权力而采取的行为”。④

马克思主义是近代人类社会揭示政治残酷性同时保留政治理想的奇葩。马克思主义以国家秩序为核心，揭示出了政治权力、利益在人类社会不同阶级不公平分配，并由此延伸出不可调和的政治矛盾的现实，提出了政治革命和建立共产主义社会这一唯一彻底改变政治残酷性的思路。遗憾的是，马克思指出了政治的本质，却并没有清晰地指出在残酷的现实政治中真正有效经过漫长的资本主义“卡夫丁峡谷”的道路。

物极必反是自然规律，也是人类社会的规律。随着政治现象的残酷性被赤裸裸地解释出来，并在人类社会的发展过程中被验证，政治权力及其运用最终引发了人们对权力和权力对面的人们之间矛盾的再认识。于是重新认识政治权力、规范权力、改良权力的运用方式便成为解析政

---

① 《韩非子·外诸说》。

② 德国社会学家马克斯·韦伯的观点，转引自王浦劬主编：《政治学基础》，北京：北京大学出版社，1995 年版，第 4 页。

③ ［德］马克斯·韦伯著，林荣远译：《经济与社会》（下），北京：商务印书馆，1997 年版，第 731 页。

④ 美国政治学家哈罗德·拉斯韦尔的观点，转引自达尔著，王沪宁等译：《现代政治分析》，上海：上海译文出版社，1987 年版，第 16 页。

治的另一方向。顺着这一方向，政治又被赋予了技术层面的内涵。

孙中山曾对政治如此定义："政治两字的意思，浅而言之，政就是众人之事，治就是管理，管理众人的事便是政治。"① 在他看来，"国家最大的问题就是政治，如果政治不良，在国家里无论什么问题都不能解决"。② 而西方的学者更直接地将政治解释为参加一个社会全面的管理的进程，③ 与社会事务的治理以及个人和群体对这种治理所具有的控制力相关的安排，④ 及"一种以权威为社会分配价值的行为"⑤ 等明显带有技术色彩和管理特征的社会现象。

政治的道德判断、权力的合法性认识、政治关系的理解，以及政治技术层次的解读终究是为了概括出一个相对完整的政治的印象，进而驾驭政治的规律。然而，政治学有关界定并不一定完全概括了政治的方方面面。自从"政治"一词在人类社会产生，无论是拉丁文、希腊文，还是中国篆书，其相关词汇及理论的演绎都没有离开人类社会相对宏观的集体性单元。这些集体性单元或者表现为国家，或者表现为城邦。值得注意的是，人类社会的政治现象却并不局限于此。在很多局部甚至细小的人类社会单元往往存在着更多鲜活而具有特征的政治活动。这些政治活动尽管往往在大多数一般性的政治学抽象中并不涉及，然而却因其更加鲜活而更易被人们直接感受。

## 二、若干政治现象

政治现象是政治本质及其规律的外在表现，一些学术语言所描述的政治现象的概念往往过于抽象。在现实生活中，政治人物行为、政治团体争斗、国家之间冲突等相关政治的种种现象和行为表现会给人们留下很深印象。因此，研究政治和政治问题，不能忽视"政治象牙塔"外的

---

① 《孙中山选集》第2版，北京：人民出版社，1981年版，第692—693页。

② 同上书，第738—739页。

③ 王浦劬主编：《政治学基础》，北京：北京大学出版社，1995年版，第5页。

④ ［美］庞顿、吉尔著，张定淮等译：《政治学导论》，北京：社会科学文献出版社，2003年版，第9页。

⑤ ［美］伊斯顿著，马清槐译：《政治体系：政治学状况研究》，北京：商务印书馆，1992年版，第128页。

政治现象。也正是这些政治现象，表达着更为明确的政治内涵和启迪。

英国的伯特兰·罗素曾经这样描述人类对权力的欲望：人与其他动物之间有各种各样的区别，有智力方面的，也有感情方面的；属于感情方面的主要区别之一，是人类的某些欲望跟动物的不同，它是无止境的，是不能得到满足的。权力欲就是一个人总得不到满足，又时刻在追求的东西。[①] 权力是政治的基本要素，抛开权力不可能理解政治。权力和权力欲所衍生出来的政治现象是人们理解政治的一个最佳途径。

政治是人类社会生活的现象。无论政治本身是否真的像某些学者所解读的那样具有“灵魂”，作为政治行为的载体——人——毕竟是有“灵魂”的。当人与政治现象相接触的时候，人内在的本性往往在政治行为中得到最充分的体现。由于政治权力是政治现象中最具影响力的一种力量，因此人一旦与政治权力相结合，也最容易将人类本有的“灵魂”缺陷放大到极致。从而，探析政治不能脱离人本身，更不能脱离人所具有的善恶。像一些政治权力掌握者的行为便给人们理解政治和政治现象提出了值得思考的问题，比如强大苏联的奠基人之一斯大林的统治。

第二次世界大战结束后的历史是铁腕和强人政治逐渐趋向消亡的历史。随着二战时期及其后政治人物相继去世，世界政治和国家政治的舞台重新回到人类社会的群体当中。当今时代，种族、部族、民族、国家，乃至同一国家之间不同政治派别之间的政治矛盾日益尖锐，政治似乎已经成为不同人群为了群体利益而斗争和冲突的重要内容。如 1998 年 5 月 13 日至 16 日发生在印尼的“排华事件”。

政治现象在复杂的社会中往往是难以窥探其本来面目的。当探究政治的眼光从政治的个体转移到政治的群体时，这种迷惑会更加严重和复杂。尽管很多政治学者对政治动荡等政治现象有过“任何情况下的内乱，不管其目的如何，都来源于不平等”[②] 之类的论述。但是政治现象的发生在其根由、政治行为的初衷、政治事件的过程、政治冲突的结果之间并不存在一个合理的逻辑链条。很多时候，政治冲突的结果所解决的并

① ［英］伯特兰·罗素著，吴友三译：《权力论》，北京：商务印书馆，1991 年版，第 1 页。

② 杨继绳：《中国当代社会各阶层分析》，兰州：甘肃人民出版社，2006 年版，第 196 页。

不是政治行为初衷所期望的问题，甚至政治发生的过程中还会产生众多与政治行为初衷完全相反的、不必要的或者不应该的结果。这便是政治现象由个体发展到群体的过程中所特有的复杂性。至今，没有哪一个政治学家或者政治派别能够宣称完全胜任于解读这种复杂性。“印尼排华事件”如此，其他当今世界发生的政治冲突事件也是如此。

某些政治统治者为了巩固权力可以做出排除异己的行为，一个国家的政治群体可以为了执政团体的利益挑起或者放任国内一部分民众对另一部分民众的暴行。这既是从宏观角度所能考察到的政治客观现象，也是宏观政治的悲哀。然而在微观层面，政治给人们留下最深印象的还有违背政治本意将政治的公权力服务于私人利益的政治腐败。

根据联合国的调查，腐败已经成为当今世界的一大祸患。有人认为，腐败的根源在于人本身的思想没有好好地改造。如果人“正”了，无论面对什么诱惑都不会动摇；人不“正”，再好的制度都会被“钻空子”。也有人认为，腐败的根本是制度本身存在漏洞。制度完善，坏人无法干坏事；制度不完善，好人也有可能干坏事。

腐败与权力有关。权力赋予了掌权人一定程度上的主动影响，甚至制定职权范围内游戏规则的资格和能力。相对于所有非权力人，或者其他非本职权范围的权利人而言，掌握特定职权的权力人最清楚其所从事的工作中规则是如何制定、如何运用，以及如何影响和修改的。因此，当权力为了国家和人民的利益而给予了权力人制定、运用、影响和修改权力规则和秩序的权利时，也就造就了权力人脱离权利相对应的责任而谋取私利的能力。

当权力掌握者有机会改变权力的用途时，权力的监督便成为政治必不可少的内容。对于权力监督，每个国家有着不同的主张。当代西方国家主张依靠民主制度，以权力制衡权力的基本原则防止腐败的发生和蔓延。中国则以政党政治的阶级先进性和官员的自律来从根本上防止腐败的发生，同时辅以党内监督、社会监督等社会主义民主机制的腐败防治措施。

当代世界，民主政治是政治发展的潮流。经过 200 多年来数次民主化浪潮的冲击，民主制度突破西欧、北美地区，向南欧、非洲、拉美、东欧及亚洲等地区扩散。然而，需要说明的是，民主制度在具体的实施过程中有一个不可或缺的环节——代议制。在这个环节中，民众选出认为可以代表他们实现自己权利的代表，进而来替他们完成他们相对于政治权力的影响。由于代议制在现实执行中存在影响或者扭曲民主制度最初政治理念的可能，因此代议制对于程序的管控要求就变得非常严格。此外，在代议制条件下，制度设计对于权力监督的有效性要求也相当高。在严格的程序规范和有效监督之下，民主制度最大限度地、明确地规定了权力的方向运作，并对超越权力方向的任何可能进行了预防性防御。从而，完善的民主制度被很多人认为是推动政治清明的一个重要环节。

中国香港自廉政公署建立以来，其政治廉洁和效率一直蜚声国内外。香港是行政主导的政治体制。这种政治体制表现为行政权在行政、立法和司法三种权力架构中处于优势地位。然而，根据香港基本法第 85 条“香港特别行政区法院独立进行审判，不受任何干涉，司法人员履行审判职责的行为不受法律追究”等有关规定，仍然特别强调并保障了香港的司法独立制度。与此同时，香港基本法也规定了香港立法会除了有权制定、修改和废除香港特别行政区自治范围内的所有法律的权力，以及质询、辩论等权利。根据香港基本法，香港“立法会有权听取行政长官的施政报告并进行辩论；对政府的工作提出质询”；① “立法会全体议员的 1/4 联合动议，指控行政长官有严重违法或渎职行为而不辞职，经立法会通过进行调查，委托终审法院首席法官负责组成独立的调查委员会并担任主席；调查委员会负责进行调查，并向立法会提出报告。如该调查委员会认为有足够证据构成上述指控，立法会以全体议员 2/3 多数通过，可提出弹劾案”。② 依据这些制衡香港特区行政权、立法权和司法权均可以独立运作，三权的实际运作当中不存在任何权力可以既担任“运动员”又担任“裁判者”的可能。这种相互制衡的监督将香港滋生腐败的可能性降到了最低点。

---

① 王英津：《港澳特区政府与政治》，台北：博杨文化事业有限公司，2009 年版，第 54 页。

② 同上。

趋乐避苦是人的本性。当权力可以兑换利益，而权力对于利益的兑换又没有任何痛苦的代价时，人们往往难以抵制利益的诱惑。当损失大于所得时，人自然可以做出理性的判断。从这个角度理解问题，政治的制度设计是否可以用古代法家理论——“火性烈，焚毙者寡；水性柔，溺死者众”来理解呢？

政治是复杂的。政治既有其理念的期许，又有其现实的残酷。然而，作为一种人类社会现象，它毕竟存在和经历了众多的时代。在这漫长的时间延续中，也必然有其规律性、概念性的东西被总结和延伸出来。开启政治殿堂的大门，有必要首先扫描政治的全貌。然而，真正登堂入室，还需要细致入微的学理性辨析和探索。这则需要我们首先梳理和熟悉前人对这一学科的规律性总结与概括。

## 第二节　政治理念的东方脉络

之所以把东西方的政治理念分开来探索并不仅仅是出于地域关系的考虑，更是基于文化传承的特点。东方的古老和其文明的独特性与西方是截然不同的。即便在当今世界，西方人和东方人彼此之间的文化差异仍然相去甚远。没有深厚东方文明素养的人很难理解东方人如此注重自我修养的执着精神；没有从小接受西方教育的人也很难拥有西方的科学精神。尽管二者在本质上并不矛盾，然而以小我而大我的文化内涵与以自我而自由、权利的文化在形式和制度设计上依旧有着很多彼此无法相容的地方。正是基于此，本书以东西方的政治文明差异为界碑，分别阐释不同的政治文明发展路径。

### 一、中国的“天道”、“仁政”、“民本”思想

中国是东方大国。中国的政治与政治思想自古以来都是当之无愧和首屈一指的。在不同的历史阶段，中国的政治先后表达过天皇圣君、宗法血亲、君王治术等等一系列政治伦理和思想。这些政治伦理和思想代代相传，对中国人的生存环境和生存方式产生了深远的影响。这些影响

反过来加诸于中国的政治生活，相互印证，形成了具有中国特色的政治理念。

### （一）“天道”与政治权力的合法性

根据文字记载，中国人是最早探索并记录了政治权力来源合法性问题的人类族群之一。在《尚书·盘庚》中有这样两段记载：

> “古我先王，暨乃祖乃父，胥及逸勤，予敢动用非罚。世选尔劳，予不掩尔善。兹予大享于先王，尔祖其从与享之。作福作灾，予亦不敢动用非德。”①
>
> “今予命汝一，无起秽以自臭，恐人倚乃身，迂乃心。予迓续乃命于天，予岂汝威，用奉畜汝众。”②

这两段话是商王盘庚在迁殷过程中对臣民的训诫。意思是说：过去我的先王和你们的前辈曾经在一起过着安乐的生活，如果你们能够把你们祖先的勤劳传统继承下来，我也会承认你们。现在，我要大祭先王，你们的祖先也将一同跟着受用。你们作善受福，作恶受罚，都是由祖先来决定，并非我擅自的主张。你们要诚心听从王的训诫，不要为错误的意见所影响。我将为你们向上天祈求。我不会用威势去强迫你们，我会让你们得以安养。

两段历史记载虽然没有现代政治学的概念和名词，但是在内容逻辑上却表明了这样一些事实，那就是，商王要迁都，为了顺利地推行这一政令，商王提出了迁都的理由。然而，商王的迁都并没有按照现代人的逻辑陈述种种现实客观理由，而是直截了当地运用了至高无上的王权。在使用王权推动迁都的过程中，商王论述了王权的合法性，以及臣民必须遵从的理由，那就是王权来自祖先关系的继承，臣民的祖先臣服于先王，先前的君臣关系决定了现今的君臣关系，现今的君臣关系决定了臣民必须服从商王的决策。在这一逻辑环节中，商王阐述了臣民要遵从他迁都最重要的一个理由就是王权的合法性——先祖与天。

---

① 《尚书·盘庚（上）》。
② 《尚书·盘庚（中）》。

受命于天，统御万民是中国古代政治权力合法性的基本解释。商代之后的周朝也有类似的记载。然而，周朝的受命于天与商朝时期的受命于天则已经有了差异。因为周朝建立时曾以天命灭商，所以周朝建立初期所表达出来的政治思想充满了对天命的敬畏，并对天命做出了非常完整的解释。在《尚书》中有这样的记载：

> “汝小子封，惟命不于常，汝念哉。”“惟乃丕显考文王，克明德慎罚，不敢侮鳏寡，庸庸、祗祗、威威、显民，用肇造我区夏，越我一二邦，以修我西土，惟时怙冒闻于上帝，帝休，天乃大命文王殪戎殷。”“往敷求于殷先哲王，用保乂民，汝丕远惟商耇成人，宅心知训。别求闻由古先哲王，用康、保民，弘于天。若德裕乃身，不废在王命。”“人有小罪，非眚，乃惟终，自作不典，式尔，有厥罪小，乃不可不杀。乃有大罪，非终，乃惟眚灾，适尔，既道极厥辜，时乃不可杀。”①

这段话是周公在把卫国封给康叔的时候，对他的告诫。大致的意思是，要求康叔牢记天命不常的道理及作为诸侯王要小心谨慎地治理他的封国。作为告诫的理由，周公指出，周取代商是天命无常的示现。周之所以能够取代商的原因在于周文王明德慎罚，怀保小民，因而感动了上天，上天才转而降天命于周。因此，天命只保佑有德之人。所谓德，最直接的体现就是民情。所以，作为统治者要善待子民、慎用刑罚，避免招致民怨。

### （二）“德”、“法”、“无为”三大治国之道

春秋晚期，周王朝的统治体系濒临瓦解。适应时代的变迁，一大批思想家脱颖而出。尽管当时诸子百家思想内容繁杂，然而对当时政治的关注和国家的治理却是诸子所关注的重要话题之一。于是在春秋战国时期，有关政治权力的运用等思想纷纷涌现，并产生出对后世有着重大影响的众多思想。孔子是中国入世思想的先行者和集大成者。在孔子看来“为政以礼”、“为政以德”是基本的治国之道：

---

① 《尚书·康诰》。

> “为政先礼，礼其政之本与?”“上好礼，则民莫敢不敬”；“上好礼，则民易使也”。[1]“不在其位，不谋其政。”[2]“名不正则言不顺，言不顺则事不成，事不成则礼乐不兴，礼乐不兴则刑罚不中，刑罚不中，则民无所错手足。”[3]
>
> “为政以德，譬如北辰，居其所而众星共之。”“道之以政，齐之以刑，民免而无耻；道之以德，齐之以礼，有耻且格。”[4]“天下有道，则政不在大夫，天下有道，则庶人不议。”[5]

虽然在最本初的意思上，礼与祭祀有关，主要表达在不同的祭祀场合中不同的尊卑礼仪和次序，但是在本质上中国古代所谓的“礼”实际上表达的是一种规矩和秩序。所谓“礼法”实际上也就如同当今的宪法，礼法（宪法）是规范一个国家秩序的根本大法。有了礼法才会有一个国家相对稳定的秩序。秩序是一个国家立国的根本，这一点孔子看得非常清楚。也正是这个原因，孔子才在他生活的那个时代发出过“礼崩乐坏”的感慨。从而，在孔子的思想里，订立和维持国家秩序的根本礼法是政治的根本。这一点与当今世界任何政治思想并没有什么区别。

确立维护国家秩序的根本法则之后，孔子认为以德治来推行政治实践是实现国家统治的重要原则。在孔子看来，所谓“德”其实是礼法秩序的延续。换句话说，就是在礼法秩序的框架下，每个政治层次的人要遵从特定层次的德。而这些依序循礼的德则反过来又加强和黏合着每一个层次的秩序。于是，以礼建构的秩序和以德巩固的秩序便相辅相成、互相支撑形成一个完美的政治统治和国家秩序体系。

国家秩序是国家层面解读政治的核心问题。对于国家如何确立和维护它的秩序，中国古代除孔子的儒家思想以外还有不同的主张。法家是

---

① 《礼记·哀公问》。
② 《论语·泰伯》。
③ 《论语·子路》。
④ 《论语·为政》。
⑤ 《论语·季氏》。

与儒家相对立的学派。法家代表人物韩非认为：

> “国者，君之车也”；“人主者，守法责成以立功者也。闻有吏虽乱而有独善之民，不闻有乱民而有独治之吏。故明主治吏不治民，说在摇木之本与引网之纲”。①
>
> “君上之于民也，有难则用其死，安平则尽其力。”②“人主之大物，非法则术也。”③“势者，胜众之资也。”④

在韩非看来，君主是国家的权力中心，地位至高无上。君主的利益高于一切。在君主、国家和臣民三者关系上，君主是国家的主人，国家属于君主个人所有。臣下应该绝对服从君主，其存在的根本意义是为了满足君主统治国家的需要。国家的统治在于君主以臣子统御万民。国家秩序确立的关键在于君主统治臣下，而臣下治理民众。民众的价值是能够为君主所用，从而君主对臣下和万民需要行使权威和策术以使其服从。

老子和庄子的道家思想是与孔子和韩非的儒家、法家思想截然不同的思想体系。尽管老子的“道”在很大程度上关注个人多于国家，然而其思想仍然深刻地影响了中国人和中国古代的政治行为。

> “有物混成，先天地生，寂兮寥兮，独立而不改，周行而不殆，可以为天下母。吾不知其名，字之曰道。”⑤“为学日益，为道日损。损之又损，以至于无为。无为则无不为。”⑥“如无为，则无不治矣。”⑦
>
> “五色令人目盲，五音令人耳聋，五味令人口爽。”⑧“不尚贤，

---

① 《韩非子·外储说》。
② 《韩非子·六反》。
③ 《韩非子·难三》。
④ 《韩非子·八经》。
⑤ 《老子》二十五章。
⑥ 《老子》四十八章。
⑦ 《老子》三章。
⑧ 《老子》十二章。

使民不争。”“不贵难得之货，使民不为盗。”[①]“智慧出，有大伪。”[②]“以智治国，国之贼，不以智治国，国之福。”[③]“天下无道，戎马生于郊。”[④]“兵者，不详之器，不得已而用之。”[⑤]

老子的思想源自于独特的思维及其所衍生出来的世界观和人生观。在老子看来，人生存的价值和意义并不在于现实世界和社会所见所闻，而是在于重新回归道体。如果以此为人生的终极价值，那么政治和国家的存在其实都是没有意义的。如果非要勉强为之，则国家的治理也要尽可能地回归道的本源，尽可能地避免扩大外界、外物对于人的诱惑，更不宜以人的思想和理解随意地对国家的秩序和臣民进行过多干预以致违背道体。一旦国家的发展方向脱离了宇宙的规律——道，则冲突和战争便很可能随之而起。因为兵戎是国家不祥的表征，所以除非不得已而为之，否则要尽可能避免。

由于老子所描述的宇宙观和人生观的内容很难被普通人所理解，因此后来很多学者评价道家思想影响的时候，往往认为它的地位处于儒家和法家之下，但在政治生活中道家思想堪为儒、法思想的重要补充。然而，“圣人处无为之事，行不言之教”[⑥] 并不是一般人站在老子生活的那个时代，凭借普通的逻辑思维对社会现象进行分析所能理解的，因此这一思想后来并没有成为影响中国政治发展的重要内容。

### （三）中央集权的政治社会秩序

秦汉以来，中国进入高度中央集权的政治社会体系。至上的皇权扫清了一切可能存在的其他权威，也排挤了一切有害于高度集权的政治思想。汉朝董仲舒“罢黜百家，独尊儒术”的主张适应了那个时代维护君权至上的需要，从而成为影响中国最为深远的政治思想。董仲舒主张：

---

① 《老子》三章。
② 《老子》十八章。
③ 《老子》六十五章。
④ 《老子》四十六章。
⑤ 《老子》三十一章。
⑥ 《老子》二章。

“圣人何其贵者？起于天。至于人而毕。”[①] “《春秋》之法，以人随君，以君随天。”[②] “君人者，国之元也。”[③] “古之造文者，三画而连其中，谓之王。三画者，天、地与人也。……取天、地与人之中以为贯而参通之，非王者孰能当是？”[④] “唯天子受命于天，天下受命于天子。”[⑤] “王者承天意以从事”[⑥] 天下始治。

天下之治“未有贵贱无差，能全其位者也”。[⑦] 圣人治国，先“立尊卑之制，以等贵贱之差”。[⑧] “礼者，继天地，体阴阳，而慎主客，序尊卑、贵贱、大小之位，而差内外、远近、新旧之级者也”。[⑨] “君臣、父子、夫妇之义，皆与诸阴阳之道”。“君为阳，臣为阴；父为阳，子为阴；夫为阳，妻为阴”。[⑩] 顺阴阳而立君臣、父子、夫妇之礼，则纲纪明而天下治矣。

按照董仲舒的说法，君王受命于天。君权来自于上天的授予，神圣不可侵犯。因此，君为贵，天下次之。臣民均当以服从国君为天职，以尊从君王为国之根本。在此基础上，国家立礼制，建纲常，则形成完整的国家秩序。依照这样的国家秩序，一个国家的政治权力便得以巩固，而政治权力的运用和国家的治理也自然有章可循。

**（四）“仁政”与“民本”**

中国宋明理学时期的仁政思想来源于儒家孔子和董仲舒的政治主张，杂糅了道家和佛教的若干内容，形成了独特的仁政与民本思想。按照程颢、程颐和朱熹等人的说法：

---

① 《春秋繁露·天地阴阳》。
② 《春秋繁露·玉杯》。
③ 《春秋繁露·立元神》。
④ 《春秋繁露·王道通三》。
⑤ 《春秋繁露·为人者天》。
⑥ 《春秋繁露·尧舜不擅移汤武不专杀》。
⑦ 《春秋繁露·王道》。
⑧ 《春秋繁露·保位权》。
⑨ 《春秋繁露·奉本》。
⑩ 《春秋繁露·基义》。

"天者，理也。"[①] "父子君臣，天下之定理。"[②] "宇宙之间，一理而已……其张之为三纲，其纪之为五常，盖皆此理之流行，无所适而不在。"[③] "盖三纲五常，天理民彝之大节，而治道之本根也。"[④]

"人君欲附天下，当显明其道，诚意以待物，恕己以及人，发政施仁，使四海蒙其惠泽可也。"[⑤] 是故"王道之本，仁也"。[⑥]

"政之为言正也，所以正人之不正也。德之为言得也，得于心而不失也……为政以德，则无为而天下归之，其象如此。"[⑦] "窃闻之古圣贤之言治，必以仁义为先，而不以功利为急。"[⑧]

"明明德者，立其天地万物一体之体也。亲民者，达其天地万物一体之用也。故明明德必在亲民，而亲民乃所以明其德也。"[⑨]

"人君为政在于得人",[⑩] "天下之务莫大于恤民"。[⑪] "为政之道，以顺民心、厚民生、安而不扰为本。"[⑫] "养民之道，在爱其力。民力足则生养遂。生养遂则教化行而风俗美，故为政以民力为重也。"[⑬]

按照程、朱等人的思想逻辑，天理纲常本为一体。无论圣君还是百姓均当遵从天理纲常。然而，君主以天理纲常统治天下并非其所有行为均可以被视为符合天理的行为。君王虽居高位，但是却不能任意伤害百姓，因为暴政同样有违天理纲常。君王的政策应当尽可能以仁义为先，而不是仅仅着眼于功利。身为人君，应当施行仁政。施行仁政则天下万民自然归附，天理纲常自然和谐，民风淳厚，社会秩序井然。

---

① 《河南程氏遗书》卷第十一。
② 《河南程氏遗书》卷第五。
③ 《朱文公文集》卷七十，《读大纪》。
④ 《朱文公文集》卷十四，《戊申延和奏劄一》。
⑤ 《河南程氏粹言》卷第二。
⑥ 《河南程氏文集》卷第五。
⑦ 《论语集注》卷一。
⑧ 《朱文公文集》卷七十五，《送张仲隆序》。
⑨ 《大学问》。
⑩ 《四书章句集注·中庸章句》。
⑪ 《宋史》卷四百二十九，《列传第一百八十八》，《道学三·朱熹》。
⑫ 《河南程氏文集》卷第五。
⑬ 《河南程氏经说》卷第四。

### （五）反对专制皇权的政治思想

秦朝统一天下以来，中国政治便进入专制政治的时代。时至清朝，专制皇权治下的政治已经延续了2000余年。期间，尽管社会精英和政治精英对中国的政治发展提出了种种有意义的建议，也做出很多贡献，然而，这些努力并没有改变中国政治在王权治下的历史轮回——“新王朝的励精图治—王朝鼎盛时期的社会繁荣与政治腐败—社会动荡而政治动荡—改朝换代”。于是在中国明清朝代更迭和民间经济繁荣发展的条件下，中国的政治与社会精英开始了最早的对专制体制的思考，并出现了黄宗羲、顾炎武等一批最具有启蒙性质的政治思想家。

“古者以天下为主，君为客。凡君之所毕世而经营者，天下也；今也以君为主，天下为客，凡天下之无地而得安宁者，为君也。是以其未得之也，屠毒天下之肝脑，离散天下之子女，以博我一人之产业，曾不惨然！曰：‘我固为子孙创业也。’其既得之也，敲剥天下之骨髓，离散天下之子女，以奉我一人之淫乐，视为当然，曰：‘此我产业之花息也。’然则为天下之大害者，君而已矣。”①

“嗟乎？天之生斯民也，以教养托之于君；授田之法废，民买田而自养，犹赋税以扰之；学校之法废，民蚩蚩而失教，犹势利以诱之。是亦不仁之甚，而以其空名跻之曰‘君父，君父’，则吾谁欺！”②

“三代以上有法，三代以下无法。何以言之？二帝三王知天下之不可无养也，为之授田以耕之；知天下之不可无衣也，为之授地以桑麻之；知天下之不可无教也，为之学校以兴之……此三代以上之法也，固未尝为一己而立也。后之人主，既得天下，唯恐其祚命之不长也，子孙之不能保有也，思患于未然以为之法。然则其所谓法者，一家之法，而非天下之法也。”③

“以天下论者，必循天下之公，天下非一姓之私也。”④“有人焉

① 《明夷待访录·原君》。
② 《明夷待访录·学校》。
③ 《明夷待访录·原法》。
④ 《读通鉴论》卷末《叙论一》。

视于无形，听于无声，以事其君，可谓之臣乎？曰：否！杀其身以事其君，可谓之臣乎？曰：否。夫视于无形，听于无声，资于事父也，杀其身者，无私之极则也，而犹不足以当之，则臣道如何而后可？曰：缘夫天下之大，非一人之所能治而分治之以群工，故我之出而仕也，为天下，非为君也，为万民，非为一姓也。”①

“天下之治乱，不在一姓之兴亡，而在万民之忧乐。”② 为君者亦“以民为基……无民而君不立”。③ “人君之当行仁义，自是体上天命我作君师之心，而尽君道以为民父母，是切身第一当修之天职。”④

是故“人君于天下，不能以独治也，独治之而刑繁矣，众治之而刑措矣”。⑤ 若“辟官、莅政、理财、治军，郡县之四权”由君王皆得专之，则“言莅事而事权不在郡县，言兴利而利不在郡县，言治兵而兵权不在郡县，尚何以复论其富国裕民之道也哉！”“守令无权，民之疾苦不闻于上，安望其致太平而延国命乎？”⑥

君为轻、民为本的政治思想，与周朝立国时期的君以天命而统御天下，而天命则以民为本的思想基本相似。然而，在具体的政治实践观念中，黄宗羲和顾炎武等人更多地讨论了集权体制的弊端和反对专制制度的必要性。尽管这些思想大多是总结中国历朝历代政治权力更迭经验而来的，但是这些经验的总结已经具有了明显的、根本上改变传统政治体制的痕迹。这些思想对于后来中国的政治发展具有非常积极的意义。

## 二、日本的“人道”与“国家主义”观念

尽管古代日本经历了弥生、古坟、飞鸟、奈良、平安等时代，但是

---

① 《明夷待访录·原臣》。

② 同上。

③ 《周易外传》卷二。

④ 《读四书大全说》卷八。

⑤ 《日知录》卷六，《爱百姓故刑罚中》。

⑥ 《日知录》卷九，《守令》。

日本的古代社会并没有产生过像中国那样极其丰富的政治思想。直至大化改新，仿效中国唐朝的政治制度，试图建立一个律令制的国家时，日本才真正有了堪称制度性的政治统治和政治思想。

公元710年，日本元明天皇迁都平城京。日本进入了奈良时代，国家的政治制度逐渐趋向成熟。公元894年，日本派遣最后一批遣唐使后，结束了大量摄取中国文化的历史。在平安时代，日本逐渐进入中央集权政治体制的自我消化和完善阶段。

17世纪，日本进入德川时代。德川时代是中国政治文化日本化的最繁荣时期。由于德川家康崇尚儒学，尊崇唐太宗的治国之道，因此在其统治时期内，日本的政治思想也逐渐繁荣和发展起来。其中比较有代表性的是伊藤仁斋和荻生徂徕。伊藤仁斋的政治思想以孔子与孟子的思想为基础，对政治的德治理论做了相对于孔孟更为详细的诠释，提出了与中国政治思想“天道”不同的“人道”论。伊藤仁斋指出：

> “凡圣人所谓道者，皆以人道而言之。至于天道，则夫子之所罕言，而子贡不可能闻之所以也。”① “有人则有性，无人则无性。道者不待有人与无人，本来自有之物。满于天地，彻于仁伦，无时不然，无处不在。”②

在伊藤仁斋看来，仁、义、礼、智并不是人本然具有的先天本性，而道是。所谓道正是限制人的动机、人应该去实现的理想。人生存的意义不在于将自身契合于天道，而是应该积极实践自身应当实践的人道。伊藤仁斋的思想对后来的日本政治思想产生了很大的影响。

荻生徂徕是继伊藤仁斋之后日本最著名的政治思想家。在荻生徂徕看来，“圣人之道专以治己身心，若专以治己身心，而推之以治国平天下

---

① ［日］井上哲次郎、蟹江义丸编：《日本伦理汇编（语孟字义上）》，东京：临川书店，1970年版，第19页。

② ［日］井上哲次郎、蟹江义丸编：《日本伦理汇编（童子问上）》，东京：临川书店，1970年版，第83页。

之说，乃佛老之绪论。”[①] 所谓道就是指圣人之道。圣人之所以为圣人，归根结底在于他制定礼乐、刑罚、政治秩序，而不在于他自身道德完善无缺。道既是普遍存在的，也是更为客观、具体的，自然融于礼乐刑政的东西。道的根本在于治国平天下。然而，道不离于人世，而是与一般人具有完全的连续性和相关性。

对于治理国家的原则，荻生徂徕认为：“为国之治虽亦宜立私之义理，然如违公之理有所害，则不可立私之义理。”[②] 按照荻生徂徕的理解，所谓“公”包含着社会的、政治的、个人以外的领域；所谓“私”则是指个人的、自身的、人内向的领域。在社会政治的范畴内，“公”自然优于“私”，因此，国家、集体也就具有独特的政治优越性。

明治维新是日本政治制度发生巨大变化的时代。然而，日本并没有因此而割断对历史的继承。积淀于日本历史上的政治思想，尤其是荻生徂徕等人的思想对新时期的日本政治发展起到了很重要的作用。这些传统的政治思想在日本明治维新时期所演化出的国家主义和武士道精神成为影响日本的重要政治理念。

荻生徂徕对“公”与“私”的论述是日本国家主义的逻辑起点。日本的国家主义所强调的即是个人对国家利益表现出强烈的关心，以及行动上将个人选择与国家利益一体化的倾向。具体而言，就是国民将国家视为自主的国民集团。深刻理解“国家之事与民之事无别，毕竟国家是民众的集合物，政府是国家的行政机构。因此，政事就是人民自己的事，人民自己的事就是政治。如果国家安全，人民亦安乐；如果国家危险，人民的性命也难保”等内涵，[③] 进而根据自己所处的地位默默为政府的各项政策尽力行事，支持政府强化以法律、经济、军事等职能为核心的国家体系。[④]

日本的国家主义与中国古代的忠君（君即国家）思想在个人政治观

---

① ［日］井上哲次郎、蟹江义丸编：《日本伦理汇编（辨道）》，东京：临川书店，1970 年版，第 45 页。

② 《日本经济大典》，第九卷，第 167 页。

③ ［日］植木枝盛：《民权自由论》，《明治文化全集 · 自由民权篇》，明治十二年，第 184 页。

④ ［日］松本三之介著，李冬君译：《国权与民权的变奏——日本明治精神结构》，北京：东方出版社，2005 年版。

的选择上有些类似。然而，由于日本历史上独特的武士道文化传统，日本的国家主义又有着不一样的表现。

日本的武士道精神是明治维新时期政府推动国家主义的一个内容。臣民道德是武士道精神强调的核心内容之一。在这种道德的指引下，以武士自居，或者以武士精神为荣的人往往会被赋予一种以国家富强为己任的信念和冲动。按照1890年日本制定的《教育敕语》和日本学者堺利彦的说法，“武士集团是社会的中坚”，日本的武士是日本旧士族的继承者，而武士精神则是日本武士的生命。与昔日之士族一样，日本武士应当成为“道义、气节、礼仪的典范”。[①] 这些道义和气节体现在国家利益和社会价值方面则是与臣民道德息息相通的自律、自我牺牲。

日本的国家主义和武士道精神合二为一发挥到极致是在大正时期。随着国家主义的发展和日本对外侵略行为逐渐走向疯狂，国家主义开始演化成为皇室中心主义思潮和超国家主义思潮。皇室中心主义思潮是由明治时期“国家至上主义”发展而来的。这一思潮的主要代表人物是与日本国家权力中心最接近的德富苏峰。德富苏峰曾任《京城日报》的总监，当选过贵族院议员。在其得势的日子里，德富苏峰多次为寺内正毅内阁辩护，维护日本“官阀士族”的政治利益。

在一战后、二战前的一段时间，日本面临着殖民地反抗和国内危机等多重挑战。在频繁的危机、冲突、革命和战争的时代背景下，有着深厚历史和现实社会根基的日本国家主义逐渐演化成为极端右翼思潮——“超国家主义思潮”。日本的超国家主义思潮继承了明治维新以来的皇室中心观念和国家主义思想，将对外侵略和狭隘的民族主义结合起来，形成了具有日本特色的法西斯主义。

日本的超国家主义影响了一战后至二战结束漫长时期的日本历史。由于日本的超国家主义思潮伴随着右翼团体的发展，并且为日本右翼组织的发展提供了思想和精神的滋养，因此这一思潮在二战期间对日本的政治走向和对外政策发展起到了极其重要的作用。不仅如此，这一思潮及其组织在二战后仍然广泛地存在于日本社会。尽管麦克阿瑟对日本的民主改革深刻地影响了日本的政治运作模式。然而，由于超国家主义思

① ［日］堺利彦：《士族和绅士》，《万朝报》，明治三十四年十月二十一日。

潮及其载体右翼组织并没有在战后日本被彻底清除，因此这些思潮和组织在新的日本政治体制框架下，仍然具有非常活跃的适应力，对日本当今政治外交仍然发挥着不可忽视的影响。

诚然，日本在明治维新之后，产生过诸如民本主义、无政府主义、马克思主义等政治思想，也有过像茅原华山、井上哲次郎、大山郁夫、吉野作造等人推动发起的民主政治运动。然而，这些思想对日本历史和政治的影响远远小于国家主义等在现今看来具有右翼色彩的政治主张。因此，虽然它们在日本的发展史上的确存在过，然而，从二战后日本政治与社会的发展和当今的日本政治发展的特点与趋势看，人道、国家主义等政治思想对日本的影响依旧非常深刻。国际社会对日本企业、经济腾飞、社会发展、政治未来的印象也大多与这些传统的、特色鲜明的政治思想与政治行为方式有关。

## 三、印度的社会等级与“平等大爱”

印度是世界文明古国之一。在这块古老的土地上出现过伟大的佛陀、名垂千年的阿育王，出现过那烂陀寺延续千百年的辉煌，也出现过无数心怀圣意的行者迈向他方传播慈悲和智慧……然而，也正是这样一块土地，延绵着它独有的种姓等级制度，经历了残酷的异族入侵，遭受了数百年的殖民统治。璀璨的历史文明和动荡的国家经历给印度留下了复杂的印记。这些历史和文明的印记同样深深地铭刻在印度的政治发展过程中。

从政治发展的角度来考察印度的文化，并从中抽取政治的切片，对于一个完整、漫长、复杂的文明而言很可能是挂一漏万的。然而，正是因为印度文明的复杂性，所以从不同侧面切分和解读才成为一种必要的研究方向。政治是人类历史上漫长延续的一个行为。不过，这种漫长的延续并没有在印度的历史记载中被单独抽取出来。我们无法全面了解印度古代政治是如何演化的，只能借助对现存资料的认知和理解来探索印度留给我们的政治遗产。

印度的古史分期大致包括吠陀时期、孔雀王朝时期、笈多王朝时期、莫卧儿帝国时期。在这四个时期，婆罗门教、佛教、印度教、伊斯兰教先后成为对印度影响最大的宗教。由于印度是一个在古代社会乃至今日最尊崇宗教的国度，因此不同时期的宗教对印度社会的影响也最为深远。这种浓厚的宗教影响自然也会深刻地反映到印度的政治上来。

印度的吠陀时期大约是在公元前1800年至前600年间。这一时期印度社会的政治秩序从萌芽走向确立。宗教在印度占据重要地位。社会等级分层开始出现并逐渐稳定下来。印度社会分化成首陀罗、吠舍、刹帝利和婆罗门四个等级。其后，随着婆罗门教的兴起与教义的完善，社会等级分层在祭司、神职人员，国王、官僚、武士，农民、工商业者，底层社会劳动者，贱民等不同人群之中有了越来越严格的界限和区分。不同等级的人不仅不可以通婚，甚至连同坐、同食都不可以。

印度婆罗门教的种姓制度是一种带有世袭继承特性的种姓制度。在这种制度之下，印度社会被割裂成不同的人群。宗教的繁盛在一定程度上缓和或者掩盖了部分社会存在的矛盾和冲突。然而，种姓制度的存在也为印度社会内在矛盾的积累制造了温床。这种社会纵向梯次的非正常切割所带来的矛盾和社会按照国家（印度古代是一个小国林立的地区）、地域、宗教、民族等冲突杂合在一起，形成了印度古代社会普遍存在，并对印度漫长历史，乃至今天都有着深远影响的政治状况。

孔雀王朝的版图包括除泰米尔地区的整个印度和阿富汗大部分地区，是古印度国家力量空前强大的王朝。在孔雀王朝，全印度修建了发达的道路和水利系统。所有的道路都设有驿站，各条道路两旁植有树木，路上隔约三里左右挖一口井，设立行人休息的处所。道路主干道的交叉点附近，设立国家粮仓和仓库，供紧急时候使用。除道路系统外，当时印度还在各地修建了运河和蓄水池，建立了较完善的灌溉体系。

孔雀王朝在印度历史上第一次实行了中央集权的政治。古印度的小国和部落统统被纳入中央政府的统一管理。国王加强了权力，并且在政治理论上表达了他和神的内在关联。期间，古印度还创造出了制约王权的大臣会议、分省管辖制度、官员监察制度等。①

印度是一个受宗教影响非常大的国家。孔雀王朝的政治发展同样离不开宗教的引领。据传，阿育王曾经是一个非常残暴而且嗜好征伐的国王，后来被佛教所感化，修正了自己的政治统治方式。他不但选择了素食的自我生活方式，下令撤消了以严刑酷法著称的监狱，修订了对犯人从宽发落的刑法，释放了战争的俘虏，而且还在全国范围内实施了禁猎等措施。

为了实现以佛教治理国家的理念，阿育王在全国发布了“阿育王诏敕”。这些诏书用多种文字刻在石柱上并树立在全国各地，甚至被雕刻在磨平的崖岩上。“阿育王诏敕”记录了孔雀王朝崇仰佛教，并将佛教精神体现到日常政治生活中的清明政治追求。在诏敕的记载中，阿育王明令禁止滥杀动物，广泛设立人与动物医院，推崇向穷人施舍，对国内各种族、宗教等实施平等保护。“阿育王诏敕”所表达的阿育王的政治理想，以及他对内政外交的重大调整深刻地感化了那个时代的印度臣民。诏敕中记载的阿育王仁慈的统治至今仍然被印度人民所缅怀。

笈多王朝、莫卧儿帝国时期，印度的宗教发展对整个印度文明的影响都没有之前的王朝深远。尽管印度教和伊斯兰教的传入给印度的历史带来了深远的影响，然而，这种影响并没有为印度的政治发展带来更多具有普世意义的东西。从今天的印度政治发展考察，具有印度特色的政治内容和社会风骨仍然是让人们心怀敬仰的阿育王时代的平等大爱，以及印度现今社会仍然残存的等级观念。

西方殖民者的入侵彻底改变了印度文明的发展轨迹。西方物质文明支撑下的精神文明也开始逐渐传到印度，并对印度现代政治的形成和发展产生了深远的影响。这些从西方国家传入的思想既有反对种姓和社会陋习的社会改革、解放妇女的呼声，也有推动国家经济发展保护关税的强国主张。其中，对印度影响最大的莫过于甘地主义和尼赫鲁主义。

---

① 孔雀王朝的官员监察制度分为两个层次：一个层次是中央向地方派出各类监督官，在各行政中心工作，起到联系中央与地方政府的作用；另一个层次是国王雇用大批探子，作为他了解民情和各类官员工作情况的耳目。这些探子通常招募于社会各阶层，装扮成商人、隐者、工匠、苦行僧、乞丐、妓女、工匠等形象监察地方政事和官员行迹。详见许海山主编：《古印度简史》，北京：中国言实出版社，2006年版，第61—74页。

甘地主义是第二次世界大战之后，在 M. K. 甘地领导的反对民族压迫、争取民族独立的斗争中逐渐形成和发展起来的。甘地主义的基本思想可以概括为：非暴力不合作，独立的政治、精神完善的人和协调的社会，代议制，革除现代文明的弊端等内容。由于甘地主义产生和发展于印度争取独立的过程中，影响了印度最大政党——国大党政治纲领的形成和发展，并最终引领印度人民取得了独立，因此对印度整个国家和民族影响深远。

如果说甘地主义是现代印度产生过程中的精神源泉，那么尼赫鲁主义则为现代印度政治凝聚了内核。尼赫鲁主义首先推崇的是西方式民主所强调的自由、平等、个人尊严和人的精神解放，主张政教分离和世俗主义，以及和平解决国际争端的不结盟政策。相对于甘地主义的精神追求，尼赫鲁主义的现实色彩更加浓重。尽管在精神内核方面，尼赫鲁相对于甘地来说逊色得多，然而由于尼赫鲁的政治领导对印度现代政治体制的建立和国家的发展起过非常重要的作用，并且在当今社会仍然有着积极而正面的影响，因此它更体现了印度古老政治思想和现代社会发展的结合。

## 第三节 政治概念的西方发展

从严格意义上讲，当代政治学体系是西方文明的产物。东方文化与西方文明之间的差异性使得我们至今难以在某些概念上完全相互融通。因此，在开篇解读政治概念和简要了解东方政治理念之后，对东西方的政治文明进行一个粗线条的概念性扫描也成为必要之举。

按照历史脉络的粗线条，古希腊和古罗马的政治思想是西方政治文明的源头，而文艺复兴和启蒙运动发生时则是西方政治文明的繁盛时期。当代西方政治，无论是英国的、法国的，还是美国的；无论是君主立宪制、议会制，还是共和制；无论是三权分立原则、司法独立原则，还是多党制、两党制，其核心精神、根本原则都没有超越古希腊、古罗马和文艺复兴及启蒙运动时期所产生的种种细化政治的概念和理论原则。

## 一、古希腊的城邦政治与政治正义

古希腊政治思想的发展与城邦制度的变迁是紧密相连的。[①] 古希腊城邦制度的发展与私有财产的积累和社会的分化有密切的关系。当时，古希腊城邦林立，不同城邦各自为政，建有不同的政治制度。根据历史记载，当时的古希腊城邦与居民相关的事件占绝大多数。众人共同关注城邦事务的特征产生了古希腊城邦浓郁的政治氛围。正是在这种独特的历史状态下，古希腊出现了诸如雅典之类的典型政治城邦，以及关注政治议题的大批思想家。也正是在这种特有的氛围中，古希腊人围绕城邦政治制度和体制建设展开了旷古未有的政治议题辩论。这些议题不仅涉及自然法、社会契约、等级、民主等概念，而且还总结概括了典型政治体制，提出各种政体构想。其中不少概念直接影响了西方文艺复兴和启蒙时期的思想家。

政治"正义"（dikaion）是古希腊政治思想家反复强调的概念。早在荷马时期，政治正义的大意一般被认为是指遵从一定的习俗或成规，逾越者须付出代价或补偿。后来则逐渐演变为由规范一切社会成员的法律来代表"dikee"，由遵守法律的人格与品质来代表"dikaiosunee"，以及由守法的人来代表"dikaios"等。[②] 这种"必须遵守，逾越者须受到惩罚"的政治正义一直贯穿整个古希腊的政治思想发展史，是古希腊思想家构筑自己理论体系的核心概念。

古希腊的城邦政治和政治正义思想与近代时期的很多政治信念和理想不同，它并不是一种脱离政治实践的理想主义空想。发生于公元前七世纪到前四世纪的一系列政治改革为城邦政治的发展奠定了基础，也成为后来政治思想家提出政治正义等概念的思想源泉。

根据历史的记载，雅典著名政治改革家梭伦最早在雅典建立了民主

① 古希腊政治思想主要研究"城邦"（polis）。城邦的概念经常与国家混用，与近现代国家（state）、统治权，及政体概念相近。

② ［古希腊］亚里士多德著，颜一等译：《亚里士多德选集·政治学卷》，北京：中国人民大学出版社，1999 年版，第 15 页。

政体，[1] 并且按照他所认为的政治正义理念创造了城邦的政治统治。梭伦认为，城邦政治的正义表现首先在于平等和安稳。为了实现政治正义，梭伦将城邦居民按照财产和社会权利义务分为若干等级，推行了以减少贫富差距、协调等级矛盾为主要内容的改革。梭伦之后，克里斯蒂尼又进一步完善了雅典的民主政制。梭伦的改革和克里斯蒂尼的改革对古希腊雅典的城邦政治发展产生了非常大的影响。这一影响使得古希腊的城邦政治在彼时彼地变得如此发达，以至于成为了古希腊城邦政治思想的发源地和主要研究对象。

毕达哥拉斯是早于柏拉图和亚里士多德的一位伟大政治哲学思想家。他根据对古希腊城邦政治的研究，以及自己所擅长的数学逻辑，对政治做出了新的解读。毕达哥拉斯认为，和谐和法律就是政治正义的核心。由智者、贵族、平民三个等级组成的社会各安其分便能达到和谐，也就产生了政治正义。伯里克利是古希腊另一位有影响的政治思想家，他推崇古希腊的民主政体，确立了民主政治的三个原则——自由、法制、平等。

柏拉图是古希腊政治思想的集大成者。柏拉图认为国家的目的是追求善和实现正义。人的天性——理智、意志、欲望与国家的三种职能——统治、安全、生产相呼应。这种人与国家的对应关系决定了在理想的政制中不同等级的人所承担的不同职能。每个人在国家里执行其天性所赋予的任务，各安其分、各得其所所表现的就是一种美德。

> 按照柏拉图的说法，人可以分成金、银、铜、铁等不同质料。虽然人都是一土所生，但天铸人时，在有些人身上加入黄金，这些人因而最宝贵，成为统治者；在一些人身上加入白银，使他们成为辅政者；在一些人身上加入铜和铁，使他们成为农民或技工，以使社会富足。按照每个人的材质不同，个人应当安守本分，不可混乱次序。[2]

---

① 有人按照马克思主义对古代社会的历史分期方法，将公元前七世纪左右的雅典政治体制称为奴隶主民主制。

② ［古希腊］柏拉图：《理想国》，北京：商务印书馆，1986 年版，第 128—129 页。

柏拉图反对超越人的素质和道德修养谈论空泛的民主和平等。为表达政治理想，柏拉图提出贤人政体、军阀政体、财阀政体、民主政体与僭主政体等五种政治体制。其中，贤人政体是柏拉图最向往的，是他所认为的一种理想状态。柏拉图反对不加区别地把平等给予一切人，认为这将最终导致民主制度的崩溃。①

亚里士多德是继柏拉图之后的又一位古希腊最主要的政治思想家。与柏拉图带有某种理想色彩的、宏观的城邦政治理论不同，亚里士多德的政治思想则从人的政治特性出发，探究了整个城邦的性质、任务和活动原则，进而对公权力的性质、政体分类、城邦治制等内容进行了探索。与其他古希腊政治学者的关注内容类似，亚里士多德也将政治理论的核心观点，也就是政治的最终目的，归结为实现特殊的政治的“善”。在亚里士多德看来：

“世界上一切学问（知识）和技术，其终极（目的）各有一善；政治学术本来是一切学术中最重要的学术，其终极（目的）正是为大家所最重视的善德，也就是人间的至善。”②

正基于此，可以断定，“人类自然是趋于城邦生活的动物，换句话说，人类在本性上，也正是一个政治动物”。③

人类早期生活中组成的各类社会团体，经由规模的不断扩大，最终形成城邦。城邦实际上是人的趋利本性个体发展的结果。个人追求的善与城邦政治共同体追求的善是同一的，不存在利益冲突。在城邦中不存在个体利益的异质性。因此，“政治”的根本内涵其实就是城邦共同体的公共事务。

人无法离开团体生活。所以说，人也就是天生的政治动物。城邦存在的目的其实就是为了全体公民的利益，为了让公民达到外物、身体、灵魂的善。人与城邦的共同目的决定了道德的目的是城邦的

---

① ［古希腊］柏拉图：《理想国》，北京：商务印书馆，1986年版，第333页。

② ［古希腊］亚里士多德：《政治学》，北京：商务印书馆，1965年版，第148页。

③ 同上书，第7页。

最高目的。城邦与人的共同目的的实现是民主。民主主要实现的是公民的自由和对城邦政治的认可。为了实现这种政治的善，城邦要选择适当的政治统治体制，同时要配合以恰当而健全的法律制度，以实现公正和平等。

人类的思想在很大程度上是历史和实践的产物。古希腊的政治思想也是如此。古希腊的城邦政治在被马其顿征服之后趋于瓦解。社会政治实践的基础发生了重大变化。这种变化也突出地影响了古希腊政治思想的发展。随着政治社会的变化，古希腊的政治思想对人性的解读有了别样的内容。以伊壁鸠鲁为代表的政治思想对人的个人主义特征有了更深的理解。针对人非善的本性，伊壁鸠鲁提出了人与人之间的社会契约关系，以及国家起源的社会契约思想。尽管伊壁鸠鲁的思想在很大程度上反映了当时希腊人在马其顿统治之下的苦闷情绪，但是其契约思想对后来政治理论的发展所起的作用却是非常积极而正向的。

## 二、古罗马政体理论与契约思想

古代罗马是西方自古希腊之后的又一思想盛地。罗马帝国的辉煌铸就了整整一个时代的思想繁荣。这种繁荣不仅存在于罗马帝国的兴盛时期，也存在于罗马帝国的衰落时期。古罗马庞大的帝国版图，复杂的征服与被征服历史过程与族群矛盾，社会贫富差距的极端表现都为其政治思想的繁荣奠定了基础。从而，古罗马的政治思想，无论是兴盛时期罗马帝国的政治实践，还是衰落时期学者对古罗马政治的反思，都具有非常重要的理论和实践参考价值。

如果说古希腊对后世的政治贡献主要在于理论的话，那么古罗马的贡献则在于它真实地实践了古希腊的政治理论。公元前 146 年，古罗马征服古希腊。由于征服者的统治往往不得不面对种种难以协调的矛盾，因此古罗马的政治家便参照古希腊的政治理论，在罗马帝国进行了广泛的政治实践。这种政治实践为古罗马带来了共和国和帝国时期的繁荣，也丰富和发展了西方的政治思想。40 卷《罗马史》的作者波利比阿在书中不仅记述了古罗马的繁荣，也记述了其在共和国时代对政治历史的贡献。

波利比阿生活在公元前210年至公元前128年罗马共和国繁荣的时代。尽管他本人出生于古希腊贵族世家，幼年时便被当作人质留在罗马，然而他却凭借自己的学识和才干获得了自由游历罗马帝国的特殊权利。波利比阿在罗马生活了17年，游历了其各地，并完成了传世的《罗马史》。在《罗马史》中，波利比阿探索了古罗马为什么强盛，古希腊为什么衰落的原因，并得出了政治体制的优越性使罗马共和国强盛的答案。也正因此，在《罗马史》中，波利比阿详细地阐述和分析了古罗马的政治特征，并提炼出自己对其政治的独特理解。

政体演变和混合政体的观点是波利比阿将古罗马政治与古希腊政治对比的最主要心得。波利比阿对政体的分类与亚里士多德没有区别。常态政体和变态政体是其区别政体差异的主要分类。波利比阿也认为所有的常态政体都有与之对应的变态政体，并且都有向变态政体演变的倾向。与其不同的是，波利比阿认为政体的演变在其历史发展过程中有着独特的规律，而这一规律则是君主制—暴君制—贵族制—寡头制—民主制—暴民制的反复循环。古希腊衰败的主要原因在于它在历史发展过程中周而复始地进行了这种循环，而古罗马则因其没有受到这种政体循环的束缚而优于古希腊。

波利比阿认为罗马共和国崛起的关键在于它的共和政体。这种政体的优点在于它是三种政体的混合体。在这种混合体中，“假若单以执政官而言，则显然类似于专制的君主，若单以元老院来说则是贵族的，若单以人民的权利来看，则显然是民主的”。[①] 古罗马的政治体制兼具三种政治体制各自完整的特征，却并非完全不是任何一种政治体制的状态。古罗马政体集中并且混合了三种常态政体的优点，是最好的政体。

波利比阿的政治思想对后来的古罗马政治思想家产生了一定影响。这种影响在罗马共和国向罗马帝国转变时期的著名政治家和政治思想家西塞罗身上表现得尤其突出。西塞罗曾任罗马共和国元老、执政官、总

---

① ［古希腊］波利比阿：《罗马史》第六卷，Penguin Books Limited，2003年版。

督等职，是罗马共和体制的最坚定捍卫者。西塞罗的政治思想主要是以维护罗马共和国的共和体制为核心的，他认为：

“国家是一个民族的财产，是依据一项关于正义的协议和一个为了共同利益的伙伴关系而联合起来的一个集合。”国家的统治和人定法律要顺应自然法，官员的政令要与法律相一致。国家要坚持正义的原则，没有政府可以不依赖于正义的存在。国家利益至高无上，但是国家也有义务保护私有财产。平民不可以随便动议重新分配富人财产。

“每一种政府的政权组织形式都有一个会导致它腐败，并且与其邻近的形式。这对于任何政权形式而言都是一条不得不走的陡峭泥泞的道路。”因此，无论君主制、贵族制，还是民主制度，就其单一方面而言，都不是可靠的、长久有效的政体。混合政体的形式包含着卓越的王政因素，积极的显贵的权威，以及和谐的民众协商体系。因而是最为有效而长久的体制。①

罗马共和国最终为罗马帝国所代替。强大的罗马帝国对欧洲历史产生了极其深远的影响，对古罗马的政治思想也产生了独特的影响。罗马帝国时代主要的政治思想家赛涅卡记载了这一时期独特的政治理念。生活在罗马帝国时代的塞涅卡是尼禄的老师，曾任罗马帝国元老和执政官等职位。他的政治思想主要基于自然法的原则，强调契约关系和王权。按照塞涅卡的观点：

人因贪图物质享受，生而具有违反自然法的倾向。这造成了人性的堕落和道德的败坏。为了阻止人类的倒退，理性感召的契约促生法律和政府。人们依据契约，把权力交给帝王。帝王便成为国家的生命，民众的“父亲”。人们也就从此不能反对帝王。如果说依照自然法建立的国家是人们有道德的生活的前提，那么依照自然法

① ［古罗马］西塞罗著，沈叔平、苏力译：《国家篇　法律篇》，北京：商务印书馆，1999年版，第35—41页。

和契约关系建立的世界帝国也是让所有人都能在一个普遍的、永恒的国家中过上有道德的生活的前提。

古罗马政体分类理论和契约思想，是当时政治史家和思想家对罗马共和国和帝国时期政治实践的理解和总结。然而，他们并没有仅仅局限于那个时代和那个地区去思考问题，而是在探究古罗马政治状况的同时，继承和发展了古希腊对政治本初哲学和人性等问题的思考。这些融合了哲学和人性思考的政治实践的理性总结为后世西欧政治理论的发展提供了重要的启示。

## 三、文艺复兴时期王权至上的政治思想与乌托邦

西方政治思想的历史从古希腊至漫长的古罗马时代之后便进入文艺复兴时期。期间，虽然有众多的政治历史变迁和思想产生，然而总体的思想精粹并没有像古希腊与古罗马那样形成一个时代的盛况，并且影响了欧洲政治历史的发展。这种政治思想的消沉经历了罗马帝国的分裂，以及欧洲国家版图的变迁，甚至公元 14 世纪至 16 世纪的文艺复兴运动。

从政治思想的角度考察，文艺复兴是欧洲进入近代社会的起点。新兴资产阶级力量的出现、教会势力的保守与腐败、新兴君主制政制兴起、城市的大量涌现、社会等级层次的变迁等等现实变化催生了欧洲社会文化变革。这种文化变革夹杂着伴随新兴资产阶级力量壮大而发展起来的人文主义与自由精神冲击着整个社会，并最终创造了文艺复兴时期。

在文艺复兴时期，政治思想的发展与意大利相对独立的“城市共和国”的发展紧密相连。由于这种自由的发展和对人性的肯定占据着整个文艺复兴时期的文化主流，以及资本主义自由流通对国家主权的特殊需求从多个角度冲击和刷新了国家、主权等传统政治概念，因此在新的历史状况下为主权辩护、鼓吹“绝对权力”的政治思想首先被推演到新的高度。

在马基雅维利是文艺复兴时期意大利著名政治思想家、历史学家。他生活在意大利封建割据、四分五裂、内乱外患、朝代更迭的时代。混乱的时代给个人的生活带来了极大的不便，同时也阻碍了早期资本主义

的发展。为适应意大利那个特殊的时代，马基雅维利以《君主论》阐述了自己的政治主张，并深刻地影响了后来西方政治思想的发展，以及东方国家的政治实践。按照马基雅维利的观点：

人类天生是自私自利的，一切行为都是为了满足自私的欲望。人类对私有财产的渴求根本无道德可言。人类整个社会起源于个人对私利的追求。这就是为什么人可以忍辱以对杀父之仇人，却绝不容忍他人侵吞自己财产的原因。

在马基雅维利看来，人是狡猾的，服从君主是万不得已，若有可能则一定会反抗。对于君主而言，治理国家的方法，与其用爱，不如用威。武力是政治统治的后盾，道德伦理不可能纵横天下。为了国家利益，或者其他政治目的，君主可以不择手段，甚至实施对外扩张、开疆拓土、对内镇压等残暴的手段。

一个国家的存在及其命运与其领土状态和政体选择有直接关系。领土对于国家的影响通常表现为：国家贫瘠往往产生强大的军队；国家过度富裕则需要武力的保护。政体选择方面通常是经济平等的社会，共和制是最可靠的政体，全体人民比君主贤明。但是，在政治上分崩离析、动乱的社会，君主专制才真正有效。

法国的布丹是后人所认为的文艺复兴时期与马基雅维利在政治理论方面具有同等贡献的政治学者。他将契约理论视为国家权力的合法性原则，他对国家主权的理解对后来政治学主权理论的思辨起了很重要的作用。当然，作为西方资本主义发展早期的政治思想家，基于对社会历史现实的理解，布丹的政治主张也倾向于集权式的政治统治。

国家与家族的权力结构与方式类似，家族的大家庭就是国家的缩影。在家族的大家庭中，每个人的权利都从属于家族的权力。家族权力相对于成员的权利是一种绝对性的，甚至有暴力制约的力量。同样，国家是一种至高无上的权力的联合体。国家的产生也离不开权力的绝对性和暴力的约束。唯一不同的是，暴力不能作为国家权力的合法性基础。国家建立还要经由契约的约束。

国家一旦建立，主权便成为国家真正的基石。对于主权而言，绝对性、永久性、不可分性是其最关键的特性。所谓绝对性就是，主权地位高、不受限制，拥有主权的人是一个国家的至尊；所谓永久性就是国家永远拥有主权，主权不能随意委托；所谓不可分性就是，主权必须完整，一个国家的主权只能完整地赋予一个人或者少数人，绝不能分成几部分，比如把主权分给君主、贵族和平民。虽然主权一旦建立就不受限制，但是主权的拥有者并不能随意运用主权。主权要符合神法和自然法的精神；与人民订立契约是主权合法性的重要内容；主权要确立保护私有财产的原则，以及确立国家根本法等制度。

对于国家形式而言，君主制（正统君主制、领主君主制、暴君君主制）、贵族制、民主制三者之中，君主国中的正统君主制是最佳的国家形式。

乌托邦是西欧文艺复兴时期主要的政治和社会思想之一。“乌托邦”一词的相关概念来源于托马斯·莫尔的《乌托邦》。《乌托邦》一书用一种幻想文学的手法描述了一个理想的世外桃园：

在那个理想的世外桃园中，没有货币、没有专制、没有权力对普罗大众的不恰当干预；所有社会财产共有、权力虽然集中于行政官而行政官却由人民选举产生；家庭是社会的基本单位而国家却对家庭进行着合宜的统一管理；所有的人都有机会接受教育，而接受教育是每个社会成员的终身权利；没有任何宗教组织对社会实施强行的宗教灌输，每个人依照自己的喜好自由地选择他所喜爱的宗教……

《乌托邦》对理想社会的描述从反面映衬出当时社会普遍存在的贫富分化、阶级压迫等社会现象，以及普通民众对社会的不满。尽管莫尔并没有直接对普遍存在的社会政治现象进行评判，也没有指出如何改革现实社会的方法，然而，他在《乌托邦》中提出的社会理想却形成了最早的有别于传统西方政治思想的政治追求。

康帕内拉是文艺复兴时期继莫尔之后的又一位以虚幻的政治理想表达自己对社会和政治追求的人。康帕内拉的《太阳城》与《乌托邦》相似，描述的也是没有现实基础、虚构的理想社会。然而，与《乌托邦》不同的是，《太阳城》所记述的虚构社会有一个康帕内拉自己所理解和认定的精神和道德规范，而他的理想社会在政治组织方式上还带有特殊的宗教色彩。此外，尽管康帕内拉也和莫尔一样主张一切财产归于公有，但是他也提出了“公妻制”之类的想法。

西方的文艺复兴时期是欧洲人思想解放和人性解放的时代，各种政治学说也在那个时代出现了非常繁荣的状况。在当时社会新生阶层和阶级力量的推动下，新兴的政治思想对传统的政治和社会进行了多个层次的解剖和评判。这期间的政治思想不仅否定了中世纪以来神权至上的思想，从理论上建构了加强国家主权的观念，而且对国家权力的合法性——权力契约、合理的政治统治秩序等问题都进行了深入的探讨。

## 四、启蒙运动中的契约理论和分权学说

18 世纪初至法国大革命期间，欧洲有过一个自然科学、哲学、伦理学、政治学、经济学、历史学、文学、教育学等各种思想繁花似锦的时期。这个时期种种思想的创新和与之相伴的知识进步被人们称为启蒙运动。严格意义上讲，启蒙运动是一次西方社会的全方位进步。然而，由于这场运动最终在法国大革命的历史洗礼中抵达高潮并落幕，因此它给世人留下的最深刻印象是在那个时代得以最终完善的社会契约和政治分权学说。这些政治思想对后世的影响一直延续至今。对于当今一些国家而言，这些思想在某种意义上甚至还发挥着促进政治发展的启迪作用。

启蒙运动时期所探讨的政治理论与古代西方政治思想类似却又有不同。这一时期的政治思想在某种程度上综合了先前很多西方政治学对政治问题的探究，并且做出了相对系统化的阐释。启蒙运动时期对政治问题的研究很多都带有哲学研究的色彩，对人性与政治终极目的的关系有了更为清晰的解读。

霍布斯是启蒙运动时期最早的政治思想家。霍布斯曾经是弗朗西斯·培根的秘书，熟悉自然科学的研究方法，其哲学理论带有机械唯物

主义的色彩，其政治思想受马基雅维利、布丹等人观点的影响较大。霍布斯生活在17世纪的英国。由于其人生后期大部分时间都在感受英国内战的痛苦，因此他对战争状态的不安全感、暴力威胁、生存的艰难有着独特的理解。这样的人生经历很可能也是他为什么把人类的自然状态归结为战争状态的原因。霍布斯的政治思想集中体现在他的论著《利维坦》当中。在这部论著当中，霍布斯指出：

社会就像一个巨大的机器，而人则是社会大机器的零件。就人本身而言，也是按照力学的性质发生着机械运动的机器。由于人与社会都在进行着同样的运动，彼此之间就会相互作用，因此，社会对于人的生命运动而言通常表现为推动，或者阻碍着人的生命发展。人的行为则体现着自我保护以及提高自身生命力的本能运动。于是，基于趋乐避苦的利害选择便自然成为人的本性。在利害权衡和趋乐避苦的人性选择之下，人与豺狼没有本质的区别。

人的本性决定了在没有国家和社会组织的自然状态下，人的自然选择和社会状况。在远古社会中，人人都生活在孤独、贫困和危险之中，人人都想使自己获得安全，因此人人都时刻准备着打败其他人而保全自己。在人与人普遍的冲突和不安全感弥漫的社会当中，理性是人类社会存在的基础。只有依靠理性的力量才能最终拯救这样的社会。理性的调节力使人们认识到，和平、合作比自然的暴力和无休止的竞争更有好处。和平与合作要求人与人之间相互信任。国家是人类社会理性的结果。理性的力量使人们最终决定放弃部分个人的自然权利，建立一个整体的可以统御人类社会的国家，并由国家掌握人们放弃的自然权利。

人类脱离无政府的自然状态之后，国家的权威就成了政治的核心内容。由于所有契约订立者必须无条件地放弃自然权利，把这些权利交给一个主权的政府，因此政府和它的代表者自然是至高无上的，拥有无限的权力。人们把权利转给代表国家的政府的时候，就成了这个国家的公民。国家可以处罚不履行契约的人，所有合理的契约的期望都将得到执行。

契约的制定产生了法律。法律对人们任意行事的范围做出界定。

然而，在法律的限制以外，个人仍然可以按照趋利避害的原则做有利于自己的事情。

由于代表国家的政府的主权是人们契约行为的结果，因此主权者的权威是至高无上的、不可分割的、不可转让的。当然，当主权者的命令侵害了个人的趋利避害的本性，个人可以反对和拒不执行。但是，人们不能够因此而组织起来，推翻主权者的统治。因为主权者不是契约订立者，而是人们订立契约之后委托的第三方，所以反抗主权者就等于破坏人们所订立的契约。

洛克是继霍布斯之后的思想政治家。他生活在封建贵族与资产阶级新贵族反复较量半世纪之久而不得不相互妥协的年代。因此，洛克的政治思想基本没有留恋传统君主制体制的痕迹。相反，洛克在其经典传世之作《政府论》中以严密的逻辑推演批判了代表王权和守旧势力的政治主张。洛克指出：

自由状态是人类最初的生存状态。在这个最初的人类社会状态中，人人拥有平等的权利。人们在自然状态中按照自然法自由地生活。所谓自然法是由人的基本理性衍生出来的生存法。自然法赋予所有人自然所有的权利和所应避免的行为。前者是自然法所赋予的人们保全自己和他人的权利，后者是自然法所禁止的所有人不得侵害他人的生命、健康、自由和财产的禁令，以及违反此禁令将受到惩罚的法则。自然法赋予人们的这种不受任意绝对权力约束而只以自然法为其准绳的自由和权力对个人是极为重要的。其一旦丧失或以某种形式被迫交出将彻底改变人的生存状态。

然而，自然状态存在着许多缺陷。没有权威性的行为准则和判断标准，人类社会的具体行为的是非判断标准将处于缺失状态；缺少让人不得不服从的权力暴政裁决的正确性，并使之得到有效的执行。正确的判决，要使之得到应有的执行。这些自然状态的固有缺陷，以及绝大多数人基于自利的原因而不能够在自然状态中严格遵守自然法，使得所有社会中的人往往处在极不安全和极不稳定的生活状态中——不断受到他人的威胁。

自然状态的不稳定和不安全感推动人们的自然理性选择了自愿放弃自由却充满恐惧和经常感到危险的生活，进而选择与其他人联合起来保护自己的生命和财产。于是在自我保护的目的和前提之下，人们彼此联合，建立国家，并将自身置于政府和相关法律之下。从而，国家和法律的出现克服了自然法的缺陷，把自然的自由转变为法律规范下的自由。

由于国家和政府的出现有着不可忽视的前提和本初的目的，因此政府合法存在的意义在于保护签订契约后的人们享有他们的生存自由和财产权利，而不是简单地忠诚于国家和政府的权力。处于政府政治权力之下的人们按照契约遵从国家法律的约束。政府的目的是为人民谋利益，并且必须遵守其与人民所订立的契约，不能超越契约所授予他的权力范围。

为了防止国家权力被政府滥用，国家权力被分为立法权、行政权和自然权（即外交权）三类。其中，立法权虽然在三权中地位为最高，但是它仍是一种受委托的权力，而这种权力最终是属于人民的。一旦政府滥用权力，或者立法权违背了委托意愿，人民就有权力建立一个新的政府，把立法权重新委托给更为合适的人。

洛克的《政府论》以其对自然法、契约原则的论述，建构了政府权力合法性、政治权力监督等现代政治学理论体系的基础。其理性主义自然法的哲学思想为后来西方社会有关自然法、权利学说、相关法哲学的发展奠定了基础，也为后来西方国家完善宪政理论，建立现代民主国家做了理论铺垫。

发生在近代的启蒙运动主要集中在英国、法国等资本主义发展较早的国家。法国因其深厚的农业经济的影响在资本主义经济的发展过程中略逊于英国。然而，启蒙运动却在法国找到了新的高度，并涌现出卢梭、孟德斯鸠等一批有影响力的政治思想家和法学家。

卢梭没有显赫的家庭背景，人生的童年时期经历了颠沛流离的生活，对社会底层的劳苦大众有着深深的同情心。卢梭的政治思想主要体现在他的论著《论人类不平等的起源和基础》一书中。平等是卢梭政治思想的核心。按照卢梭的论证逻辑：

人类进入文明社会之前曾经有过一段自然状态。自然状态是人类的黄金时代。在自然状态中，人们并非因自私自利而彼此仇视、相互残杀，时时刻刻处于不安全的状态之下，相反，人们却因彼此尊重和知足的德行而过着自由平等的生活。然而，随着私有制的产生和法律的出现，人类社会便脱离了自然状态，产生了种种的社会不平等现象。由于自然状态时人类社会为最纯洁的本有状态，因此能够保证人人生而平等并在社会生活中有条件维持这种平等、自由的社会才是符合人类本有自然法的社会。

国家和法律的产生的确是契约的结果。然而正是因为契约的关系，国家的最高权力才属于全体人民，人民所行使的国家权力则是人民公权。因为全体人民是国家权力的根本，所以人民公权不可转让、不可被代表、至高无上且神圣不可侵犯。人民公权是国家一切权力的基础。

法律是国家的生命和灵魂，是人民公权的保障者和具体体现。人民是立法者，只有人民才有权颁布法律。法律的对象具有恒久的普遍性，它是规范全体公民的集体的、抽象的种种行为规范。

政府是人民公权经由契约产生的机构，是人民公权为了人民的利益而建立的一个公共事务管理机构。政府权力是人民公权的行动力量。为了保证人民权力的妥善运用和法律面前人人平等的精神，民主共和制是最佳的国家形式。之所以将民主共和制视为最佳的国家形式是因为无论君主制，还是贵族制，都会发生人民公权转让的问题。一旦人民公权发生了转让，国家就会出现一个“主人”或者凌驾于社会之上的权力集团。在这种情况下，人民就不再是人民公权的掌握者了。国家和政府的权力在其后续运行过程中就会发生扭曲。国家的毁灭也就从此埋下了祸根。

孟德斯鸠是近代最早正式完整地提出三权分立思想的法学家和政治思想家。孟德斯鸠出生于贵族世家，对法国的封建制度和教会势力的黑暗与无能有深刻地体验。因此，其政治思想带有比较明显的反对封建专制的痕迹。在孟德斯鸠著名的《论法的精神》一书中：

孟德斯鸠把国家政体的形式分为共和制、君主制和专制政体三种。而前者又分为民主政体和贵族政体。所谓民主政体是指全体人民掌握国家权力，通过选举选出政府和国家领导人。后者则指一部分人掌握国家最高权力，并制定相关法律。

在孟德斯鸠看来，由于每一种政体的权力运行机制不同，因此不同的政体体现着不同的原则。对于民主政体而言，由于这一政体的核心是用法律规范人们的行为，因此，其核心原则是人的品德。对于贵族政体而言，由于贵族彰显着特权和优于普通人的社会地位，因此贵族政体的原则是节制，以节制来增进贵族的品德，以保证贵族与人民的平等。对于君主政体而言，由于君主地位优越且往往出身高贵，为了保证君主也能服从于法律，因此君主政体的原则便是荣誉。让君主受到荣誉的约束而尊重契约和法律的精神。对于专制政体而言，恐怖就是它的运行原则。在专制政体中，所有的人几乎都变成专制权力的奴隶。

政体的腐败是常见的，甚至是不可避免的。每一种政体的腐化都有所不同，然而，所有政体的腐化都是始于政体运行的原则。在民主政体中，在人们竭力追求权力和财富的过程中造成了不平等，进而在极端的不平等时，品德就开始衰败，并最终消失，民主政体的原则就不存在了。在君主政体中，如果君主实行专制统治，蓄意并剥夺了社会团体和其他城市应有的权利的时候，君主政体的原则——荣誉也就随之消失了。专制政体因其原则的本质就是一种腐化的东西，所以根本不可能长久。

政治统治是为了保证人民的自由。为了确保政治自由，防止政权的腐败，政治上的分权就成为必要之举。人民集体享有的、由人民选出的代表机关行使的立法权，君主依照法律所掌握的、却不能否决立法机关决议的行政权，以及法院所行使的司法权三者之间必须相互牵制、相互制约。只有这样才能够延缓政治体制的腐败，防止政体原则在政府权力运行过程中被削弱和消失。

孟德斯鸠的三权分立学说为法国大革命过程中反对封建专制、建立民主制度提供了思想武器，对法国1789年《人权宣言》和美国1787年宪法产生直接影响，为当代西方乃至其他施行民主制度的国家提供了基本的政治治理原则。



## 五、从功利主义到新制度主义的探索

西方近代以来以主权和政体等为主要研究对象的政治思想及其发展与其所处的资产阶级革命时期的历史背景有着密切的关系。随着19世纪西方资产阶级革命的普遍胜利和资本主义社会的发展，西方政治思想的发展逐渐脱离了传统政治思想主权和权力的发展轨道，转而开始探讨利益、个人等政治的另一核心内容。这一时期，随着西方资本主义社会的发展，功利主义、实证主义、个人主义与行为主义的政治思想先后出现，并成为影响西方社会政治发展的重要内容。

约翰·密尔是最早使用“功利主义”一词的人，是功利主义的代表人物。约翰·密尔认为，追求快乐是个人行为唯一和最根本的动机。同样，众人幸福的最大化是确立道德的根本标准。基于这种人类行为的根本特点和道德的基本标准，个人的自由就具有相对于自然法下的平等与自由更多的神圣性。然而，随着政府、法律的产生，个人的自由就不可避免地受到约束和威胁。在《论自由》一书中，约翰·密尔明确指出自由与政府的权力和权威是相对立的东西。即使在民主制度之下，社会本身也将对个人的自由构成威胁。只有建立起限制政府权力的代议制政府才能有效地保障人们合理地追求快乐的自由。

功利主义与西方的自由主义运动相伴随，将个人自由相对于社会的价值推进到一个新的高度之后旋即衰落。随着主要资本主义国家的发展和人们对个人自由的重新审视，功利主义的矫枉过正终于遭遇了实证主义的修正。实证主义的代表人物主要是法国的奥斯古丁·孔德和英国的斯宾塞。从实证主义视角观察和解释政治现象的奥斯古丁·孔德提出了国家利益应该高于个人利益，个人只能在国家中才能实现自身价值的主张。在孔德看来，功利主义存在着过于看到人利己一面的错误。人作为社会性的动物，还应当体现利他精神和社会感情的一面。

斯宾塞是与孔德同时代的实证主义代表人物。尽管他们研究政治学的方法相同，但是得出的结论却有所差异。在个人与国家利益的地位定性问题上，斯宾塞提出了与孔德强调国家利益高于个人利益完全对立的观点。在斯宾塞看来，社会存在的价值是为了实现其成员的利益，而不是社会成员为了社会利益而存在。个人的性质是建立社会的基础。人类社会集合体表现出来的每一种现象都来源于无数个人组成的人类本身的某种性质，而不是相反。[①] 因此，从政治的角度考察，个人相对于社会永远是优先的、重要的。

资本主义发展进入20世纪之后各种经济社会矛盾激化。政治学的发展也因此而思潮纷呈。期间，不仅出现了行为主义学派、法西斯主义、后行为主义、新制度主义等多个政治思潮，而且还出现了为极端的国家至上政治、极端集权等现实政治辩护的种种异说。其后，随着两次世界大战的洗礼，人类社会对资本主义发展时期的种种极端矛盾的重新认识使政治学再次回到正常的发展轨道。20世纪60年代，随着戴维·伊斯顿《政治学的新革命》的发表，西方政治研究不仅实现了理论与应用、传统与现代的良好结合，而且在宏观与微观、定性与定量等研究方法上也迎来了重大突破。时至20世纪70年代，新制度主义和理性主义再将西方政治学的发展推进到了新的高度。

## 第四节　马克思主义对政治的理解

马克思主义对政治的理解主要基于四大逻辑体系。其中，《黑格尔法哲学批判》中阐述的辩证唯物主义和历史唯物主义是马克思主义政治学理念的哲学基础；《资本论》对资本主义社会矛盾的解析是马克思主义政治思想的经济学基础；《家庭、私有制和国家的起源》、《法兰西内战》、《德意志意识形态》、《共产主义宣言》等论著中所阐述的阶级、国家理论、共产主义理想是马克思主义对现实政治的理解及其所追求的政治理想。

在马克思主义庞大的学说体系中，对哲学和经济学政治理论和现实

① ［美］斯宾塞：《社会学研究》，密执安大学出版社，1961年版，第50页。

政治的研究使马克思主义发现了当时社会的矛盾根源。与古代和近代政治学者不同，马克思和恩格斯并没有一开始就界定政治的概念，更没有将政治本身赋予“善”、“正义”等内涵，而是通过对现实问题的研究，通过对现实资本主义社会内在经济矛盾的求解找到了政治的解决途径。换句话说，马克思主义政治哲学并不是一个基于政治而政治的学问体系。它的产生和发展都是基于对现实问题的研究和追索，最后经由哲学、经济学，进而政治学的过程。马克思主义政治学中所提及的政治手段和政治方式也是马克思和恩格斯给他们所处时代的弊端开出的药方。



马克思主义政治学的起点是国家理论。国家理论确立了马克思主义对政治的基本理解和主要框架。马克思主义国家理论的核心是《家庭、私有制和国家的起源》，它是恩格斯根据摩尔根对古代社会的深入研究而推演出来的有关国家产生和国家本质的理论框架：

> 国家决不是从外部强加于社会的一种力量。国家也不像黑格尔所断言的是“伦理观念的现实”，“理性的形象和现实”。确切地说，国家是社会在一定发展阶段上的产物；国家是承认这个社会陷入了不可解决的自我矛盾，分裂为不可调和的对立面而又无力摆脱这些对立面；而为了使这些对立面，这些经济利益互相冲突的阶级，不致在无谓的斗争中把自己和社会消灭，就需要有一种表面上凌驾于社会之上的力量，这种力量应当缓和冲突，把冲突保持在“秩序”的范围以内；这种从社会中产生但又自居于社会之上并且日益同社会相异化的力量，就是国家。
>
> 在国家的机制下，公权力被广泛地设立。这种公权力已经不再直接就是自己组织为武装力量的居民了。这个特殊的公权力之所以需要，是因为自从社会分裂为阶级以后，居民的自动的武装组织已经成为不可能了。这种公权力在每一个国家里都存在。构成这种权力的，不仅有武装的人，而且还有物质的附属物，如监狱和各种强制设施，这些东西都是以前的氏族社会所没有的。
>
> 国家的官吏掌握着公权力和征税权。他们作为社会机关而凌驾于社会之上。从前人们对于氏族制度的机关的那种自由的、自愿的尊敬，即使他们能够获得，也不能使他们满足了；他们作为同社会

相异化的力量的代表，必须用特别的法律来取得尊敬，凭借这种法律，他们享有了特殊神圣和不可侵犯的地位。文明国家的一个最微不足道的警察，都拥有比氏族社会的全部机构加在一起还要大的“权威”；但是文明时代最有势力的王公和最伟大的国家要人或统帅，也可能要羡慕最平凡的氏族酋长所享有的、不是用强迫手段获得的、无可争辩的尊敬。后者是站在社会之中，而前者却不得不企图成为一种处于社会之外和社会之上的东西。

由于国家是从控制阶级对立的需要中产生的，由于它同时又是在这些阶级的冲突中产生的，所以，它照例是最强大的、在经济上占统治地位的阶级的国家，这个阶级借助于国家而在政治上也成为占统治地位的阶级，因而获得了镇压和剥削被压迫阶级的新手段。

所以，国家并不是从来就有的。曾经有过不需要国家，而且根本不知国家和国家权力为何物的社会。在经济发展到一定阶段而必然使社会分裂为阶级时，国家就由于这种分裂而成为必要了。现在我们正在以迅速的步伐走向这样的生产发展阶段，在这个阶段上，这些阶级的存在不仅不再必要，而且成了生产的真正障碍。阶级不可避免地要消失，正如它们从前不可避免地产生一样。随着阶级的消失，国家也不可避免地要消失。在生产者自由平等的联合体的基础上按新方式来组织生产的社会，将把全部国家机器放到它应该去的地方，即放到古物陈列馆去，同纺车和青铜斧陈列在一起。①

《法兰西内战》是马克思对西方现实政治分析最为透彻的一篇论著。在论著当中，马克思对当时爆发的战争和法国资产阶级对工人阶级的镇压做了深入而精辟的分析。马克思在其《法兰西内战》中不仅揭露了所谓民族与国家的利益无非是统治阶级为了自己利益发动战争而抛出的谎言，还指出了在阶级社会中阶级矛盾永远高于民族利益、国家利益的根本特征。在《法兰西内战》中，马克思指出：

中央集权的国家政权连同其遍布各地的机关，即常备军、警察

① 整理自恩格斯：《家庭、私有制和国家的起源》，第九章“野蛮时代和文明时代”。

局、官厅、教会和法院——这些机关是按照系统的和等级的分工原则建立的——起源于专制君主制时代，当时它充当了新兴资产阶级社会反对封建制度的有力武器。

现代国家大厦是在第一帝国时期建立起来的。现在它变成了巨额国债和苛捐重税的温床，更由于拥有令人倾心的官职、金钱和权势而变成了统治阶级中各不相让的党派和冒险家们彼此争夺的对象，而且它的政治性质也随着社会的经济变化而同时改变。现代工业的进步促使资本和劳动之间的阶级对立更为发展、扩大和深化。与此同时，国家政权在性质上也越来越变成了资本借以压迫劳动的全国政权，变成了为进行社会奴役而组织起来的社会力量，变成了阶级专制的机器。

每经过一场标志着阶级斗争前进一步的革命以后，国家政权的纯粹压迫性质就暴露得更加突出。资产阶级共和党人以“二月革命”的名义夺取了国家政权，并且利用这个政权进行了“六月屠杀”，从而向工人阶级证明，“社会”共和国就是保证使他们遭受社会奴役的共和国；向资产阶级的大批保皇派和地主阶级证明，他们尽可以放心地让资产阶级“共和党人”去操治理国家之心，得治理国家之利。

如果说，议会制共和国“使他们（统治阶级的各个派别）最不易分裂”，那么，它在这个人数很少的阶级和这个阶级以外的整个社会之间便挖了一道鸿沟。在以往各种体制下，统治阶级内部的分裂还使国家政权受到制约，现在由于这个阶级的联合，这种制约已经消失了。由于存在着无产阶级起来造反的危险，联合起来的统治阶级已在残酷无情地大肆利用这个国家政权作为资本对劳动作战的全国性武器。

帝国是在资产阶级已经丧失统治国家的能力而工人阶级又尚未获得这种能力时唯一可能的统治形式。全世界都认为它是社会救主。在它的统治下，资产阶级社会免除了各种政治牵挂，得到了甚至它自己也梦想不到的高度发展。工商业扩展到极大的规模；金融诈骗风行全世界；民众的贫困同无耻的骄奢淫逸形成鲜明对比。表面上高高凌驾于社会之上的国家政权，实际上正是这个社会最丑恶的东西，正是这个社会一切腐败事物的温床。

按照马克思的观点，面临普鲁士入侵的法兰西帝国曾经是新兴资产阶级争取摆脱封建制度的解放手段，但是今天却实实在在地在成熟了的资产阶级社会变成了资本奴役劳动的工具。由于帝国制度是国家政权最低贱的形式，因此它不可能以其自身的腐朽性拯救它所在的那个社会的腐朽性。从而，工人阶级根本不可能对帝国有什么指望。工人阶级的道路只有一条，那就是自我救赎。

帝国的直接对立物就是公社。巴黎公社的政治意向是建立一个不但能取代君主制，而且也能取代阶级统治的共和国。公社正是这个共和国的表现形式。公社废除常备军而代之以武装的人民；既是行政机关又是立法机关的公社由巴黎各区普选选出的、随时可以罢免的市政委员组成。从公社委员至一切公职人员与工人同等报酬。从前国家的高官显宦所享有的一切特权都随着这些人物本身的消失而消失了。社会公职已不再是中央政府走卒们的私有物。法官虚假的独立性被取消而改为选举产生，并可以被罢免。因为公社取消了两个最大的开支项目，即常备军和国家官吏，所以它实现了所有资产阶级革命都提出的廉价政府的口号。

公社实质上是生产者阶级的政府，是生产者阶级同占有者阶级斗争的产物，是终于发现的可以使劳动在经济上获得解放的政治形式。工人阶级不是要实现什么理想，而只是要解放那些由旧的、正在崩溃的资产阶级社会本身孕育着的新社会因素。公社是使工人阶级作为唯一具有社会首创能力的阶级得到公开承认的第一次革命。

马克思主义对于政治的理解来源于马克思主义者对资本主义社会资本推动下的个人逐利特性的深刻理解。在资本主义进入快速发展和疯狂扩张的 19 世纪，资本主义社会资产者对资本的痴迷已经销蚀了人们对于人类理性和政治理性的记忆。资本所创造出来的权力和对于利益的掠夺达到了人类历史上前所未有的高潮。社会普遍的对资本的痴狂扭曲了全社会的人类对于人性善恶的基本判断。同情、慈爱、平等、公正等等人类本有的美德先后遭到资本无情的冲击而逐渐被人们所淡忘。社会政治因为整个社会的扭曲而变型、颓废，甚至矛盾重重。这些彼时彼地普遍存在于社会之中的乱象使马克思主义者彻底失去了在原有政治体制基础上修修补补的希望，而将这个社会的政治视为整个社会堕落的根源。马克思在《共产党宣言》中更加清晰地论述了资产阶级社会的特征、种种弊端，以及劳动者阶级的终极归宿，他指出：

至今一切社会的历史都是阶级斗争的历史。压迫者和被压迫者，始终处于相互对立的地位，进行不断的、有时隐蔽有时公开的斗争，而每一次斗争的结局都是整个社会受到革命改造。

然而，在资产阶级的时代，阶级对立简单化了。整个社会日益分裂为两大敌对的阵营，分裂为两大相互直接对立的阶级：资产阶级和无产阶级。资产阶级在现代代议制国家里夺得了独占的政治统治。现代的国家政权已经成为管理整个资产阶级共同事务的委员会了。

资产阶级破坏了一切封建的、宗法的和田园般的关系。它以赤裸裸的利害关系和冷酷无情的“现金交易”，无情地斩断了过去时代的天然尊长、宗教虔诚、骑士热忱，以及布尔乔亚式的伤感。它把人的尊严变成了交换价值，用一种没有良心的贸易自由代替了无数特许的和自力挣得的自由；用公开的、无耻的、直接的、露骨的剥削代替了由宗教幻想和政治幻想掩盖着的剥削；抹去了一切向来受人尊崇和令人敬畏的职业的神圣光环；它把医生、律师、教士、诗人和学者变成了它出钱招雇的雇佣劳动者；它撕下了罩在家庭关系上的温情脉脉的面纱而代之以纯粹的金钱关系……

资产阶级除非对生产工具，从而对生产关系，从而对全部社会关系不断地进行革命，否则就不能生存下去。生产的不断变革，一切社会状况不停地动荡，永远的不安定和变动，这就是资产阶级时代不同于过去一切时代的地方。一切固定的僵化的关系以及与之相适应的素来被尊崇的观念和见解都被消除了，一切新形成的关系等不到固定下来就陈旧了，一切等级的和固定的东西都烟消云散了，一切神圣的东西都被亵渎了。人们终于不得不用冷静的眼光来看他们的生活地位、他们的相互关系。

资产阶级按照自己的面貌为自己创造出一个世界。它使农村屈服于城市，使一切国家的生产和消费都成了世界性的。它消灭了古老的民族工业，它把一切民族甚至最野蛮的民族都卷到资产阶级文明中来，以互相往来和互相依赖替代了古老民族的自给自足和闭关自守。它消灭了生产资料、财产和人口的分散状态，使人口密集起来，使生产资料集中起来，使财产聚集在少数人的手里，使各有不同利益、不同法律、不同政府、不同关税的各个地区结合为一个拥有统一的政府、统一的法律、统一的民族阶级利益和统一的关税的国家或者国家联盟。

资产阶级创造了自由竞争以及与自由竞争相适应的社会制度和政治制度、经济统治和政治统治，也创造出了它无法驾驭的经济危机。资产阶级用什么办法来克服这种危机呢？一方面它不得不消灭大量生产力，另一方面又不断夺取新的市场，更加彻底地利用旧的市场。资产阶级已经无法应对它所创造的危机，同时它还创造了更大的毁灭它的敌人——现代工人阶级。

现代工人只有当他们找到工作的时候才能生存，而且只有当他们的劳动增殖资本的时候才能找到工作。这些不得不把自己零星出卖的工人，也是一种商品，所以他们同样地受到竞争的一切变化、市场的一切波动的影响。

由于推广机器和分工，无产者的劳动已经失去了任何独立的性质。工人变成了机器的单纯的附属品，要求他做的只是极其简单、极其单调和极容易学会的操作。因此，花在工人身上的费用，几乎只限于维持工人生活和其延续后代所必需的生活资料。

现代工人并不是随着工业的进步而上升，而是越来越降到本阶级的生存条件以下。工人变成赤贫者，贫困比人口和财富增长得还要快。资产阶级再不能把自己阶级的生存条件当作支配一切的规律强加于社会了。因为它甚至不能保证自己的奴隶能够维持奴隶的生活。随着大工业的发展，资产阶级首先生产出了它自身的“掘墓人”。

随着工业的发展，无产阶级不仅人数增加了，而且他们结合成更大的集体，随着力量日益增长，他们越来越感觉到自己的力量。机器使劳动的差别越来越小，使工资几乎都降到同样低的水平，因

> 而无产阶级内部的利益、生活状况也越来越趋于一致。资产者彼此间日益加剧的竞争以及由此引起的商业危机，使工人的工资越来越不稳定；机器的日益迅速的和继续不断的改良，使工人的整个生活地位越来越没有保障；单个工人和单个资产者之间的冲突越来越具有两个阶级的冲突的性质。
>
> 旧社会内部的所有冲突在许多方面都促进了无产阶级的发展。在当前同资产阶级对立的一切阶级中，只有无产阶级是真正革命的阶级。其余的阶级都随着大工业的发展而日趋没落和灭亡，无产阶级却是大工业本身的产物。无产阶级没有财产，他们和妻子儿女的关系同资产阶级的家庭关系没有任何共同之处；现代工业劳动和资本压迫使无产者失去了任何民族性；无产者眼中的法律、道德、宗教都是资产阶级的偏见，以及隐藏在这些偏见后面的资产阶级利益；无产者没有什么自己的东西必须加以保护，所以他们能够从事为绝大多数人谋利的运动。

第二次世界大战之后，西方社会对资本主义的内在矛盾有了深刻的认识，并且推动了借鉴马克思主义经济、社会、政治的改革。一系列改革为西方社会的发展创造出新的动力。然而，资本及资本主义的发展模式并没有从此从人类社会中自发地得到启发。二战后很多从西方殖民统治中独立的国家，无论其发展道路如何选择，只要这个国家最终选择了与资本相结合的发展道路和融入西方经济体系的发展轨迹，马克思曾经评判过的资本主义的丑恶、残酷、无耻、堕落，以及所预言的资产阶级所面临的最终的命运选择——要么被社会分化所造成的阶级矛盾所摧毁，要么自发地、自主地推进政治和经济改革——就都会成为新时代重复的历史宿命。

## 第五节　政治的基本内涵

纵观人类社会政治的发展脉络不难发现，一个为人们所熟知的“政治”在历史长河与学术争鸣中被反复打磨和推敲之后竟变得无比的陌生。

它的原生状态究竟是什么？它的存在究竟代表什么意义？它的发展给人类社会究竟带来了什么影响？它终究会走向何方？它对于现在和未来的人类社会而言，究竟会带来福祉，还是祸害？为什么有些人对它津津乐道，有些人却对它不屑一顾？又为什么即便人类社会所有的人都不喜欢它，却永远不可能消灭它？它究竟是什么？它以什么样的方式运行？它的运行方式是永恒不变的，还是可以变更的，抑或会随着人类社会的发展而发生改变？……

亚里士多德说过，人生来就是政治的人。亚里士多德表达的是对当时城邦政治中人的政治特性的理解。然而，时过境迁，当今时代很多人却仍然使用这句话来描述某些现象，或者劝诫某些对政治不甚清明的人。自古至今，政治的存在和它的影响是无可争议的。我们不能说亚里士多德对政治的定义是最经典的，是不可以随意更改的。我们也不能因为自己对古希腊城邦政治的点滴了解而评判当代人错误地使用了古人的经典名句。

既然政治是人类社会的一个现象，那么人类社会的任何人都有权利去认知和研读这一现象的普遍性、共性，以及它独有的发展规律。无论人类社会有关政治的历史记载多么久远，无论每个政治时代的历史特征有怎样的独特性，无论不同时代具体的政治功能具有多大的差距，政治作为一个普遍而连贯延续下来的人类历史现象总有它自身有别于其他社会现象的、总的、连续性的东西存在。而这些虽然不显性于不同历史时代，却在任何人类历史时代均延续着的一以贯之的特征和规律则是政治的普遍共性，也是我们总结和认识政治规律的最佳的起点。

纵观古今人类历史对政治的种种解释和概括我们可以看到，人们对政治的记载的历史轨迹不仅存在于中国古代王朝统治与朝代更替中，存在于古希腊的城邦中，存在于古罗马的共和国和帝国中，还存在于日本、印度的国家权力制度和政策中，存在于欧洲的中世纪和近代的资产阶级繁荣历史中。其中一个具有共性的特征首先是，所有的政治记载和政治思想的对象都是人类社会群体和多成员共同生活的状态。从而引发一个值得思考的问题，政治究竟是一个在人类群居状态中必然产生的现象，还是一个群居状态必须达到一定规模才会产生的现象？究竟这种现象仅限于人类，还是在普遍的智慧生命中都有其最原始的基因？

人是群居的智慧生灵。从有文字的历史记载和现实实践开始考察，人类的群居并不是一种毫无意义的举动，而是存在一定需要和一定目的的。诚然，随着人类社会的发展，人们在长期共同生活的过程中往往也会产生出一种对群体的归属感，进而导致了离群索居的、独自的生活不仅存在诸多不便，而且有难以适应的心理变化。然而，由于人们对群体生活的需求并不能因为他或者她仅仅能够生存于群体的环境中而得到全部的身心满足，因此我们在理论上基本上可以断定人类社会的所有非个人生活状态在绝大多数情况下都是存在特殊目的和特殊共同需要的。

群体性的社会群落存在共同的发展目标。共同的发展目标不仅包括社会群落内部彼此之间的需要，还包括它的对外部环境的能量交换关系。由于在任何状态下，一个社会群落的对外能量交换不仅必然影响到社会群落内部本身，而且还会影响其他的、外部的社会群落，因此，为了自身社会群落得以更好的生存和发展，所有的社会群落的生存和发展过程都不得不时时刻刻处于一个高度活力而且高效组织的状态中。这种状态就形成了人类社会群体性社会群落内部结构和运作方式的特殊压力。

人是具有社会性的。然而，这种社会性首先表现在他或者她对于他们所存在的社会群体的社会性。换句话说，个体的人在某种程度上可以离开与他（她）没有太多联系的社会关系，但是如果他（她）突然的、永久的与他（她）所熟悉的、适应的、有浓厚归属感的社会群体隔绝，那么他（她）将经历非常剧烈的痛苦体验。虽然这种小范围社会的归属感在当今世界人口流动频繁、社会组织瞬息万变的状态下表现得不那么明显，但是类似家庭之类的小的社会群落的存在和解体仍旧强烈地震撼着每一个个体的人的心灵。

从家庭扩展开来考察一般性的、稍高层次的社会群落，如果这个社会群落相对于其他社会群落具有相对独立性、完整性，以及对它的内部成员具有明显的归属性和依附性，那么这个社会群落就构成了一个具有共同发展目标、与其他社会群落发生整体性能量交换的政治性的社会群落。之所以说这种社会群落具有了政治性，是因为它如果想在与其他社会群落彼此进行能量交换的前提下保持发展的目标轨迹就不得不组织起来。一旦一个社会群落内部经由外部或者内部的其他压力而被组织起来，那么这个社会群落的内部就被政治化了，就必然要经历政治的种种个性化的组织。政治现象便在这个社会群落内部产生了。

当政治化了的社会群落内部为了整个社会群落的发展利益按照不同的职能需要对群落内部成员进行分工的时候，人类社会政治的原始形态便再次出现。期间，如果绝大多数的成员都是理性的成员，这个组织的过程便非常可能是一种建立契约关系的过程，经由契约关系的确立形成一个社会群落内部的组织架构和权力分配。如果绝大多数成员缺少理性和自我权利的意识，这个过程则非常可能变成一种经由群落精英发起和推动的过程。因为社会群落普遍缺乏理性，所以借由某种神秘的、所有社会成员共同敬畏的理由，组织和建构社会政治架构和权力关系的、类似以“君权神授”确立权力合法性的事情便可能发生。这样的一个过程便是政治现象发生的第一过程。

人类社会群落组织起来的过程多种多样。但是，这些经由种种过程组织起来的人类社会群落一旦形成一个具有政体目的性的团体之后，其政治性的第二过程便随之产生。这个过程中所显现的便是政治的正义性或非正义性。如果这个群体的组织过程遵从契约关系，在政治组织行为的一开始便将社会群体的整体目标确定为政治组织行为的最终目标，那么这个政治组织的政治正义性便随着这个人类社会群落政治架构的产生而产生了。

如果这个政治群落的政治架构是经由社会的部分精英组织而成，绝大多数人被动参与其中，那么以群体目标为核心的政治正义很可能在一开始就没有灌注到政治组织过程之中。从而政治的正义性便不一定能够随着这一人类社会群体的政治架构的产生而产生。如果在这种情况下，政治精英仍旧宣称其政治组织具有正义性的话，人类社会政治的伪善、政权服务于某个阶级或阶层却宣称代表全社会利益等政治现象便随之发生。

政治的正义性或者它所体现的善、至善，以及相关高尚的状态下人们普遍的道德感和约束性，不仅体现在人类社会群落的政治架构的产生过程中，而且体现在它的运行和发展过程中。无论人类社会群落的政治正义性是否在一开始就被充分体现，后续的政治发展仍然需要不断地检验这种政治的正义性是否能够延续，还是逐渐在发展中变质的问题。

之所以特别强调这个问题，是因为无论是否具有政治正义性的人类社会群体都对现实的社会政治状态进行了权力分配。权力状况的差异所改变的不仅是人类社会群落的横向分工，而且也纵向地改变了这一社会环境中不同人对内部资源的支配能力。由于社会资源支配能力的改变可能会导致社会内部发展的不平衡，进而导致一个社会整体发展的扭曲和社会基础的瓦解，因此避免权力对社会资源的非正义性支配，保持社会的常态、均衡发展便成为政治正义性的普遍追求。

在一开始就不具有政治正义性的人类社会群体之中，权力分配的目标可能一开始就是脱离整个社会群体的，是专门为了局部人群服务的。在这种情况下，权力的运作和权力运作的结果都将打破原初社会群体的相对平衡状态，甚至导致极度的社会不平衡现象出现。由于社会的不平衡和权力运行方向的扭曲违背了原初社会群体的整体利益，因此对政治发展过程的监督便成为非常重要的问题。

在政治正义性普遍存在的人类社会群体中，权力分配的目标通常被核定为共同利益。然而，无论目标如何确定，社会内部结构性的权力分配仍是不均衡的，因而依旧存在纵向上不同权力地位的人对社会资源的不同支配能力。在相对较小的人类社会群体当中，基于信息的透明程度以及人们之间的远近距离关系，权力过分脱离群体目标的可能性虽然存在，但是其远离程度却不会太过。例如，人类社会一般的家庭、相对较小的商业单位、生产作坊等。然而，在超越家庭单位的家族，或者超过了一般性生产力和经营力的商业、工业，以及其他群体社会单位中，随着自身权力可支配资源的增多，社会群体内部信息透明度的削弱，权力掌握者和一般群体成员之间地位、能力的差异加大等等现象的出现，权力运行脱离社会群体目标的可能性与脱离程度便会随之增加。随着这种现象的发生和发展，权力分配所造成的不平衡性便会随之出现并且呈现不可遏制的态势，甚至最终走上背叛政体社会群落集体目标和利益的道路。

从而，政治的正义性虽然在其产生的过程中便理所当然地出现，但是由于人类社会在建构政治架构的时候仅仅是进行了权力架构的设计，而权力架构的不平衡性又直接改变了全社会资源支配的能力和利益配置的均衡性，因此，政治的正义性通常都无法在人类社会群体构建政治框架之初被直接注入。换句话说，人们以共同利益为核心试图建立一种具有正义性的政治架构的时候，根本无法事先绝对地操控政治的正义性本身，也无法保证政治架构必然趋向政治的正义。在政治架构建立的过程中，人们所能够改变的仅仅是政治的一个维度——权力的配置状态。

权力，无论如何界定其内涵，都是一种能够影响和改变他人意志和行为的能力，即便在契约社会中也是如此。因为契约的签订本身意味着某种自我权利的让渡，以及权力掌握者相对于权利让渡人的组织优势、社会优势，以及道义优势。由于权利让渡人通常无法时时刻刻对权力的使用加以监督和规范，同时也无法时时刻刻轻易地证明权力对自己的要求和行为具有非合理性和非法性，因此权利让渡者在权力面前通常也是一种相对弱势的状态。

既然政治的开始是以一种不平衡的社会关系的权力性建构开始的，那么政治运行规则的原生态无论如何都不可能具有天然的公正性和公平性。当政治的单向维度——权力在不平衡的社会状态下运行的时候，权力者和相对弱势的权力受众之间所存在的落差往往构成权力拥有者对权力目标——公众利益（或者抽象地成为政治的正义性）——的随意变更。这一状况的发生并非政治的恶，也非权力的恶，而是人类社会在建立政治权力架构的时候根本不可能找到内心如此单纯、情操如此高尚，以至于在执行权力规则的过程中从来只想到社会群体而不知自己为何物的人。

恩格斯对权力的认知是最为透彻的。按照恩格斯的思路，生产的发展导致了家庭和私有制，私有制下社会分化的矛盾产生了维护社会秩序不至于被社会对立的阶级相互消灭的国家。如果从人类自身心理特征的角度解析恩格斯的话，那么生产的发展和家庭的出现所导致的私有制在其衍生阶级和阶级矛盾的同时，实际上也产生了人对自身和自己身边的以家庭成员为核心的家庭的过分关爱。这种过分的关爱在其漫长的历史当中培养了人对远近亲疏概念的清晰理解和记忆。

随着家庭的普遍存在与经济地位的分化，人类心理对社会的认知便形成了以自我为中心，渐次家庭、渐次亲族、渐次朋友伙伴、渐次有帮助于我的人、渐次无仇恨的人、渐次有害于我的人、渐次我的敌人等等感情圈层。这些感情圈层在每一个人心中的出现导致了不同的人对人类社会政治正义的不同理解，不同的政治正义的理解的相互叠加最终会产生出不同人群认同整体人类社会政治正义抽象解释，却在现实政治正义的实践中矛盾重重的状况。于是，政治正义的抽象共同性在现实的矛盾性面前被彻底摧毁。人们在群居生活状态下通过建立政治架构实现政治正义原初理想便不得不接受新的检验。

由于不同的社会个人对于自身利益的理解和对整体社会利益的理解有所差别，而这种差别在社会实践中又可能由于权力掌握者对自身利益的过分关注而导致政治运作过程中出现不公正现象，因此，当人类社会无法保证权力掌握者能够忠诚于社会契约所规范的政治正义的时候，对于权力的制约便成为任何政治架构建立过程中最关键的内容。

在人类历史的漫漫长河中，在君主制集权体制下，上至君主下至普通官吏，在治理社会过程中有对普通百姓的恶意盘剥；在民主制度下，有钱、有权阶层会对普通大众无情压榨；在历史上，有为了一己私利牺牲广大人民利益、大量官员违背社会正义初衷和自身职权方向，将权力当作为自己和家庭、亲友服务工具的大量记载……这些实例证明，虽然政治体制的建立和政治发展的本身并没有恶意，但是政治权力的单向维度上却确确实实地存在着不可预测的被扭曲的共性。

有人说权力如同资本，本身是“有灵魂的”。其实，权力不过是人类社会的抽象的衍生物，既没有具体形象也不占特定空间，非物质的抽象又如何承载一个所谓的“灵魂”。如果说人与权力的结合一定会导致某种权力运行方向扭曲的话，那么扭曲权力运行方向的并非权力本身，更非权力本身的属性，而是人。因为权力既然没有实体，那么必定“无欲则刚”。放弃社会正义的方向转而服务于掌握权力的人对于权力本身又有何益？从而，真正扭曲了权力运行方向的不外乎是人。只有人的头脑才会如此清晰地区分自己和他人的亲疏关系；只有人才会因为得到利益而快乐，失去利益而痛苦；只有人才会将自己和自己亲近关系的得失看得如此之重，以至于甘愿冒险去放弃或者背叛自己权力所应当承担的职责……当人被赋予权力，而同时他的私欲属性没有去除或者受到限制的时候，权力在其启动之时便被注入了人的私欲的因素。当人的私欲得到了权力的支持，一切都将成为可能。

从某种程度上说，政治本来并不存在。它是当人们为了一个群体更好地生存和发展而发生权利让渡关系时产生的。权利让渡的发生产生了社会资源支配能力的不平衡，产生了人与人之间的事实上的不平等，产生了权力可能的变异性，同时也产生了并不可靠的政治正义。

政治的产生及其发展客观上会延伸出众多违背政治正义的可能性。然而，人类社会并不能因此自动解体，而放弃群体性生活的方式。因此限制权力的变异，在权力发展的过程中建立更加完善的措施以规范权力沿着政治正义的方向运行，推动更多的社会公正和平等，便成为政治在权力和利益两大基本要素之后的又一重要线索。

对于防止权力变异的探讨古已有之。周公的“天道”、古希腊的“至善”、近代的三权分立学说、现代的民主政治体制都是为了防止权力变异、规范政治应然的发展方向而设计的。人类社会在进步，政治在发展，政治正义的人类理想在今天这个信息沟通顺畅的时代似乎已经变得相对容易实现了。至少权力掌控者违背权力职能肆意妄为的可能性在日益缩小。人们对权力的约束能力和途径增加了权力掌握者对权力合法性丧失的担忧。权力的运用逐渐回归政治原初轨道的环境似乎正在形成。

政治的产生源于人类群体社会的发展意愿和需求。这一需求产生了建构政治的基本要素——权力及其决定利益（社会资源）分配的社会架构。然而，由于人自身的私欲性，权力存在着扭曲政治本初目的——政治正义的可能。规范权力、保证政治正义的发展方向成为政治理论与实践的重要内容。于是，政治从其产生的原点及其延伸物——权力对利益的支配，延伸到所有人类的群体单位，最终凝结在国家这一具有最复杂结构的政治集合体之中。

政治不是从来就有的，也并非人类的福祉，但也绝非噩梦。人和人自身的属性赋予了它复杂的善与恶。在政治的发展过程中，有远见的人为了政治不脱离应然的轨道，努力改造政治的权力架构，以权力制约权力。然而，我们不能忽视政治非常态运行的根本原因在于人。从而，改造政治架构的同时，我们更应当认真反思人和人类社会本身。

【思考题】

1. 如何从政治正义的角度解读周公的“天命无常”？

2. 老子对人类社会的观念与一般性的政治是否存在联系？如果存在如何解析这种联系？

3. 怎样理解“人生而就是政治的动物”？

4. 政治思想和政治行为之间有什么样的联系？如何理解日本明治维新之后的国家主义及其政治发展轨迹？

5. 自然法、社会契约论与三权分立学说之间的逻辑关联是怎样的？

6. 马克思对资本主义社会阶级关系的论述有什么样的理论与现实意义？

7. 恩格斯对家庭、私有制与国家三者之间的论述逻辑如何？

8. 政治的基本内涵包括哪些方面？

9. 人在政治的产生、发展中起着什么样的作用？

# 第二章　权力与政治

权力是政治的第一维度。之所以这样界定是因为权力在政治产生的时候就随之产生了。所有人类社会的群居状态，只要这个群居团体中的个体不是互不相干的，那么就一定会出现群居个体之间在社会职能和劳动分工方面从横向划分转向纵向划分的过程。只要群居团体内部的职能和分工出现了纵向划分的现象，我们就可以判断，它的政治架构（无论是原始的，还是典型意义的）就已经建立。在这个纵向的社会个体分工和政治架构建立的过程中，权力便自然而然地诞生了。从这个角度考察问题，权力也可以被视为是政治的心脏，是政治现象存续的灵魂和命气。政治需要权力来界定，没有权力要素的存在，何谈政治？

## 第一节　权力与权力的特征

有人认为，权力是一种可以改变人的意志和行为的能力。因而，它不仅是一种静态的政治架构的产物，还是一种动态的自体以外的对外界（指特定政治现象所覆盖和规范的范围内）有着种种影响的客观存在。权力的存在与政治相伴随，既是一切现象的动因，又是政治规范得以发挥效力的保障。如果这种说法能够成立，那么人类社会权力现象的原点与政治现象的原点就是一致的。有关政治现象起源的种种说法和政治问题的基本原则在权力——这一政治现象的基本范畴中也都能够得到相应的二次验证。

## 一、权力产生的人性论

假设“权力是一种可以改变人的意志和行为的能力”的概念界定是正确的。那么我们会从这一概念范畴中发现几个值得探讨的问题：

1. 既然是力，那么就有发出者和承受者。权力的发出者和承受者是什么？

2. 权力可以改变人的意志和行为吗？如果在原始的自然状态，或者现实社会的人与人之间没有结合成彼此相关的群体社会的时候，人与人之间的关系的确是一种真正平等的关系的话，那么它对人行为和意志的改变是不是意味着它改变了原初的社会自然和平等的形态？是什么赋予了它改变社会形态的能力？这种能力是权力天然具有的，还是有什么物质性的条件在支撑？

3. 权力对社会的改变是否产生了人类社会的不平等状况？这种不平等现象的出现对人类社会产生了什么样的影响？这种影响对人类社会是有益的，还是有害的？

4. 自政治现象产生以来，人类从未停止过对“平等”、“自由”的追求。然而，人类追求“平等”、“自由”的时候是否反思过：正是人类自身所创造的政治架构，以及维系政治架构的权力造成了人类社会现实的不平等？

5. 以权力限制权力是当今世界推动“平等”、“自由”的主要方式和基本原则。这一方式是否就是最佳和最后的选择？

6. 马克思主义曾经提出在一定历史时期可以通过彻底消灭权力、消灭政治、消灭国家而实现共产主义社会的思想。随着科技的发展，人类社会的物质文明实现极大丰富的可能性或许存在，然而，现代社会的发展模式是以不断满足和扩大人类的欲望为基本方向的。物质的繁荣和人类无休止的贪欲之间是无法逾越的鸿沟。当人的贪欲永不满足的时候，当社会各阶层都有着各自的心理不平衡的时候，当每个阶层都觉得自己不满足的时候，又如何能够实现最终彻底消灭权力的社会？

既然权力的产生和存在一定与一种相对不平等的社会状态相关，那么权力自然不是在自然状态中存在的社会现象，也不可能是平等的、毫无关联的人与人之间的社会现象。因为人是一种趋乐避苦的生灵，在自然状态和平等的人与人关系的生存环境当中，没有任何人愿意主动接受一种来自他人的相对强势的压力。换句话说，没有人愿意接受他人对自己的强势。在人们不愿意接受违背自己意愿的强势的生存状态下，权力便不可能存在。

人类基于趋乐避苦的生存信念对权力的天然排斥表明，权力之所以成为一种人类社会的特殊现象必然与人类自然本性有着不可分割的联系。古代先贤对权力产生的种种猜测和推理各有其合理性。然而，从人的自然本性角度出发再次解读这些问题时不难发现，所有这些推理和猜测均没有超越人自然本性的特征。

君权神授、天命之类的政治权力来源说是中外古代社会对权力合法性的最早解释。这些历史记载中权力来源的依据论证了君主统治国家的合法性和合理性，臣子不得不遵从国王、百姓不得不遵从官吏的政治伦理的神圣性，以及承载国家权力的国家机器的不可侵犯性。君权神授、天命之类的政治伦理为国家政治权力来源提供了一个彼时彼地有效而合理的解释。

神与天授权的解释改变了整个社会不同人群的生存状态，不但没有遭遇反抗，反而得到了全体臣民的认可。这种不可思议的事情发生背后一定还有需要做出合理说明的地方。按照唯物主义的观点解读中外古代社会权力合法性的神、天授权说，我们还可以借由人性的自然特征做进一步的合理解释。那就是，在生产力低下和人们因无知对自然力量充满敬畏而在思想中将种种不了解的自然力视为有灵的神或者天的时候，人类趋乐避苦的自然天性推动着人们内心充满对神、天的敬畏和恐惧。神与天可以“赐福”于人，使人获得快乐；它们同样可以“降灾”于人，使人经受痛苦。对神、天的自然敬畏是人类早期的普遍社会心理状态。这种普遍存在的社会心理状态，使人们对借由神权的名义而改变社会生产状态的权力，产生出不可置疑和服从的心态。权力也正是借着这种源自人趋乐避苦本性的自然人性的特征，在神、天的“护佑”下获得了统治人间的权力。

周武王受命于天，讨伐商纣“礼乐征伐自天子出”，董仲舒论证汉帝“受命之君，天意之所予也”；历代中国皇帝诏书敕令起笔第一句“奉天承运，皇帝诏曰”；崇奉太阳神的古埃及将法老称为“太阳之子”；创设《汉谟拉比法典》的古巴比伦国王被称“月神之子”；基督神权掌控的欧洲中世纪所有国王均由大主教加冕……中外历史记录了人类最古老的权力合法性论述的历史脉络。

神授君权、天子授命于天等等权力来源的合法性理由造就了不同时代的政治统治，巩固了不同时代的政权。然而，这些与现代科学精神格格不入的思想并非一无是处。虽然它在陈述天命不可违、神权不可违的同时也为一个社会政权的存续注入了权力合法性的基本政治要义——权力的正义性。虽然君主在国家的范畴当中是最高权力的象征，但是他们所能够运用的权力不能肆无忌惮地超越能够被人们通常理性所接受的神或者天的正义性。这种正义性的存在在某种程度上多少也起到了维护国家秩序稳定、和谐的作用。而一旦社会的平衡被打破，国家权力便很可能与神或者天的正义性相脱离。离开了神性或者天性的支持，权力的合法性便会遭受质疑。这也就是同样以天命治国的商周王朝恰恰在天命的名义下发生更迭的原因。

暴力是有关权力来源和权力合法性的另一说法。这种说法的逻辑过程很简单——人类社会的本初状态虽然是平等的、自由的，然而人与人因体能、智慧、性格等等的差异而又有实际的不同。于是，体能优胜、智慧超群、性格善于团结他人的人便从人类的一般生存状态中脱颖而出。他或者凭借自己无人能敌的武功，或者凭借给人类社会带来繁荣富庶的卓越智慧，或者凭借通过组织人类社会部分成员，而形成了他个人或他所在的群体相对于他人的力量优势。这种优势增加了他（他们）维持或者扩张他（他们）趋乐避苦天性的能力和手段，而这种能力和手段在遭遇其他社会成员反抗的时候又往往表现出一种强制性和暴力特征。当社会其他成员面对暴力而显现避苦天性的时候，同时存在的自我利益实现的趋乐天性便与之形成了一对相互对立的价值判断标准。当趋乐的代价远远大于避苦的收益的时候，人便自然而然地会屈从于暴力。于是暴力也就顺利地成为社会不平等状态的推动力和核心支撑力。随着暴力对社会的整体改变，权力便随之而产生了。

马克思主义对于权力产生的认识基于其国家的理论。按照恩格斯的说法，国家是在家庭、私有制、社会分化，进而阶层、阶级、阶级矛盾与冲突的过程中产生的。在恩格斯看来，阶级矛盾与冲突是国家产生的根源，而国家的根本目的是为了维护有利于统治阶级，或者说不平等社会中得益阶级的阶级利益。国家的本质是要通过其可能采取的手段维护国家的既有秩序（有利于得益阶级的社会秩序）。一个不平等的社会、一种不平等社会秩序的维护自然需要独特的手段。按照恩格斯的观点，暴力机器是诸多手段中最为关键的。于是在暴力的支持下，在国家的名义下，维持社会不平等状态的权力便产生了。

在马克思主义的范畴内，由于权力的产生一开始就与社会的不平等相伴随，因此，它在一开始也就面临着种种的挑战。因为没有任何一个拥有完满趋乐避苦天性的人愿意一直生活在一个被压迫、被剥削的生存状态中。人的避苦自然属性推动被压迫的人趋向反抗和叛逆。与此同时，掌握社会优势资源并且处于权力保护范围的人却基于自己的趋乐自然属性而倾向于维持既有的秩序。于是，社会的矛盾便被激化，暴力机器便会发生作用，权力对人类社会的影响便被推向极致，并最终造成了一个阶级对另外一个阶级的权力更迭。

暴力的屈从、阶级统治的秩序所延伸出来的权力都比较直接地与国家机器的暴力机构，或者外力维护社会不平衡的状态有关系。这些论述从根本上说明了一个国家和政权存在的最根本的支撑力。然而，这种论述往往太过明晰，以至于权力拥有者在政策取向上会倾向于采用暴力的威慑手段，进而遭遇权力的对立面同样的暴力反抗手段。尽管暴力可以让人屈服，但是在暴力手段趋向极端的时候，在退让、妥协到无可退让、妥协的时候，在暴力的反抗成为一种或许可以求得一线生机的时候，暴力所支撑的权力体系往往会遭遇最大的反向冲击，甚至被暴力反抗所彻底摧毁。暴力的确可以作为权力的来源，阶级的暴力的确可以维持阶级社会不平衡的状态，但是它们都不可以超越人趋乐避苦的理性选择所能接受的最后底线，否则再强力的权力机器也不能逃离失败的命运。

契约论是现代政治学的重要力量基础。契约论在探讨权力产生的时候，实际上已经在某种程度上借用了人趋乐避苦的自然特性的分析。在洛克等人的论著当中，自然状态中的平等、人与人的差异、人生存状态的艰苦假设，以及人对生存状态的反思和最终权利让渡的选择，其实都包含着人们在接受权力和认可权力过程中对自我生存环境苦乐的辨别和自我利益最大化的人性选择。正是人们自身趋乐避苦的自然属性的追求推动了人们对自我生存环境的再认识，并最终选择了以契约的方式改变他们所认为不快乐的生存状态。正是这种改变产生了社会的不平等结构形态，产生了权力，也产生了人们以趋乐避苦为前提的、对权力和权力的运行方向有天然约束力的契约关系。

权力的存在有两个前提：一个是权力的拥有者，一个是权力的受众。二者相辅相成，使权力能够长久发挥其应有的作用。契约所表达的一个核心思想在于权力拥有者和权力受众之间的平等关系。没有人生来就可以享受比别人更优越的特权。权力拥有者手中的权力不是权力拥有者的自然属性，更不是他们的特权，而是他们所承载的对社会契约的承诺、责任和义务。唯其如此，社会才会在权力结构的建构和存续中保持其理性的、合理的平衡性质。

契约所追求的不是一个真实的假说，而是借用一个假说说明一个社会应然的氛围和合理的架构基础。契约关系所追求的是一种平等的状态。平等是和谐的基础。在契约关系下，尊重权力和对权力的尊重并非权力受众对权力拥有者的必然表现，而是权力拥有者本身对于权力社会属性的敬畏，是权力拥有者对权力所赋予的责任和义务的敬畏，更是权力拥有者对权利受众权利让渡关系的尊重。尽管契约关系所塑造的应然的权力特性并不一定能够在所有存在权力契约概念的政治架构中自然地实现，然而，其应然的特性会形成一种人们普遍的、对权力的印象，以及由此印象而产生的概念性约束。普遍存在的社会约束和相关意识产生的制度性约束会最终引导和迫使权力走向它应该走的道路。

## 二、常态化的权力现象

既然权力是人类社会普遍存在的政治现象的核心维度，而权力存在的政治社会不但往往因为权力架构的存在而出现日益倾斜的不平衡状态，而且在权力制衡结构完善地产生之前并没有任何力量阻碍权力的滥用及其后果——社会结构的极端不平衡与社会矛盾的极端积聚与爆发，所以当社会矛盾达到无可协调的时候，社会的不平衡状态便会被打破而构建一种相对平衡的政治架构。

由于社会的不平衡状态及其极端化都离不开权力的作用，打破社会极端不平衡状态的过程本质上也是对权力不平衡状态的否定，重新建立的政治架构同样没有离开权力的结构性再造，因此人类社会政治架构的建立—不平衡性的发展—极端不平衡状态的出现—社会冲突和破坏力量的出现—相对平衡的政治架构的再次建立等等环节也可以理解为一个当权者确定权力归属、运用权力和权力受众不满权力运用的结果、否定权力归属状态以及从当权者手中夺取权力和重新界定权力归属的过程。所有的政治与权力循环往复的过程本质上就是一个权力争夺的过程。

人类社会政治历史的发展过程，尤其是一个相对封闭的国家或者地区（通常指常年没有外敌入侵）的人类群体，往往会经历由于权力无节制地发展而导致社会资源严重失衡的极端状况。这种因社会不平衡导致的政治结构再建构一般表现为权力金字塔的结构性崩溃和社会阶层的普遍更替。

在人类社会历史上，武王伐纣是这样的典型案例，英国16—17世纪的几次政权更迭是这样的案例，法国大革命是这样的案例，苏俄推翻沙皇是这样的案例……当当权者对权力的运用导致了无可挽回的社会失衡时，人类历史的夺权剧目便会不断上演。

如果说国家和社会权力大幅度的更迭是人类历史上最普遍的权力现象的话，那么在权力并没有导致社会整体失衡且趋向极端的状况下，权力争夺的现象依然存在。这些权力争夺现象主要是存在于当权者之间的权力争斗。尽管这些权力争夺现象通常不会对社会造成巨大的影响和危害，但是因为相关行为往往有悖于社会道德和普遍信念而成为社会关注的对象，也最容易通过某些途经被人们以不同方式（包括文艺的方式）传播，因此成为人们最为熟悉的权力现象之一。中国唐初的“玄武门事变”、宋初的“斧声烛影”、清初的“九子夺嫡”，西方历史上的“马拉遇刺”等等无不充满悬疑地记录着权力争夺和权力冲突现象的残酷和可悲。

在人类社会的政治现象中，权力对社会平衡状态的改变，其绝大多数情况下是指人类社会的物质分布状态。既然人的意识受着物质的支配，而人类社会的物质分布又受权力所影响，甚至是由其决定，那么权力是否会决定意识便成为一个不得不考察的重要政治议题。通常情况下的田野调查得出的结论往往正好相反，[①] 绝大多数人并不认为自己的意识会因为权力的影响而发生改变。至少一半以上的人认为自己的意志自主力是稳定的、不受外部干扰的。

然而，事实的确如此吗？对人类历史进行考察可知，人对于权力的尊崇往往并非时刻都有理性的检视。人本能的、对有物质联系的权力的畏惧，以及感情上对自我生活轻松方向的选择，时常将自己置于理性的、检视或者对抗权力的心理状态中，这往往会产生一种对人的心理压力而导致良性的生活感受下降。从众或者顺应外部环境的总体状态让人感到更少的压力，而获得相对轻松的感受——最终会形成种种合力而将人的情感推向对权力的普遍服从。

服从权力是一种普遍的社会权力现象。在正常的情况下，对权力的服从表现为对社会普遍约束力的服从。这种服从有的时候表现为对法律的遵守，有的时候表现为对社会普遍道德的承认和尊重，有的时候表现为对权力拥有者基本的尊重和服从，有的时候表现为社会普遍存在的人们对不同社会地位的人的权利差异的默认，有的时候表现为人们共同认可的社会秩序……

然而，不可否认的是服从权力有时也会产生一些极端的社会现象。在特殊的历史年代，基于战争或者特殊的政治需要，在广大社会主流意识与权力意志呈顺向发展的特殊时段，权力的服从会衍生出一种权力服从的极端异化。这种异化表现为对权力的崇拜和对当权者的个人崇拜。

对权力的崇拜通常发生在人们普遍认同社会现存的社会秩序，而且普遍希望从权力主导下的社会秩序中获益的社会心态里。这种社会心态

---

① 笔者对授课的2个年级的研究生和3个年级的本科生，共计178人，进行过现场问答式调查。

表现出两种人的心理需求，一种是大多数的人们都希望改变自己的生存状态，另一种是认为在现存的权力结构下改变生存状态的成本收益效益良好。这种对权力的崇拜状态表现为对权力所附带的实惠的认同。这种认同所指向的对象具有不确定性，是一种对权力载体的普遍的、模糊的认可。从权力与社会的不平衡关系角度看待这种权力崇拜现象不难发现，在其普遍存在的状况下，权力结构的存在已经造成了社会的不平衡状态向权力拥有者倾斜的态势。社会主流意识并没有对社会的不平衡状态做出反思，而是逐渐地调适自身的生活方式以适应新的社会变化。然而，这种社会的自我调适仅仅是一种简单的适应，而不是积极的反应，其后果很可能造成权力拥有者或者权力的获益阶层和其他社会阶层之间越来越大的物质分配和社会资源分配的鸿沟，并最终导致社会矛盾的激化和冲突的发生。

权力崇拜的极端化是政治社会中非常态发生的现象，它的出现需要诸多历史和社会现实条件予以支持。回顾有确切历史记载且仍然为人们所记忆的权力崇拜极端化，如二战期间日本人对天皇的个人崇拜、德国人对阿道夫·希特勒的个人崇拜、卫国战争时期和战后初期苏联人对斯大林的个人崇拜……这些记忆仍然提醒着人们，现代科技的昌明和人类理性的发展并没有那么快速而有力地结束人们恒古以来崇拜帝王权力的心理记忆。

权力、权力的争夺、人们对权力的认同，以及因为种种原因而对权力至高无上拥有者的崇拜表明，权力对人类社会的影响并非仅限于政治。作为一种社会现象，它体现着人们心理对物质的敬畏和对社会不平衡状态的心理适应程度。这种适应有理性的抗争，有非理性的调试，也有自我扭曲。无论权力的客观现象，还是权力影响下的人们的心理反应，都是权力现象在人类社会林林总总的投射。这些投射影响着政治，影响着权力结构的发展，影响着社会的平衡与和谐，也影响着无法逃离其所生存社会当中的每一个人。权力作为一种社会的、历史的、政治的现象，离每个人都不遥远。更多时候，它就在我们身边。

## 三、权力的概念与特征

概念是一个由具体到抽象的思维过程所产生的结果，如同人对桌子、椅子之类最简单事物的记忆，先是看到很多不同桌子，并对不同桌子都认知为桌子，然后根据对不同的桌子的认知感悟到一些共同的规律性的东西，对这些东西进行抽象于是形成了对桌子的稳定的概念。经由概念的稳定确定，桌子便在人的脑海里形成，最终用以确认以前没有理解和认知的不同桌子类型，甚至通过人艺术的或者其他形式的目的创造出新奇、独特、史无前例的桌子。但是，无论被动接受或者主动创造都能够被明确地确定那就是桌子，而不是其他事物。

如同人类对一切事物的概念抽象均源自对具体事物的感性认识，以及经由事物共同特征的归纳而产生的抽象认识一样，人类社会权力概念的产生也是如此。人对于权力的认知并非仅仅来源于一个概念，而是起始于不同的现象，经由现象最终形成了对权力的感知。在这一过程中，一个人从出生到长大往往要经历这样一个对权力的认知过程——婴孩时期对权力的无知，幼儿时期对父母爱的感知和对父母的敬畏，少年时期对年长于己的人的不安全感和相关威胁行为的服从，成年之后对能够决定自己命运的人的敬畏或者不真诚亲近举动，中年时期对领导和前辈的尊敬，自己成为前辈和领导之后对后辈的自信、傲慢与强势，晚年时期对晚辈的爱护和自尊，垂暮之年对人生的无奈与对年轻人的不自主服从等等。

人一生中切身发生的种种权力体验，加上生存于社会权力结构中的种种现实生活教育形成了人对权力的基本认识。无论他所面对的是哪一种权力特征，他都能直接认出这种现象或者他所面对的感受与权力有关，并且能准确地感知和判断这种权力和权力现象对外在事物和他自己所带来的影响。正是不同时代、不同阶层、不同知识理念、不同道德修养、不同生活境界的人对权力的不同理解和认识，在人类漫长的历史过程中积累、叠加，相互渗透、相互涤荡，最终形成了稳定的有关权力的抽象。

尽管权力的抽象能够让人从规律性的高度直观地解读权力现象，然而一个抽象概念的表述却往往导致复杂而极易混淆的结果。为了避免一般概念经由严格界定后却更不容易被人理解和认识的现象发生，我们对权力的认识也要经由一个由特殊到一般，由具体到抽象，由个别到普遍的过程。为此，我们需要从不同角度对权力做出一个分解性的解析。

首先，权力意味着一种力量运行的状态。这是一种自上而下的运行状态。这一力量的运行存在于权力的发出者和承受者之间。它由权力的发出者出发，施加影响于权力的承受者。权力的发出者和承受者处于不平等的地位和状态。权力的发出者相对于权力的承受者来说拥有优势的地位和能力。权力的承受者处于被动的、服从的、难以反对的状态。从而，权力必定运行于不平衡的、相对封闭的社会群体范围内。不平衡的、相对封闭的社会群体如果能够保持相对稳定的运行状态，那么其中必定有权力的作用。权力是不平衡的、相对封闭的社会群体相对稳定运行的动力和润滑剂，不平衡的、相对封闭的社会群体的相对稳定是权力运行的载体，二者相辅相成：离开权力，任何不平衡的社会群体将失去其稳定运行的机制建立的基础；离开不平衡社会群体的相对稳定状态，权力的运行将遭遇强大阻力的挑战，甚至是权力机制的彻底崩溃。

其次，权力是一种能力的状态。无论是抽象地理解权力，还是唯物地理解权力，权力都是一种实实在在的能力状态。对于唯物主义者来说，这种权力的能力状态意味着其背后的暴力机器，意味着物质利益的损失，甚至意味着违背它会遭受惩罚的残酷现实。正是基于权力承受者对权力直接的物质性得失权衡，权力在权力承受者面前表现为一种直接的心理冲击力和外在的现实压力。这种现实的物质压力在权力的运行过程中通过权力承受者不得不改变自身意志、行为，以及自主选择性等特征表现出来。正是这些权力承受者所表现出来的行为特征从反面印证了权力的能力状态，从而延伸出人们对权力的抽象理解和权力是一种能力的印象。

第三，权力既然是一种相对不平衡的、在人类政治社会结构中运行的力量，而且因其具有物质性的压力而自然导致权力承受者对权力的服从，那么权力同样也是一种能够影响和控制特定人类群体社会关系的力量。按照人性趋乐避苦自然属性的特征，没有人天生会自愿生存在一种相对被动、劣势、卑微、不安全的生存状态中。任何生存在这种状态中的人都会努力去做出相应的改变，以获取更多的作为人的快乐。然而，在人类社会中，往往存在大量的安分守己、默默无闻的人，排除具有独特道德修养的人，绝大多数人都是被动地接受着不良的现实环境。在这种情况下，保持社会的稳定意味着要强化和巩固一个社会的内在不平等结构，维持一个社会相对不公平的秩序，以及这种秩序和结构内化而成的一个社会中人们之间的种种不平等的社会关系。因为没有人自愿处于劣势的人际关系状态，所以这个社会一定存在以权力为基本支撑力的社会结构。权力是构建和维持人与人处于不同的人际关系状态的核心要素。透过社会群体人际关系的基本状态，我们也可以反过来推论权力的配置结构和权力的作用方向。

最后，权力是一种人类社会最普遍、最直观的，具有互动效应的社会现象。无论它作为力量的显性存在，还是表现为人际关系的隐性存在都会表现出两种状态：一种是权力发出状态下的强力、控制力、影响力、冲击力、压力；一种是权力承受者在权力面前表现出来的服从、谦卑，虽有损失却愿意接受、虽不理解却自愿执行，以及不情愿却不得不接受、不满意却从不表达等等行为特征。从这两种状态解读二者的关系不难发现，权力的作用必然存在于权力拥有者、发出者和权力受众之间。仅仅有权力拥有者，没有受众的单方面权力是不存在的，反之亦然。

既然权力发出者和拥有者与权力受众之间是一种互为因果的矛盾统一体的关系，那么二者之间的关系就只有三种形式：要么是权力发出者和拥有者与权力受众之间的绝对对立关系；要么是权力发出者和拥有者与权力受众之间的相互和谐关系；要么是权力发出者和拥有者与权力受众之间存在矛盾，但是矛盾处于可控状态的关系。

对于三种关系的第一种关系而言，权力发出者和拥有者与权力受众之间的绝对对立关系意味着社会关系的对立、社会矛盾的激化，以及暴力和暴力的反抗即将或者正在成为社会基本运行状态的最后推动力。

对于第二种关系而言，权力发出者和拥有者与权力受众之间的关系正处于最佳状态。权力发出者无须炫耀和凭借支撑权力的最后力量——暴力就可以维持基本的社会运行状态。权力受众往往自愿和主动地接受和配合权力拥有者制定和实施的社会政策。当社会权力受众对权力的自愿接受和服从具有普遍性的时候，权力的暴力性特征将处于最弱的状态，权力架构下的社会关系往往处于和谐、稳定的状态。无论社会内部结构是否相对平等都不会对社会的和谐关系产生重大冲击的状况下，权力在全社会实施的渠道和效果达到最佳，而社会权力受众对权力的接受程度达到最大。于是，权力与权力受众的关系达到了相互融通的最佳状态。由于权力不再主要以暴力的特征推动和维护社会关系的不平衡状态，而社会关系又具有特殊的和谐性，因此这种状况下的权力又往往被人称为

“权威”。

正是基于以上权力的种种表现，国内外对权力的解释也大多围绕“力”与“社会关系”等范畴诠释权力概念：

根据中国古代文字及文字内涵的演化，权力的初始概念是“权”。“权”在古代是一种称重的工具。《广雅·释器》中载：“锤谓之权。”锤是类似当今秤砣的一种东西。春秋时期，“权”的引申义出现，并被赋予了现今权力的含义。子曰：“谨权量，审法度，修废官，四方之政行焉。”此时“权”的概念已经从称器增加了审度、权衡的意思。在慎子《威德》“故贤而屈于不肖者，则权轻位卑也；不肖而能服于贤者，则权重位尊也”中，“权”就具有了影响特定社会群体之间人与人之间关系的地位、能力等含义。

中国古代确立的权力的概念与现代的没有太多的差异。《现代汉语词典》将权力视为政治上的强制力量和职责范围内的支配力量。①《社会学词典》将权力定义为一种强制性的社会力量。这种力量的作用使支配权力的主体能够利用这一力量驾驭客体，并迫使客体服从自己等，② 基本上与古代的概念诠释没有太大差别。

与中文语境对权力的解释类似，西方《大不列颠百科全书》将权力解释为一个人或许多人的行为使另一个人或其他许多人的行为发生改变的一种关系。③

与国内外权威辞书的定义相似，西方学者对权力的解释也多认定了权力作为一种力量、权力主体与权力受众之间的关系等一般性的概念界定。

马克斯·韦伯将权力定义为“把一个人的意志强加在其他人的

① 中国社会科学院语言研究所词典编辑室编：《现代汉语词典》，北京：商务印书馆，1979 年版，第 938 页。

② 张光博主编：《社会学词典》，北京：人民出版社，1989 年版，第 153 页。

③ 《不列颠百科全书国际（中文版·修订版）》，北京：中国大百科全书出版社，2007 年版，第二卷第 73 页，第五卷第 273 页。

行为之上的能力”；顿纳斯·H. 隆认为“所谓权力就是某些人具有对其他人产生他所希望和预定影响的能力”；J. 马里顿认为权力是一种支配力量，权力主体拥有这一力量，并有能力强迫被支配的客体服从；托马斯·戴伊将权力理解为“一种担任某种职务的人在做决定时所具有的能力或潜力，这种能力或者潜力可以使担当职务的人影响这个社会制度中的其他一些人”；克特·W. 巴克认为权力是“在个人或团体的双方或多方之间发生利益冲突或价值冲突的情况下，执行强制性控制的能力”；汉斯·摩根索将权力界定为“人对其他人的思想和行动的控制”；苏珊·斯特兰奇认为“权力就是一个人或一组人所具备的如下能力，即能够施加影响，造成自己的偏好胜过他人的偏好的后果”[①] 等，都没有超过上述一般性的概念界定。

《权力论》的作者丹尼斯·朗借用罗素对权力的理解，对权力的概念进行的简单概括更为经典。丹尼斯·朗认为：“权力是某些人对他人产生预期效果的能力。”[②] 在这一简洁的概念之下，权力还具有五种非常典型的特征：权力是一种接受人的主观意向的、由人的意识而发出的力量；权力随着人的意志发出之后具有有效性；权力有的时候也会表现出一种非明确的潜在性和意向性；权力的实施与运行永远是单向的或者非对称性的，在特定的权力结构中，权力从发出者到受众的方向永远是不可变更的；权力发出后所产生效果不仅与权力运作的行为有关，也表现为一种主观的、抽象的状态，而后者同样是权力实践效果重要的检验指标。

按照丹尼斯·朗的观点，从权力和政治的切面解剖整个人类社会，一切人世间的事务似乎都可以被理解为权力推动的结果。从而，权力便可以在最一般意义上被视为外部世界根本动因。这一理解不仅能够适用于一般物质世界，甚至也可以适用于有灵的一切生物世

① ［英］苏珊·斯特兰奇著，肖宏宇、耿协峰译：《权力流散》，北京：北京大学出版社，2005 年版，第 14 页。

② ［美］丹尼斯·朗著，陆震纶、郑明哲译：《权力论》，北京：中国社会科学出版社，2001 年版，第 3 页。

界。仅就人类世界而言，权力赋予了社会发展和前进的动力及动力前进的意向。一切人类社会的现象似乎都可以被理解为以权力为动力的政治现象。

马克斯·韦伯确认了丹尼斯·朗的观点，他进一步指出："权力意味着在一定社会关系里哪怕是遇到反对也能贯彻自己意志的任何机会，不管这种机会是建立在什么基础之上。"根据韦伯的理解，权力的意向性和这种意向所呈现出来的能力是具有冲击性的。这种冲击不仅作用于一般的权力受众，而且还体现着一种社会秩序的宏观性和约束力。当权力的意志在社会当中被有效贯彻的时候，权力意志往往同时塑造并且巩固着一个社会的既有秩序。

由于现代世界人类社会的构成不是一个简单的群体性个体集合，而是不同的社会单元的总集体，因此，社会不均衡的结构性分布不仅仅存在于宏观的社会范围内，而且渗透到每一个具体的社会单元当中。独立的国家机构内部、企业集团内部、公益事业集团内部、军队内部，甚至家庭内部都会因为职能分工的客观存在和人类生而不平等的智力和体力状况，以及个人基于社会背景而对社会资源和人际关系的影响力产生不同的权力状况。从而，当今社会也可以理解成为一个多层次权力属性复杂叠加和交错的整合体。在这个整合体中，所有人都处于一个权力的适应和博弈当中。每个人都有机会凭借与众不同的能力影响他人，同时也不得不受到来自其他人的不同程度的制约。在制约与被制约、影响与被影响当中，社会在复杂的权力合力中前进，影响着不同人的不同人生选择，决定着不同人的不同命运。

未来学家托夫勒在其《权力的转移》一书中，将权力的来源分为暴力、财富、知识三类，并以此将权力分为用暴力形式的低质权力、财富形式的中等质量权力、知识形式的高质权力三种不同的权力形式。托夫勒指出，虽然权力的基本特征和表现形式在本质上没有变化，但是由于人类社会的发展与科技的发展是同步的，因此随着人类的进步，权力作为一种力量发挥作用的基础在发生着重大变化。托夫勒认为，只有掌握了人类权力源头的发展趋势，追逐人类权力的最新支撑力，才能赢得未来世界，成为未来权力的掌握者。

托夫勒对权力的认定改变了人们对权力来源的传统认识，但是没有改变人们对权力核心特征的规律性认知，也没有改变人对于权力的贪欲本质。无论如何转变，权力永远存在于人类的政治社会当中。既然存在于人类的政治社会当中，那么权力就不可能逃离人对权力的本初设计，也不可能逃离人性缺陷对它的腐蚀。

从人类社会政治现象发展的轨迹考察，权力首先是人追求趋乐避苦的一个社会工具。权力的产生缔造了不平等的社会结构，而正是这个结构性的不平衡状况的出现造就了权力的单向度和非对称性状况。权力的单向度和非对称性状况决定了权力运行过程中权力主体对权力受众的强制性和有效性，也决定了权力受众面对权力过程中的服从和卑微。

然而，不可忽视的问题是，权力的建构并不是为了一个社会的不平衡，也不是为了权力拥有者的自在和为所欲为，而是为了整个社会的稳定、和谐发展。因此，权力本身仅仅是一个工具。这个工具的目的不是为不平衡的社会群体中的某一部分，而是整个社会的福祉。因为权力的存在改变了社会成员共同的、平等的为社会发展做出影响的条件。在一个不平衡的社会权力结构当中，权力的不平衡所造就的人与人之间的不平等最终带有本质的、对权力本初方向的腐蚀性。从而，权力在其强制性和对社会关系的非常态影响力之下就具有了不可预测的变异性。这种变异性无论如何都会导致权力最终成为社会的一个部分，而不是为社会整体服务的工具。当权力直接服务对象发生了根本性扭转的时候，权力的变异性便彻底实现了。当权力变异性不能够被彻底制止时，权力的单向度和强制性最终将会成为危害社会的罪魁祸首。

追溯以往的人类历史，权力的变异最终将社会的对立推向极致，而导致社会整体对于社会部分权力人群的集体暴力。集体暴力的发生最后将形成对权力的有效制约和反向冲击。从这个角度理解权力也可以得出另外一个与权力相关的结论：权力的实现并不是无限的。权力同样应当，而且必将受到整个社会的严格制约。无论这种制约来自于最初社会权力结构中就已经存在的机制性约束，还是来自于整体社会对权力集团肆无忌惮的彻底反抗。

# 第二节　政治权力的形式与内容

权力是政治的一个基本维度。人类社会的政治架构由权力建构而成。政治的权力结构是政治目的和运行方向得以稳定实现的保障。权力的政治属性经由政治的权力结构而完整地实现。按照现代人对政治的理解，政治权力通常被划分为立法、行政、司法三权。三权的结构特征体现着人类政治社会的基本特征和相关属性。

## 一、政治权力的集权结构

政治权力的集权结构主要是适应近代资产阶级国家建立之前的国家政权而产生的政治权力结构特征。这种政治权力结构特征的主要表现形式是国家权力的集中、国家意志的集中、国家能力的集中。借由集中的国家权力，国家所有臣民均统御于皇权、君权等至高无上的权力象征者的手中。政治权力的象征者凭借自己手中的权力，依照自己思想和意志统领自己的国家，对内实施种种政治、经济、社会政策，对外采取外交行动、抵抗侵略、征伐别国等行为。

中国秦朝以后基本上实行的都是集权制的政治权力结构。从汉朝开始，中国出现了高度集权的皇权政治权力统治。在政治权力的权属关系上，中国古代的皇帝是所有政治权力的最高和最后的集中者。皇帝的权力至广可以威加海内，纵深可以予夺黎民性命。在皇权高度集中的政治社会体制下，臣民、百官均围绕君权这个政治权力核心运转，君权可以直接改变每一个与它有关的人的生活和命运，也间接影响到全社会其他人的生活和命运。

在高度集权的皇权政治体制下，皇帝拥有最高的全国官吏的任用职权。皇帝通过百官职位的设置，以及对百官权职的任用予夺控制着整个国家的行政机制。自秦汉以降，中国官吏历史上多次出现丞相、宰相等职位，多次出现没有丞相和宰相职位的官吏体系，多次出现授予地方官军政大权或军政大权分开的现象，多次出现高级将领频繁调动的官吏任用政策，多次出现皇帝直接掌控君权而地方军力被严重削弱的军政关系……凡此种种无不在体现皇帝对军政大权的高度统御和君权的至高无上、神圣不可侵犯，同时，也反映皇帝对政治权力的处心积虑。

军权是中国古代皇权得以确立和运行的核心支撑点。然而，军权的设置在中国古代的变化尤其种类繁多。之所以出现这样的状况，一方面是因为军权突出的政治属性，另一方面则是因为军权本身与皇权的紧密而复杂的关系。在军权与皇权的关系方面，从隋唐节度使制度到宋朝禁军制度的发展是一次重要的历史变革。这一变革虽然都与其所处的历史时代有关，但是其内在的核心问题却是皇权与军权关系的调整。

中国古代的节度使制度发端于魏晋的持节都督。唐贞观以后，中央官制逐渐完善，内地独立的、以军权为主的官职基本消失。然而，由于边疆地区的外族侵扰，因此唐朝初期仍然保留了部分地区的节度使，以防御边疆安全。唐高宗和武则天治国期间，为了解决边疆防御状况瞬息万变而中央调兵远水不解近渴的弊端，在边疆地区增加了屯戍边的军镇设置，并逐渐将其制度化。于是形成有固定驻地和较大军权的军职地方官。唐朝节度使的权力在唐玄宗开元、天宝年间达到鼎盛。当时南北方共有：平卢、范阳、河东、朔方、陇右、河西、安西四镇、北庭伊西、剑南、岭南十镇节度使。节度使受赐双旌双节，拥有军事、行政建制、征收赋税等地方全权。

唐初设置节度使的本意是戍边以安皇权。然而，由于地方权力过大，最终酿成了危及皇权的安史之乱。为了平叛，唐朝先后在内地设置了更多的节度使。节度使的频繁设置使中国施行中央集权政治统治以来第一次面临着地方权力对皇权的冲击。尽管节度使本人和节度使所拥僚属的受职都必须上报朝廷批准，然而，节度使以下的各级官吏已经开始脱离皇权的控制而成为地方节度使的下属。地方与中央的离心力空前加强，节度使拥兵自重、相互征伐、割据一方的状况使中国唐朝后期大有重回周朝后期“礼崩乐坏”、群雄并起、天下纷争、皇权式微的态势。

唐朝后期地方军政大权对峙皇权以致群雄割据的局面为后代皇

权的建立和巩固提供了深刻的教训。五代之后的北宋皇权在军政制度上刻意加强了皇帝对军政权力的控制力。尽管宋朝仍然延续了隋唐以来的节度使制度，然而，宋太祖和宋太宗时期对节度使制度的改革已经完全消灭了节度使凭借地方军政大权威胁皇权的可能。这一时期先后削夺了地方节度使擅自处理地方赋税的财权，削弱了地方节度使的兵权，剥夺了节度使对各州府地方支郡官吏任用权，最终将节度使变成一种授予宗室、外戚、少数民族首领和文武大臣的根本不须赴任治理政事的荣誉性虚衔。

削夺节度使军政大权的同时，北宋中央集权的政治制度高度加强了皇权对军政大权的控制能力。宋太祖赵匡胤夺取皇权之后对高级武官的“杯酒释兵权”，建立东京禁军的举措；宋太宗针对地方官职分置多职，互相制约、彼此削弱，以加强皇权的政治措施均强化了以皇权为中心的中央集权的政治主导力。

北宋的禁军直属皇帝，也是宋朝最强大的国家军队。禁军从全国各地招募。对兵员通常有严格的要求，多为各地年轻少壮中的精英分子。禁军由中央政府直接掌握，隶属三个不同的中央下属机构。禁军负责防御京师和各地戍边。禁军将领不得长期担任同一地方军职，须遵从中央指令轮番戍卫各地。禁军的调动必须经由直属中央的枢密院颁发兵符。

北宋禁军的改革是中国古代中央集权政治制度建立之后皇权对地方权力的一次重大历史反击。然而，它与隋唐时期的节度使制度一样都是为了在特定时候便于皇权的统治而采取的政策措施。

无论皇权对于地方权力是放权还是紧缩，它作为中国古代的最高权力在漫长的历史长河中所表现出来的都是相对优势的特征。不过，值得我们注意的是，在这种皇权与地方权力的博弈中，地方权力并非全然处于劣势。上自周朝末期的列国纷争、下至隋唐的节度使之乱无不显示出皇权——这一至高无上的权力所面对的挑战。从而，我们在高度肯定中央集权的权力特征时也要清晰地认识到，即便在高度集权的权力体制下，核心权力也不能百分之百地拥有所有的权力，更不能百分之百地随意支配所有的权力。在一个拥有众多民众和复杂社会事务的国度当中，高度集中的权力因其无法事无巨细地处理庞杂的社会事务而不得不被分配，进而产生各种分管不同社会职能的细化权力。

细化的权力与高度集权的权力之间形成的理性应然关系，以人的自然属性为基础的实然关系，以及二者之间的矛盾关系便成为中央集权政治体制下权力结构的基本特性。一方面，按照理性和应然的权力属性，中央集权的权力与细化的权力同属于集权体制下的权力分封。权力的目标和运行方向理应呈现自上而下的、没有冲突的特征。另一方面，按照皇权的自然属性和细化吏权的自然属性，每个人都有着不同的对权力和是非的价值判断。这种不同的价值判断有的时候并非永远按照权力的终极目标顺畅而自然地运行。于是，二者之间便会产生意想不到的矛盾。历史上，在这些矛盾中既有昏君、腐官、暴政和叛逆，也有宦官专权、外戚当政等等围绕皇权的权力斗争。此外，过度集权的政治权力结构难免因过大的权力内容而产生权力集团的内部分裂。这也是为什么中国历史上记载了那么多在皇权高度集权的政治世界里内部权力倾轧的原因。

从而，在中央集权的权力体制下，权力结构的配置虽然总体呈现自上而下的特征，但是在上下权力结构的关系当中，在皇权之内的吏权、财权、军权的配置当中仍然有着不同程度的权力矛盾关系。这些纵横于中央集权政治权力框架之中的政治权力关系充斥于中国传统的中央集权的政治权力架构内，并且在其矛盾的运行中延续着中国人对政治权力的独特理解和解读。

与中国古代漫长且周而复始的中央集权的政治体制略有不同，西方的中央集权政治权力结构主要发生在中世纪后期的欧洲。中世纪的欧洲是一个封建割据、战争频繁和蛮人肆虐的时代。这个时代不再有古希腊灿烂的文明，也没有罗马帝国的强盛和辉煌，是一个多重层级的封建领主割据时代。1000 多年的欧洲中世纪历史延绵着大大小小的战争。相比战争中重犁之外毫无建树的农业技术，规模宏大的城堡和骑士传说给那个时代留下了更多可欣可慰的记忆。

政治在中世纪的欧洲没有太多的建树。如果一定要说中世纪有什么政治特征的话，那么至高无上的神权应该是其最大的政治特征。与神权相适应的便是那个时代所谓的“我的附庸的附庸，不是我的附庸”。这句话一方面阐明了封建割据的凌乱状态，另一方面也成为了政治权力配置结构的政治名言。

很多人认为中世纪的欧洲是没有强有力的政权、重重封建割据带来频繁战争和人民生活痛苦的“黑暗时代”。然而，正是在这个“黑暗时代”，基督教会却以某种特有的方式整合着整个欧洲的信仰和政治权力。也正是教会凭借神权活动延续了罗马帝国分崩离析以来残存的经济、政治、文化、社会等文明。宗教神权以相对温和的方式统御着欧洲，所有割据政权处于一个彼此征战而政治统治形式相对稳定的时代。全部的政治权力体系经由教皇的至上神权及其下属的神权体系与国家王权、贵族权力的世俗政治权力体系的彼此结合而形成政教混合的政治权力体系。在中世纪的政治历史上，教会的神权政治权力体系占据主要优势。经由这种优势，基督教会不仅把政治、法律、哲学、文学、艺术等等世俗学问都统统纳入了神学之下，而且还掌控着凌驾于各世俗政府之上的、可以直接干预世俗事务的政治权力，以及全欧洲 1/3 以上的土地财政大权。正是在神权体系的框架下，中世纪教皇与世俗贵族相互支持构建出以教皇为最高权力代表，以教会和领主贵族利益为主导的中世纪欧洲的政治权力统治体系。

然而，欧洲中世纪的教会与贵族相结合的权力并没有给那个时代带来普遍的福祉。由于权力结构本身具有不平等性，因此，处于社会下层的人往往都难以直接从既有的权利体系的利益分配模式中得到应得的利益。这种权力导向的不平衡性在相当程度上放任了权力拥有者对权力的肆无忌惮，也放任了教会作为一个非世俗组织的腐败进程。正是这种权力体制的不平衡性和自身无力制止腐败的权力结构运行机制最终导致了欧洲中世纪末期经济、社会、政治生态的变化。

中世纪后期，法国的封建集权体制、英国的君主政制等建制的发展形成了强大的国家政权。中央集权的政治体制为弱小邦国的茁壮成长指出了有效的途径。然而，欧洲的中央集权体制的发展并没有如中国那样经历漫长的历史。欧洲中世纪沉闷的神权统治给人们带来的压抑，最终遭到了彻底的反抗。经历技术革命和资本主义经济发展的欧洲，最终产生了冲破中世纪神权统治藩篱的文艺复兴与启蒙运动。新的时代产生了新的政治诉求，凌驾于各国政府之上的神权集权和正在兴起于国家内部的中央集权体制失去了继续繁荣和发展的时代土壤。其后，尽管有铁血宰相俾斯麦领导下的普鲁士崛起于欧洲，然而，根植于资产阶级统治目标之下的普鲁士仍然没有机会建构出典型的、如同中国封建时期君主般的集权政权。

如果说欧洲曾经有过特殊的集权统治，那么这种带有集权特征的权力结构并非是存在于国家内部的、典型的权力结构，而是独特的凌驾于欧洲各国之上的神权集权。这种独特的权力集中体制中的政治权力结构一直保持相当分散的权力属性。正是因为这种相对分散的权力体制普遍存在于欧洲各国，欧洲才有机会在资产阶级需要建立新的政治权力架构的时候，产生出政治权力的“分权说”，并将它付诸于实践。

## 二、政治权力的分权机制

政治权力的分权结构来自于欧洲资本主义国家体制的建立过程。分权结构的建立首先经历的是一个对中央集权体制的分解过程。换而言之，就是在一个集权体制下，出现一个完整王权或者神权体制的瓦解过程。

权力纷争和社会动荡是中世纪后期所有欧洲国家的通病。残酷的社会现实冲击了整整一个时代的欧洲人，也威胁着欧洲国家的政权统治者。随着瓦特·泰勒起义和“玫瑰战争”等一系列打击以及农业革命的发展，首先出现资本主义生产方式并由此衍生出资产阶级社会阶层的英国，开始在经济基础和政治社会结构方面发生了相对于其他国家更加明显而剧烈的变化。

资产阶级的新贵凭借不断发展的手工工场和商业利润赢得了更多、更优于一般贵族的经济社会基础。经济生活环境的变化推动他们作为一个整体争取更加有利的商业环境。在新贵的推动下，英国首先经历了宗教改革，将大量的修道院地产转让给了新兴的资产阶级贵族。虽然宗教改革之后英国建立的是一种类似东方国家王权之类的专制政治体制，但是需要特别说明的是，这是一种相对独立于神权统治的专制制度。在神权作为最高统治权力的欧洲历史上，这种专制制度首先是对神权的一种分权。也正是由于这种相对于神权的分权，这种权力在它产生的那一刻开始就不具备将所有国家政治权力高度集中到王权政治统治体系的客观条件。因为它借用某些力量来制衡来自教会的神权的压力，从而不得不对某些力量做出相应的让步。这种王权不得不通过平衡手段实现政治统治的状态便是现代分权体制最原始的雏形——不自在的王权政权、不得不依赖的政治力量、不得不面对的权力挑战——构成了最高权力层面的相互制约和相互平衡。

英国国王亨利八世在推行宗教改革的过程中，大批法案是经过议会讨论而最终成为改革蓝本的。议会成了英国国王“最贴心”的合作者。改革的结果使议会作为国家机构的身份得到了部分承认。此外，由于改革使英国国王失去了罗马教廷的认可，因此改革之后英国国王身边增加了更多反对传统神权和政治统治方式的资产阶级新贵族。英国国王个人的政治需求与英国资产阶级新贵的崛起改变了传统的欧洲政治权力结构。这种改变不仅表现在资产阶级与国王权力相互支持的关系方面，而且也表现在国王权力的合法性逐渐褪却“神授”荣光而逐渐寻求世俗力量的支持方面。

经过宗教改革的英国，政治权力的基础逐渐回归到实实在在的现实社会。新兴的经济生产方式，以及它所支持的新兴资产阶级贵族对政治权力的需求成为英国王权结构中的新兴力量。权力逐渐脱离虚幻的神权政治架构，与经济基础逐渐结合的开始，标志着英国王权政治权力的分权基础已经具备。其后，英国王权对构成新兴权力基础的资产阶级及其生产方式的支持推动了国家综合实力的发展，同时也积聚了资产阶级最终以更明确的分权需求分解王权的力量。

当代世界政治权力的分权体制在其封建集权的母体中产生。资产阶级倚仗封建集权体制的庇护赢得了自己的发展，获得了夺取权力的基础。按照马克思的说法，英国王权“保护过工商业，同时以此鼓励过资产阶级上升，并且还曾经把工商业看做使国家富强、使王权显赫的必要条件”。[①] 国王的大政方针增加了王室的收入，扩张了政治统治的阶级基础，刺激了工商业的发展，实行了一切有利资本主义发展的对内、对外

① ［德］马克思、恩格斯著，中共中央马克思恩格斯列宁斯大林著作编译局译：《马克思恩格斯选集》第一卷，北京：人民出版社，1995 年版，第 181 页。

政策。然而，也正是这一时期的王权为资本的原始积累创造了条件，为国家政治权力的分解培育了力量。



“资本的原始积累是血淋淋的。”海盗活动是资产阶级发迹时代最极端的资本积累方式。而王权对资本原始积累最典型、最极端的例证却恰恰集中在王权与海盗活动的关系上。在英国女王伊丽莎白一世时代，往返于美洲的海上贸易成为最暴利的行当。当时，海洋还主要掌握在荷兰人和西班牙人手中。英国的海上力量还不足以与之对抗。为了夺取海上利益，女王伊丽莎白开始向海盗颁发“私掠许可证”。按照私掠许可制度，海盗抢夺的财富要按一定比例上交政府，而女王等政要也会投资给拥有“私掠许可证”的海盗。在海盗通常被判绞刑的年代，“私掠许可证”成为海盗逃避海军而进行“奉旨抢劫”的合法执照。

16世纪后期起，英国女王、英国政府官员、英国的大富豪先后入股以海盗活动为主业的所谓商业公司。活跃于欧洲的海盗集团不仅得到了官方的大力支持，而且获得了来自官方的活动经费。1585年，伊丽莎白一世就曾一次性给她主政年代最大的海盗头目德雷克两万英镑，以资助他劫掠西班牙船队。女王的资助占这次出征全部费用的三分之一。据说这次带有官方背景的劫掠行动彻底激怒了西班牙，并且导致了西班牙动用“无敌舰队”讨伐英国的后果。1587—1588年，英国和西班牙在海上进行了最后一场较量。英国支持的海盗发挥了重要的作用。当时，英国的财富相比20年前足足增长了两倍。海盗参与对殖民地的掠夺发挥了重要作用。

英国王权对资本原始积累的支持、新兴资产阶级利益与王权利益的暂时合流为王权治下的资本主义的发展开辟了道路。然而，封建王权毕竟是封建王权，它的政治属性与资产阶级对资本无限追求的经济属性有着天然的差异。资产阶级向王权输送利益与王权保护资产阶级的发展二者之间的相互利用关系是至上王权维持其资产阶级贵族崛起过程中社会稳定和发展的基础。由于王权和资产阶级利益的相互支撑并非是无条件的，因此它最终也会走向解体。这个解体的过程正是拥有社会经济权利的资产阶级对拥有政治权力的王权的分权过程。

资产阶级的壮大和他们对政治权力的需求，最终引发了英国的资产阶级革命。17世纪，经过一个多世纪原始积累的英国金融资产阶级成为英国社会举足轻重的大佬阶层。随着金融资本力量的日益强大，它与英国专制王权制度的矛盾越来越暴露无遗。拥有雄厚实力的资产阶级不再愿意继续容忍专制王权的统治，催动了一次性解决与王权矛盾的1688年的“光荣革命”，改变了过去仅仅协助巩固王权的政治角色，而直接问鼎政治权力。当英国的资产阶级凭借手中握有的资源削弱并最终夺取了对政治权力的领导权时，政治权力的历史性分权过程就此完成。

随着政治权力分权结构的建立，政治表现形式的意义已经不再重要。无论王权是否存在，它都不可能再是威胁资产阶级利益的政治工具。曾经不可一世的王权最后沦落成为每年保留足够工资的皇室，作为一个象征性的存在而替资产阶级维持着守旧的国民所认可的国家形象。

从人类政治历史的发展轨迹考察可以得出这样一个一般性的结论：政治权力的分权过程主要发生在资产阶级掌握社会经济权力，进而凭借这种权力分解专制王权的集权体制的过程中。在这一过程中，资本一开始并没有成为王权的对立面，而是作为一种新兴力量成为巩固和滋养王权的力量。资产阶级是一个辅助王权和在王权的体制下获益的角色。它手中的经济权力还不能影响王权的政治权力。然而，随着资本不断积累，资产阶级所掌握的社会经济资源达到了一定程度，而这种量的积聚使得资产阶级的利益需求超越了王权所愿意支付的程度。当资产阶级的利益需求无法在王权制下继续得到满足的时候，掌握着大量社会经济资源的资产阶级便自然而然地产生了改变社会政治权力游戏规则的欲望。这种欲望与其经济权力相互影响，最终形成了资产阶级经济权力对传统专制王权的权力分解。这便是资产者最初发展和分权王权的历史过程。

有人说，资本是有灵魂的。如果资本真的有灵魂，那么资本的灵魂也是来自于人无休止的贪欲而已。人无限的贪欲滋养了资本的无限扩张。资本主义经济产生以来，资本的扩张滋养了无数财团和超级富豪。这些掌握巨大财富的人无论其本质如何，他们维系其财团政策和利益追求的惯性势必仍然会沿着资本的扩张特性而对其所生存依赖的政治权力提出要求。

由于资产阶级富豪掌握着富可敌国的财富和社会经济权力，因此资本对政治的分权并不像传统意义上的三权分立理论解释的那样理性和温馨。这种资本权力对政治的冲击早在19世纪后半期就已经表现得淋漓尽致。从那个时代以资本主义生产方式向全球扩张的殖民地统治给非洲、南美、东亚地区带来的种种灾难和战争的蹂躏中就可以知道资本的权力在其变异、升级的过程中会展现出如何狰狞和恐怖的面目。时至20世纪，因为资本主义生产内在矛盾的异化而爆发的两次世界大战更将这种可怕的程度推向了人类历史的顶峰。

美国的世界霸权诞生于两次世界大战资本主义强国相互摧毁的过程中。这个垄断资本所掌控的强国不仅主导了它国内的政治权力，而且凭借其国际政治影响力，直接肢解了世界的政治和经济权力。

美国的强大不仅仅出于它独特的文明，更非因其发达的科技，而在于其成熟而强大的垄断资本及其对世界政治权力的分解力。美国的垄断资本形成于19世纪末20世纪初。它们是美国东部地区的第一批本土财团。起初，主要是摩根财团、洛克菲勒财团等以纽约的华尔街为中心的，通过家族或者家族的联合掌握美国金融权力的几家。20世纪20年代开始，克利夫兰财团、芝加哥财团、美洲银行财团、德克萨斯财团迅速崛起。在第二次世界大战前，美国产生了足以控制国家经济命脉的摩根、库恩—洛布、洛克菲勒、芝加哥、梅隆、杜邦、波士顿、克利夫兰等八大财团。战后，垄断财团的势力进一步加强，几乎控制了重工业、轻工业、传统工业、新兴工业等所有工业产业，以及所有生产部门、流通部门、服务部门。其资产不仅达到了将近全国企业总资产的近三分之一，而且影响着美国绝大多数人的日常生活。

随着美国垄断财团实力的发展，美国财团对政治的影响力也达到了前所未有的程度。各大财团的巨头甚至直接担任国家首脑和政府部门要职，掌控重要媒体，出面组织各种民间机构、院外活动集团对政府施加影响和压力，进而影响国家大政方针和政策决策的能力也越来越强。

除了对国内权力的影响力外，美国财团的利益还蔓延到了全世界。跨国利益的存在使得美国国务卿的职权范围已经不再是美国本土，而是全世界。21 世纪以来，美国针对伊拉克、阿富汗、南海地区、钓鱼岛问题等等一系列外交行动无不与其垄断财阀的利益直接相关。如果说美国的国际利益和国家利益一直是一致的，那么美国的垄断财阀在主导美国国内权力为其服务的同时，其势力已经蔓延到全世界，并且通过外交、军事压力等等手段对各国主权所辖范围内的政治权力产生了不同程度的腐蚀。

国际战略学对当今时代的界定是：当今时代是经济战为主体，军事战依然存在但本质已然转变，知识战已露出狰狞端倪的时代。这一时代概念性的界定对于美国而言是最为恰如其分的。因为只有美国现在具备了驾驭三大战略流程的能力，也只有美国的财阀和政府权力已经建立起如此完美的结合，以至于可以在军事手段和外交手段的掩盖下实现扶植美国财阀继续扩张资本的经济利益。从这个角度理解问题，有些人提出当今世界很多热点问题无不是美国借以扭转其国内经济颓势的战略手段的观点，确是值得发展中国家的学者和领导人深思的。

政治权力的分权机制是资产阶级经济权力相对于传统集权的政治权力的一种分解和再支配。这种分解和再支配表面上表现为资产阶级对全社会民众权力的“平等分配”和“人类自由、平等思想”的政治实现，实际上是资本在自身权力满足过程中对政治权力的追求。“自由、平等”的确是资产阶级最初追求的政治理想，然而这一理想并不是资产阶级要给整个人类社会的普世的、朴实的共同信仰和追求。其目的是资产阶级的利益和资本扩张的利益，而不是全人类共同的幸福和自由。

资本扩张到垄断阶段曾经引发两次世界大战的经验告诉我们，资本对于权力的分权并非人们所理解的那么美好和纯洁，否则就不会产生马克思主义和它所影响的国际共产主义运动。

时至今日，西方的垄断资本依旧发达，它对全世界的经济控制、政治控制、文化控制已经逐渐建构，并且日趋完善。21 世纪一系列国际重大事件的发生无不延续着二战以来世界垄断资本对中东石油和战略航道的利益链条。新兴大国的崛起和崛起过程中政治权力的自主性对垄断资本利益的威胁一直是国际政治诸种理论歪曲、扭曲的对象。所谓“民主和平论”、“新兴大国威胁论”等等论调都制造了既有强权向新兴大国施压，迫其屈服的理由。

当今世界热点问题遍布全球。环境恶化、人类生存面临种种挑战无人真正关心，而地区利益争夺却诱发诸多国家共淌浑水，这样巨大反差的背后是国际垄断资本追逐利益的恶习和惯性。2008 年美国垄断资本制造的金融风暴席卷全球，瓦解了欧洲的虚假繁荣。2009 年美国宣布“重返”东南亚，借南海问题、钓鱼岛问题挑起东亚各国的争端，打断了东亚地区长期稳定和繁荣的发展轨迹。美国的外交政策完全服务于自己的国家利益，或者直接说是美国垄断财团的利益。因为唯有如此，世界金融资本才会大量回流美国，为美国渡过金融风暴这一难关创造机会，为美国提供资金支持以重新整治国家的经济和金融疾病。

可见，当今世界的政治权力分权机制并不像普通人理解的那样，简单地存在于一个国家的“三权分立”机制之中，也非简单地存在于国民对政府的权力制约机制之中，而是存在于垄断资本对其国家政治权力，乃至世界各国政治权力的分解、瓦解、肢解的过程中。

## 三、政治权力之下的社会状态

政治权力是人类社会通过政治的架构所赋予特殊人群的一种权力。这种权力自其产生的时刻起就与社会产生了密不可分的内在联系。如果说经济力量是政治权力分权机制变化发展的重要动力，那么政治权力和社会的关系则决定了一个社会政治的基本走向和稳定状况。

当今世界的社会状况可以分为两类：一类是稳定的、繁荣的、成熟的社会发展状态，一类是基于经济和政治转型过程中的社会状况。由于严重的内在冲突和动乱是后者的极端表现，因此此类中并不单独分立。

通常而言，一个稳定的、成熟的社会发展状况必定是繁荣的、和谐的、自律的、文明的。然而，现代社会的发展表明，随着人类社会物质文明的发展，繁荣的经济社会背后，和谐、自律、文明并不是一个社会的全部特征。与此相反，心理扭曲、暴力、不安全感等等变异现象组成的社会变态现象却往往更多地影响着社会生活中的普通人，成为影响一个社会普遍存在的可悲现象。这种种可悲的社会现象背后，政治权力的权威性被其他力量架空。人们不再愿意通过融入政治权力的既有结构来实现自己的权利理想，而是逃避到一个非常态的政治权力世界中，甚至是一个诡异的、神秘的心灵世界去寻求对现实不安的安慰。当普遍存在的脱离正向权力机制的社会群落逐渐扩散的时候，一个社会的政治权力架构就会如同被白蚁侵蚀一般被逐渐瓦解。这种瓦解最终肢解的不仅是一个传统的政治权力机制，而且还包括一个社会的普遍健康。

从政治理论和法律的发展趋势上看，现代社会总体上呈现出来的更多是自由和民主的特征。然而，在实际的社会、经济、政治权力的运行轨迹上却出现了相反的特质。随着垄断资本对人们生活方方面面的渗透，零散的、个体的经营方式与相对自由的社会选择空间越来越少。相反，随着社会、经济、政治权力向某些权力集团集中，社会上绝大多数人都不得不选择跻身于一个相对大的公司获得自己生存的机会，或者改善生活的机会。由于现代世界留给人从一无所有到亿万富豪的机会少得可怜，因此，在一个既定的集团当中谋求升迁和发展成了绝大多数人实现体面生活梦想的不二选择。

随着越来越多的人通过强化自己的能力和学识涌入那些为数不多的社会、经济、政治权力集团的时候，人才供求关系便变得极端不平衡。于是，为了保住自己的饭碗，实现自己的梦想，很多人不得不拼命努力工作，不得不拼命努力提高自己的能力，不得不拼命寻找机会表现自我。实际上，一个稳定的社会政治权力结构并不像其法律和意识形态所宣扬的那样趋向更多的民主和自由，而是在民主和自由的制度框架下迅速地、大量地向某些特定的核心权力集团集中。这个集中的过程带给了现代社会普遍的生存压力和种种不安全感，以及绝大多数人一生都不知道的所谓“安详的心理躁动”。

现代世界基于社会、经济，进而表现为政治权力的实质性集中成为一种普遍趋势。这种趋势对社会的影响及其导致的人们心理的扭曲现象大量地存在于东西方世界。

在经济和社会非常发达的日本，羞耻是人们最普遍的社会道德感。很多对日本有所了解的人经常提到在日本丢了东西一定会在附近的警察局找到，因为日本人认为占有别人的东西是件羞耻的事情。然而，在日本社会同样存在着众多心理扭曲现象。

抛开历史和对日本传统文化的偏见，在现代日本社会人们交际圈日益扩大，而实质交往圈层日益缩小所导致的男女交往空间狭窄、结婚难等现象背后，普遍生活在高压社会之下的日本人对人与人交往所消耗的时间、心理成本的心理承受能力的极度萎缩是众多性心理扭曲现象的根源。正是在普遍存在的生活和工作压力下，很多日本人产生了面对现实交往的心理障碍和腻烦心态，更多的时候宁愿在一个自我封闭的状态下去释放压力、舒缓心理。

日本是一个宗教信仰发达的国家。据统计，日本的宗教信仰人数全部加起来比日本的总人口还要多。这种统计结果的出现不是由于日本统计部门的工作失误，而是因为日本很多人兼信多种宗教。追求现世现实的利益、眼前的利益，逃避眼前的灾难，或者希望凭借神的力量惩罚自己讨厌的人等等非宗教心理追求成了日本宗教信仰的普遍现象。

不仅是日本，社会物质文明高度发达的背景下，西方国家经济、政治大权向垄断财团迅速集中的现实社会给现代人留下的悲观、失望甚至绝望，迫使人们在物质生活改善无望的情况下，转而寻求内心的安慰。然而，由于物质世界给人的诱惑和基于物质生活的失败、失望而转求心灵安慰的人已经不可能轻易走向传统宗教放弃自我、与人安乐的自我升华，因此一些以迅速获得所谓能力的邪教便获得了肆意滋生的社会土壤。

虽然我们不能把变态、扭曲的心理和它所产生的社会现象统统归咎于权力集中后残酷的社会生存压力，但是，现代资本垄断社会资源所造成的后果却的确加大了人们内心对于外在物质力量的抗衡能力。所谓的现代文明破坏了过去可以重复利用的自然资源的自我循环过程，使人畜的生长都转变成一种需要大量消耗能源、林木资源和水资源的活动；便捷的交通体系的建立成为自然环境和人类健康环境不断被破坏的根源之一……凡此种种垄断资本对财富和社会资源的垄断，以及它们所创造出来的生活方式给人们的现实生活造就了无法轻易逃脱的既有范式。每个人只能在它所圈定的框架下、在它所指出的道路上做出自己的选择。凡是垄断资本没有认可和允许的都被边缘化，甚至被迫消亡。

毫无疑问，垄断资本掌控经济资源、主导社会生产生活模式的同时还掌握着人类社会的政治权力。从资本主义产生直至当今世界，资本对世界经济、社会和政治权力的掌控已经远远超越了罗马帝国、奥斯曼帝国的疆域范围。垄断资本今天所掌握的权力已经冲破了领土、疆域的界限，击溃了种族、民族的藩篱，切断了社会、经济、政治的界限，瓦解了国家主权的堡垒。国家和国家机器基本上成为了为垄断资本服务的工具。当今世界，所谓的强国只不过是垄断资本的大本营。强国对弱国的战争不过是垄断资本冲破应战国资本兼并障碍的外在表现。强国的世界战略体系不过是垄断资本控制世界战略资源、攫取垄断利润的外壳。

垄断资本对世界权力的集约化整合了其政治运作模式，固化了其经济发展方式，限制了其社会生活模式。沦为垄断资本现实工具的政治权力正在日益失去它作为社会活力原动力的灵活性和调试能力。在强力而单调的权力结构下，社会生活模式的标准化、高压化必然产生人类心理普遍的疲劳感、不适感和乏味感。种种社会的变态现象是人们反叛这种高压乏味生活的表现。然而，垄断资本对物欲和权力的贪欲不会停止，对人们心理的压抑、生存状态的腐蚀也不会停止。

自我颓废是一种叛逆的表现，迷失、困惑也是反叛现实社会的一种表现。然而，当困惑和叛逆与愤怒结合在一起，恐怖暴力便成为叛逆的升级版。当恐怖主义因其血腥、暴力而被视为全世界的敌人时，它背后的迷惑、悲愤，以及它对垄断资本的无能为力，都在人们反对恐怖主义的极端情绪与恐怖主义者的极端情绪的彼此冲击中被世人所忘怀。而解开当今世界政治权力背后的真相，了解这个世界真实面目的理性逻辑也往往被世人所忽视。

垄断资本掌控世界的权力纵向主导了发达国家，也横向冲击了发展中国家。当今世界一些发展中国家通常面临着不得已的变革。这种变革来自于国家领导人和广大民众对改善生活的美好愿望。然而，改革走向何方却并不由这些国家的领导人和民众所决定。因为这个世界的垄断资本早已为所有希望走向发达的国家准备了不容置疑的道路和不得不遵守的游戏规则。一旦一个国家走入变革的道路，它将不仅经历其他发展中国家和发达国家曾经经历过的，而且要经历更加激烈的来自于垄断资本的冲击。被纳入世界垄断资本体系却没有足够熟悉垄断资本游戏的经验及实力的国家将在经济、社会、政治等多方面迎接来自世界最强垄断资本的设计和冲击。

发展中国家走向发达国家不可避免地要经历变革社会的决策过程。这个过程是一个经由经济而社会、社会而政治的变革过程。变革社会的经济基础是经济的转型和国家经济金融与世界垄断资本结构的过程。毫无疑问，这是一个危险的过程。在这个过程中，经济发展的不平衡、低端产业向高端产业的转型、现代金融体系的建立与开发等等都将考验这个国家对经济、社会、政治的控制能力。

随着经济的转型，社会的转型必然出现。发展中国家社会转型最大的问题在于西方发达国家社会疾病的大量出现。贫富分化激发的仇富心理、道德观念的沦丧、暴力报复社会心态的出现等等社会心理变态现象，与失业、社会阶层跨越成本增加、上层社会为富不仁等等现象相互融合，最终将引发权力腐败、主流意识形态效力下滑、政府公信力下降等等社会政治病态。

来自现实物质不平衡的经济、社会不平衡无疑将最终威胁到导致这些不平衡现象产生的政治权力结构的稳定。无一例外，随着经济和社会的发展，所有的既有政治权力结构都要进行变革。这种变革不仅仅是一种简单的从集权到分权的过程，更需要的是政治权力结构必须适应经济和社会结构的变化而变得更加灵活和获得对社会综合的自我调适及调适社会的能力。这正是每一个变革社会的国家的政治权力所面临的最大挑战。然而，可惜的是现实世界的一些变革国家要么仅仅看到了“三权分立”，要么仅仅看到了政治权力集团的利益；最终要么在分权的过程中丧失了政治权力对垄断资本有效的控制力，要么在固守自私自利的过程中被垄断资本所支持的社会反叛力量所击垮。

## 四、政治权力与意识形态

泛泛地讲，意识形态不仅仅局限于政治的范畴。不同的社会群体依其社会地位和生活信念都有自己的意识形态。不过，现代社会所提到的意识形态却往往与政治有关，因此也主要指的是具有政治属性的意识形态。这一类意识形态与一般的社会意识形态密切相关，是一般意识形态在政治范畴的纵向凝聚。

意识形态的状况与政治权力的结构特征有密切的关系。一般情况下，在集权的政治权力结构主导的社会当中，意识形态往往具有集中性。主流意识形态往往由政府主导，为政府执政的合法性提供支持。政治权力和意识形态呈现出一种相辅相成的关系，二者彼此支持，相互助力。在政治权力和意识形态的关系方面，政治权力的基本运行特征决定着意识形态的基本运行特征。按照结构力学的方式形象地理解这一特征，大致可以用一种自上而下的权力或者强力的冲击来比喻。

不同于集权社会的意识形态，分权的社会不会直接地、严格地限制意识形态的发展。从而，在分权的社会中，不同的人群因其社会地位、生活状态、思想观念等差异而形成不同的意识形态群落。这些不同的意识形态群落在相当程度上为某一特定的群体所接受，并成为社会思想多样化的基础。当然，在分权政治权力架构主导下的权力垄断现象同样会通过意识形态表现出来。虽然这种表现很可能并不直接、明显，但是由于分权社会中垄断财团所控制的新媒体和传统媒体、所资助的研究机构、所扶植的专家学者都可能成为社会主流政治意识形态的代言人，因此分权政治权力架构之下呈多样化的意识形态形式也不是绝对的。

20 世纪后半叶以来，科技革命，尤其是信息革命改变了以往社会的信息传播模式。在诸如微博、微信等即时通信产品大量出现的时代，图像、文字、语音、录像等记载信息的工具走进了普通百姓的生活。现代社会的信息传播已经悄然掀起了从纸质媒体到声音媒体（收音机）、电视媒体媒介革命以来的第二次革命——新媒体革命。新媒体革命首先冲破的是集权政治权力结构对信息的传统掌控能力。大批以市场经济为导向的新媒体自由职业者凭借简单、高画质、高速的信息工具游走于社会各个角落，对各种可能影响人们思维和观念的、具有视觉和感官冲击力的图文视频等文件的散播彻底改变了集权社会以往通过有选择地传播信息而控制意识形态主流向的状况。随着信息散播能力的全民化，集权社会的信息传播源结构表现出迅速扁平化态势。过去由信息源金字塔结构支撑的稳定的主流意识形态权力架构逐渐被新科技革命带来的信息流动所摧毁。

在信息革命深入一般百姓生活的今天，政治权力对意识形态的控制和主导无论在集权政治权力架构之下，还是在分权政治权力架构之下，都呈现出一致化态势。随着集权政治权力结构对意识形态控制能力的衰减，主流意识形态已经不能够通过过去封堵信息、有选择地散播信息等方式来实现了。在信息广泛流散的时代，集权政治权力结构与意识形态的关系越来越表现出“市场化”的特征：信息受众和普通大众对信息的自主选择成为决定主流意识形态和非主流意识形态竞争的关键。主流意识形态对政治权力结构合法性的支持失去了政治权力结构的反向助力，转而也不得不以吸引信息受众的方式实现引导受众认可和支持等目的，间接实现对政治权力合法性的论证。

信息革命的后果是削弱了政治权力对意识形态的控制力，使集权政治权力结构和分权政治权力结构面临着同质化的意识形态环境。在信息传播高度自由的状况下，无论集权政治权力架构下的意识形态工具，还是分权社会的主流意识形态，都需要直面现代社会多样化的信息传播状况，都需要在信息传播的过程中通过市场化的竞争赢得主流意识形态的一席之地。以正统政治权力架构为服务对象的意识形态在信息社会意识形态主导权的竞争中并非永远处于优势。为了保持掌控社会意识形态的主流地位和优势地位，相关机构也不得不在必要的时候，有选择性地对它所服务的政治权力架构的部分或者全部做出负面的、批判性的评价，释放某些可以赢得受众支持却不利于权力架构的信息。

信息社会的来临改变了政治权力结构对意识形态的主导能力，也改变了意识形态单一化和政治权力化的传统特征。意识形态多样化的产生延伸出人们对权力结构的再认识，也延伸出人们对自己权利的再认识。自我权利意识的增强和普遍地对权力的反思最终改变的是人们对政治权力的传统观念。这种改变对集权社会的政治权力结构影响非常深远，对于分权社会的政治权力结构同样有着特殊的制约性。从传统政治学意义上理解意识形态，它仅仅是政治的一个附属品，然而，今天它却可能成为改变传统政治的最大动力源。

## 第三节 马克思主义对政治权力的论述

马克思认为："权力有两种：一种是财产权力，也就是所有者的权力，另一种是政治权力，即国家权力。"① 在人类社会的发展进程中，"当阶级差别差不多已经消失而全部生产集中在联合起来的个人的手里的时候，公众的权力就失去政治性质。原来意义上的政治权力，是一个阶级用以压迫另一个阶级的有组织的暴力。如果说无产阶级在反对资产阶级的斗争中一定联合为阶级，如果说它通过革命使自己成为统治阶级，并以统治阶级的资格用暴力消灭旧的生产关系，那么它在消灭这种生产关系的同时，也就消灭了阶级对立和阶级本身的存在条件，从而消灭了它自己这个阶级的统治。"②

按照马克思主义的论述，政治权力是国家的伴生物。"国家是社会在一定发展阶段上的产物。国家是表示：这个社会陷入了不可解决的自我矛盾，分裂为不可调和的对立面而又无力摆脱这些对立面。而为了使这些对立面，这些经济利益互相冲突的阶级，不致在无谓的斗争中把自己和社会消灭，就需要有一种表面上驾于社会之上的力量，这种力量应当缓和冲突，把冲突保持在'秩序'的范围以内；这种从社会中产生但又自居于社会之上并且日益同社会脱离的力量，就是国家。""由于国家是从控制阶级对立的需要中产生的，同时又是在这些阶级的冲突中产生的，所以，它照例是最强大的、在经济上占统治地位的阶级的国家，这个阶级借助于国家而在政治上也成为占统治地位的阶级，因而获得了镇压和

---

① ［德］马克思、恩格斯著，中共中央马克思恩格斯列宁斯大林著作编译局译：《马克思恩格斯选集》（第四卷），北京：人民出版社，1958年版，第330页。

② ［德］马克思、恩格斯：《共产党宣言》，北京：中央编译出版社，2005年版，第46页。

剥削被压迫阶级的新手段。"[①] 在政治权力的架构中，统治阶级所获得的谋求其利益的手段就是政治权力。

在马克思主义看来，掌握了生产资料，也就掌握了经济权，控制了社会的生存和发展。政治权力归根结底来源于人们在社会经济关系中的地位。经济上占统治地位的阶级，必然成为政治上的统治阶级。国家的经济权力和有组织的暴力是政治权力的基础，政治权力其实是阶级社会建构的国家中一种一个阶级相对于另一个阶级的不平等的、居于优势的能力。政治权力伴随国家出现而出现。在阶级统治建立的过程中，政治权力物化为种种国家机器以及维持国家机器强力运作的军队、警察等暴力工具。统治阶级需要通过暴力维护政权，用以镇压被压迫阶级、个人的反抗，平息本阶级内部成员间的矛盾、冲突。由于政治权力是国家的产物，因此其运行过程往往被冠以"国家"的名义，并且在现实政治过程中表现为统治阶级对被统治阶级的压迫。

在马克思主义的思想体系中，阶级社会的"压迫者和被压迫者，始终处于相互对立的地位，进行着不断的、有时隐蔽有时公开的斗争，而每一次斗争的结局不外是整个社会受到革命的改造或者斗争的各阶级同归于尽"。[②] 当一个阶级的政治权力不足以压制其对立的阶级，这个阶级的政治权力就将面临被消灭或者衰亡的命运。然后，另一个阶级将重新建构它所处社会的政治权力架构。

在《共产党宣言》中马克思指出，在阶级剥削和阶级对立肆无忌惮的时代，政治权力的拥有者凭借手中的权力"用公开的、无耻的、直接的、露骨的剥削代替了由宗教幻想和政治幻想所掩盖着的剥削"。[③] 然而，正是这种毫无顾忌的、丝毫不知收敛的政治权力运用模式唤醒了政治权力的对立者彻底的觉醒。法兰西内战中，工人阶级所表现出来的智慧、勇敢，以及他们对政治权力的重新架构为政治权力的未来指明了方向。

---

① ［德］马克思、恩格斯著，中共中央马克思恩格斯列宁斯大林著作编译局译：《马克思恩格斯选集》(第四卷)，北京：人民出版社，1972年版，第168—170页。

② ［德］马克思、恩格斯：《共产党宣言》，北京：中央编译出版社，2005年版，第26页。

③ 同上书，第36页。

“公社——这是社会把政治权力重新收回，把它从统治社会、压制社会的力量变成社会本身的生命力。这是人民群众把政治权力重新收回，他们组成自己的力量去代替压迫他们的有组织的力量。这是人民群众获得社会解放的政治形式。这种政治形式代替了被人民群众的敌人用来压迫他们的假托的社会力量。”① 公社的经验改造了政治权力作为“一个阶级用以压迫另一个阶级的有组织的暴力”的特征，而且向世界证明了阶级如果有它“不可避免地要消失”的命运的话，那么政治权力也同样有失去其存在意义的一天。

## 第四节　政治权力的内涵

政治权力随政治的产生而产生，是政治体系得以存在和维持的内在力量架构。政治权力是权力宏观概念的具体体现，具有权力的一般特征，更体现政治的独特属性。政治权力主要在政治的架构中运行，同时也因政治与经济、政治与社会等关系而在经济、社会层面有所体现。

### 一、政治权力的基本构成

按照权力的存在必须同时具备“权力源”、“权力载体”和“权力受众”三大基本要素的前提，政治权力的存在也必须首先满足这三大基本要素构成。依照政治的基本内涵，政治权力的权力来源与其所处的政治环境有关，是决定政治结构和权力运行模式的基础。按照人类社会群体政治关系的建构过程，政治权力的来源通常主要有神明赋权、暴力攫权、契约生权等几种形式。在现实人类政治社会中权力源是政治权力合法性论证的基础。然而，并非所有的权力源都具有客观实在性。权力源在某些人类历史阶段也会体现为一种政治理念和合法性论述。政治权力不同的权力来源决定着政治权力架构的基本特征，也决定着政治权力架构的

① ［德］马克思、恩格斯著，中共中央马克思恩格斯列宁斯大林著作编译局译：《马克思恩格斯选集》（第三卷），北京：人民出版社，1995 年版，第 95 页。

运行模式，以及政治权力运行过程中可能产生和面对的问题。



政治权力的载体是政治权力的主体。按照权力载体的基本构成，政治权力载体同样可以包含维持政治权力架构的客观权力载体（如国家机构各部门）、运作政治权力架构的主观权力载体（各级政治领导人和相关部门工作人员）。政治权力载体是政治权力运作的主要依托，也是政治权力架构中最为活跃、最为主动的部分。政治权力载体的组成特征和运作模式充分体现着政治权力来源的基本特征。

政治权力受众是政治权力的客体。政治权力的受众是政治权力要素中最重要却最弱势的组成部分。言其重要，因其为政治权力的三大基本要素之一。离开政治权力的受众，政治权力的架构和载体将彻底失去其存在的意义。言其弱势，因为在权力载体和权力受众之间，在权力主体和权力客体之间，权力受众虽然在某些政治理论中是权力的源头，然而不可否认的是，在权力的实际运行过程中，权力受众绝大多数时候是处于被动的状态。即便在现代民主社会，权力受众也只能在既有的权力机制下寻求自己的权利空间；虽然现代公民可以通过立法形式改变自身的状况。

权力源、权力载体、权力受众三大基本要素构成了政治权力的组成“硬件”。然而，三者之间并非纯粹的并列关系，而是一种按照特定规则和方式相互影响、相互制约的关系。这种相互影响、相互制约的内在联系又构成了政治权力的“软件”。

政治权力的权力源是政治权力的第一“硬件”，也是运行规则确立的基础。人类政治制度的历史沿革证明，权力源政治权力架构是合法建构的基础。无论什么样的政治权力架构，只要存在相对清晰的权力源建构理念，政治权力的运行规则就无可逃避地受到这一权力建构理念的影响。在君权神授为权力源的政治权力架构中，政治权力的合法性来源是神明。“代替”神明统治人类政治世界的君主及其掌握的国家机构以神明的名义表达着更多以自身利益为主要诉求的权力目标。从而，在君权神授的国家政治权力架构的设计和运行过程中，权力的运行机制与运行规则往往体现着权力载体和权力受众之间更多的不平衡性，以及权力架构不同层级之间更为明显的权力等级关系和自下而上的权力服从关系。

暴力是政治权力的来源之一。然而，暴力作为权力合法性的基础又是最为脆弱的。正因为权力合法性的脆弱性，以暴力为主要权力来源的政治权力架构往往具有强制性和极端不平衡性。在暴力充斥的人类政治社会架构中，政治权力对权力受众的服从度要求极高。人性趋乐避苦的特质推动人们逃离和反叛暴力权力架构的政治诉求往往反向加强着既有政治权力架构趋向更加暴力。最终社会要么在以暴力为基础的政治权力架构无法维持理性状态的极端扭曲中被权力受众彻底摧毁，要么在权力主体的自我反省中发生重大改变。从而，在以暴力为权力来源的政治权力下，政治权力的运行规则往往将权力载体和权力受众之间的相互依存关系严重扭曲，转化成一种直接的、赤裸裸的对立关系。自上而下的暴力的政治运行规则与自下而上的暴力的反叛力量相互冲击成为以暴力为基础的政治权力架构的基本特征。

在以契约为政治权力来源的政治权力合法性架构中，权力受众的权利让渡是权力合法性的基础。权力的存在和发展是以对契约关系的尊重为前提的。在政治权力的契约关系当中，权力受众理论上是优势群体，权力载体理论上是服务于权力受众的。然而，在现实权力规则运行过程中，权利让渡后的政治权力架构仍旧以权力载体为主要依托。权力载体对权力架构的影响能力远远超过了权力受众对权力架构的影响能力。值得庆幸的是，在契约关系确立的政治权力架构中，权力受众因其理论上的优势往往可以对权力载体进行必要的制约和修正。这种制约和修正的能力也往往体现在权力载体与权力受众之间的现实关系，以及各自对政治权力既有秩序的影响规则方面。在契约为政治权力来源的人类社会政治权力架构中，政治权力的运行通常表现得更加温和，政治秩序和政治规则往往表现出更加灵活的对社会平衡状态的适应和自我调整能力。

政治权力的运行规则虽然依托于政治权力架构，然而由于它表现为政治权力的制度性和规则性，规范着政治权力载体和受众之间的联系，因此它同样具有成为政治权力结构性要素的基本条件。相对于政治权力载体、政治权力受众、政治权力来源等更为具体、现实的“硬件”要素，充斥于三者之间的政治权力规则更多体现出柔性的“软件”特征。

## 二、政治权力的特性

政治权力是国家政治建构而产生的力量，因此其权力运用带有国家的特殊超然特性。通常而言，无论什么样的国家，其政治权力的载体——政府都会宣称自己代表着全体人民的利益。唯有如此，这个国家才具有成为合法政府的可能性。因为一旦一个政府宣布它是这个国家中某集团或者某阶级的政府，那么它对于非某集团或者非某阶级的人就具有明确的非法性特征。其他阶级或集团就有权利推翻这个并不代表自己权利和利益，还可能侵害自己权利和利益的政府。正是在这种特殊的政治逻辑之下，政治权力从其确立到运行就注定要冠以国家的名义。

既然一个国家的政治权力是代表着国家，而国家又是超然于社会且代表着全体社会成员的利益，那么这个代表国家的政治权力就自然而然地具有特殊的强制性。这种源自国家的强制性权力包含着政治权力来源合法性的强制特征、政治权力载体的权力强制特征，也包括权力受众不得不接受权力统治的强制特征。在现实社会中，权力的强制性特征包括意识形态对政治权力合法性的肯定和推广，包括军队、警察和法庭对权力载体强制能力的支撑，包括权力运行规则内涵的强制性，也包括权力受众被动接受权力的社会压力和改变权力既定运行方向所面临的巨大阻力。

政治权力的国家名义属性，以及由此而延伸出来的强制性特征是所有人类政治社会权力特性的基本特性。按照马克思主义的观点，这种凌驾于社会之上的国家权力实际上只是某些既得利益集团维持社会秩序的工具，然而，普罗大众却无法时刻洞察一个国家机器的本质。或者即便能够认识国家的阶级本质也无法彻底推翻以国家机器为后盾的国家意识形态。

既然政治权力仅仅是以国家为名义而实际上却以强制性为基础，那么在不平衡的政治权力结构当中，政治权力便不是以全社会所有成员的公平为目的的。从人类历史发展的轨迹看，政治权力的载体所维持的社会秩序从来也没有百分之百地体现过人与人的绝对公平。相反，更多时候，政治权力所维持的政治权力架构往往体现出一种一部分人对另一部分人的权利优势、地位优势、社会资源掌控能力的优势等等不平衡的特征。在不平衡的社会历史过程中，人类社会的政治权力倾向于既有社会政治秩序的功能性选择决定了政治权力的阶级属性——政治权力是在既有社会状态下占有更多资源和优势的阶级的权力。

如果说政治权力的国家性是政治权力的权威表象，政治权力的强制性是其运行模式的特性，那么政治权力的阶级性应当成为政治权力的本质属性。由于维持不平衡的社会状况中占有优势地位的阶级所认同的社会秩序是政治权力的基本职能，因此，维护这一秩序下占有优势的阶级的阶级利益也自然成为政治权力的必要的功能。在政治权力架构中，拥有政治权力支配权的社会群体往往能够通过权力把符合本阶级的社会利益分配秩序保持下去，并且能够通过权力将之描绘成一种所谓的公平的、秩序的，且理所应当的状态。从而在不平衡的政治权力架构体系之下，政治权力在其运作过程中就可以发挥为政治权力主体挽救利益损失，巩固既得利益，增加现实利益的功能。在政治权力的运作过程中，这种功能便表现为特定的功利性特征。

政治权力架构和政治权力的制度规则是政治权力的静态状况。政治权力的运行虽然主要由架构和规则支配，但是架构和规则之下作为政治权力载体的重要组成部分——人——依然能够发挥主要作用。由于政治权力的拥有者和使用者通常属于社会政治权力优势群体，其集团利益往往是政治权力运行方向的基本立场，因此，政治权力的运行通常带有特定的主观倾向性。在这种主观倾向性的影响下，政治权力的主体通过政治权力实现和维护自身利益的最大化就成为既定政治权力架构下政治权力产生倾斜性社会政治效应的最初推动力。政治权力对社会利益分配的非均衡性影响力自然会使社会整体结构适应政治权力的活性反应，并由此产生政治权力主体和政治权力受众之间相互影响的政治权力心理反应，进而产生出一个社会整体上对政治权力的能动反应。这种能动反应在政治既得利益者的贪欲和权力受众改变生存境遇的压力之间反复运行，进而引起以权力结构主动调整和被动适应为内容的政治权力变化。这便是政治权力的能动性。

政治权力的能动性是政治权力发展变化的基本动力。随着政治权力主体和受众之间权力与利益反应关系的变化，政治权力架构往往会因为不平衡状态的过度发展而导致社会整体性的权力倾覆。在权力主体和权力受众与政治权力的博弈过程中，在社会过度不平衡的彻底崩溃过程中，政治权力的架构、政治权力的运行模式、政治权力在权力拥有者和受众之间的配置状态、政治权力支撑机构的基本内容等等均会发生相应的变化。这些变化正是古往今来政治权力的内涵与状态不断发展的最根本动力。此外，政治权力的架构、运作机制等静态内容与动态模式还会随着各地区政治要素的相互交流而影响彼此，进而产生政治权力内容、机制、运行模式的变化。政治权力的此类不断变化正是它发展性的特征体现。



## 三、政治权力的有效界域

政治权力是人类社会最有效的、最高的权力内容之一。在集权的社会，很多人对权力的认知往往达到扭曲的敬畏的程度，以至于很多人都认为政治权力是无所不能的。诚然，政治权力掌握着社会资源的分配，决定着不同的人在社会中所处的地位，甚至也能影响很多人对人生道路的选择。然而，政治权力同样有其特定的有效范围。政治权力的界域指的正是这个有效的范围。

政治权力的有效性首先表现在它对社会资源分配和权力配置的均衡程度上。政治权力的运行需要一定的政治权力运行空间，离开这一空间，再强力的政治权力也无法推动。二战期间，日本曾经用绝对的军事暴力在占领区摧毁过中国人对暴力的抵抗，但是日本军国主义的政治统治却从来没有在占领区牢固地建立起来，就是一个典型的例子。即便是在占领东北、华北、华东地区时，日军仍旧无法凭借不断升级的、以血腥镇压为核心的高压政策稳固其对占领区的权力架构。从日本在中国殖民统治的极端例证推论，政治权力的有效性界限应当至少以一定的社会政治关系平衡度为基础。一旦政治权力施于社会的权力倾斜性超过了它应有的平衡度，政治权力的运行阻力将会随之而逆向增加，直至权力集团和权力受众之间的矛盾彻底爆发。从而，政治权力的有效性并不完全掌握在权力拥有者手中。当政治权力过度反对权力受众的时候，政治权力的失效现象也将随之产生。

政治权力的有效性界域不仅存在于宏观层面，也存在于微观层面。宏观层面权力的有效性取决于政治权力运用的适度状态。微观层面的权力有效性取决于政治权力的职权范围。然而，在政治权力主体——人的层面，很多人愿意将政治权力的有效范围无限扩大。政治权力的有效范围无限扩大通常导致两个结果：一个是政治权力行为人自身行使超越职权范围的权力，导致权力的违规、违法、腐败等问题，进而产生权力失效的结果；另一个是政治权力行为人在非职权领域仍旧期望凭借既有的职权发挥权力的效力，进而导致越权的政治行为，造成权力失效的情况。

对于政治权力微观层面第一种失效的状况，政治行为人超越职权规范行使权力意味着违背权力所赋予的职责。违背职责的职权行为本身存在不合法或者违规的问题，无论其政治权力是否导致了决策、决策的执行不当等后果，相关违规行为的被查处一定自然牵连到违规、违法使用权力决策和执行决策等错误行为的否定和纠正问题。对已有政治权力行为的否定和纠正意味着政治权力的实效。

在政治权力微观失效的第二种状况中主要表现为政治权力行为人在政治权力架构的微观职权范围之外，仍旧希望运用非有效界域权力实施权力的行为。这种权力的僭越虽然在理论上是比较难以理解的，但是在很多集权体制下却常常发生在一些掌握一定权力的官员身上。在社会转型过程中，时常发生的因为某一领域的权力而藐视公共规则、恃强凌弱、漠视公众权益等等现象基本都可以纳入此类主观僭越权力有效范围的范畴。

在本质意义上，政治权力只不过是政治现象的一个维度。它的存在是以政治的存在为前提的。政治权力理应而且只能按照政治所赋予的宏观目标去发挥它应有的作用。权力给予权力掌握者的仅仅是实现整体社会政治目标的手段，而不是授予个人的自我实现的工具。然而，由于政治权力背后有雄厚的力量支持，权力赋予了特定社会集团相对优越的地位和相应的发展机遇，以及权力带来的个人掌握社会资源的能力，因此，政治权力的运行轨迹总是存在被主观偏移的可能性。这种主观运用政治权力的可能性造成了政治权力在现实社会失去其应有效能的结果。从这个意义上考察古今中外的历史与现实，对于每一个社会阶层或者普通人而言，虽然没有政治权力是万万不能的，但政治权力的确不是万能的。

**【思考题】**

1. 权力的基本内涵是什么？
2. 权力和暴力的关系是什么？
3. 如何理解社会契约产生权力的过程？

4. 权力、服从权力与权威、接受权威之间的差别是什么？

5. 权力有哪些特征？

6. 政治权力的集权与分权机制的本质差别在哪里？

7. 政治权力与意识形态的关系如何？

8. 马克思主义对权力解读的现实意义是什么？

# 第三章　政治与利益

利益是政治在权力之外的又一个维度。在政治学视域下，利益并不简单地等同于政治利益。政治利益只是政治所规范的众多利益中的一个。于是，所有经由政治范畴规范的利益都成为了政治与利益关系所研究的内容。

## 第一节　利益的一般概念

利益是现代政治学的重要概念。在人类政治历史早期，利益的概念其实并不是十分清晰。在现代概念产生之前，利益更多体现的是一种人对于自身生存与生活有重要影响的外物的本能需求。这种本能需求源自于人对生命的最基本的渴望，与人趋乐避苦的自然属性密切相关。活着、活得舒服一些在古代社会生产力相对低下的时代是人对利益需求的最直接、最基本的反应。虽然时过境迁，人类社会已经进入当今所谓的文明时代，但是人对于利益的追求依然没有太多超越历史的表现。人对于利益的欲求同样还是基于对生命的基本渴望和对趋乐避苦的基本追求。

### 一、西方政治思想中的利益

在西方政治思想中，利益几乎是伴随着政治概念的产生而产生的。无论在柏拉图的《理想国》中，还是在亚里士多德的《政治学》中，利益问题都被进行了广泛的讨论。这些有关利益的学说夹杂着人性善恶的分辨，延续着西方哲学、政治学体系对人与人关系的理解和政治的思辨。到启蒙运动时期，利益更加与权利一样成为政治学者所讨论的关键内容，并最终成为现代政治学的核心内容之一。

西方语境中的“利益”一词来源于拉丁文“Interesse”。Interesse 按照构词法又可以拆分为“Inter”和“esse”两个部分。Interesse 的本意是“处于……之中”，延伸义是身处其中、心生攀援、利害攸关。① Interesse 的词法构成所展现的基本义涵体现了当时西方人对利益的最原始印象，那么那个遥远时代的人们在思考利益的概念时，自然也不会过多远离词汇本身所处的时代语境。

与 Interesse 的本意类似，古代西方对利益的诠释也基本上没有脱离与人生存、生活有关的物质和心理反应。西方较早地将利益直接定义为物质财富，而且与后来经济学利益分析产生了直接关系。这种利益概念通常把人生存、生活过程中所需要的东西视为利益，认为利益无非就是一些与人所需要的吃、穿、用、住有关的物质生活资料。讨论人与物质财富的关系是古代西方对利益的另一种诠释。这种诠释往往将人的心理欲求和人性对外物的欲望叠加在物质财富之上，进而将利益诠释为一种带有客观唯心主义色彩的东西。古希腊政治思想家将利益归结为人对财富、美食、性欲的心理欲望和现实需求，以及利益就是“善”，“因为一切善的东西都是有益的”等等评价就是如此。

实际上，无论善、恶，利益终归产生于人不得不依靠外物生存的现实，“不得不”的现实状况引发了人几乎出于本能的对外物的需求。这其实就是 Interesse“身处其中、心生攀援”的含义。对于人和人所希求的外在物质条件之间的关系而言，得到了的人或许就多一个活下去、获得好的条件的机会；失去了的人，可能就永远贫穷下去，可能就此离别人世。这或许正是 Interesse 的释义中还包含着“利害攸关”这一内涵的原因了。

> 公元前500年古希腊的普罗泰格拉的政治学依据人的利益观立论，创设出现今记载最早的政治与国家起源理论。他以人对外界的理性感知为前提，以现实生活中每个人只有自己才能感知自己所需个体利益为基础，而建构起了人类社会经由最初处于孤立和分散的

---

① Interest Date：1400－1500 Origin：Anglo－French interesse，from Latin interesse “to be between”，make a difference，concern，from esse “to be”.

生活状态，进而为了生产和抵抗野兽侵扰的利益需要聚集起来组成了社会和城邦的政治起源学说。依照城邦的起源理论，普罗泰格拉指出，由于种种难以说明的原因，即便在城邦建立之后，城邦中的人仍然有在原始状态时的彼此伤害、相互侵犯等问题。解决人们之间的利益矛盾需求催生了调控人们利害关系的国家和政治。源生于人们自然需求和协调利害关系的国家于是被赋予了管理城邦和社会大事、维持社会公平等使命。

德谟克利特是普罗泰格拉同时代稍晚时期的政治思想家。大约因为生于同一个时代的缘故，他对利益的解读基本与普罗泰格拉相同。有所区别的是，德谟克利特在人的物质利益需求之外，还分析了人的精神利益。基于此，他在研究政治对利益的协调关系的时候，特别强调指出了政治在控制人类社会时，不仅要处理好人对物质利益的需求，而且要处理好人对精神利益的需求。在德谟克利特看来，人对物质利益的需求和对精神利益的需求是不同的。政治相对于利益的功能还要注意二者之间的适度比例关系。此外，人对利益的需求最终还会在人类社会中形成种种利益需求的相互关系。这些相互关系延伸出个人利益与集体利益、国家利益等等不同层级的利益关系层次。由于只有国家健全一切才能兴盛，国家利益包含了个人利益，因此，政治的目的首先是保护国家的利益。在社会的各种利益中，政治对于利益的影响应当体现国家利益高于一切利益的原则。

柏拉图是古希腊政治思想史上最有影响的人物之一。柏拉图对利益的理解是以人类的分工为前提的。柏拉图认为，人因生而具有不同的能力而产生不同的社会分工。作为个人的人无法自给自足的现状让人们在分工不同的社会中与他人进行合作，彼此交换相关劳动产品。人们之间的相互需求产生社会和国家。从而，这种人们之间的相互需求、带有谋利动机的相互依存产生了国家。国家的治理原则就是保证整个社会的相互谋利行为按照公平、公正的“善”的原则进行。政治权力的合法性则在于它能够为人们追求“善”而创造条件，保证实现社会福利。

亚里士多德是享誉西方的古希腊伟大的思想家和“西方政治学之父”。亚里士多德理解政治利益的前提与他的老师柏拉图类似，但是在具体方面有所差别。他也认为，人生而经历幸福的生活是自然造人的目的。然而，单独的个人，甚至一般性的社会团体，如家族、村落等等最多维持人的一般生活，都无法使人过优裕的生活。人为了过更好生活的利益需求，让人们自然而然地选择了一起生活，并且最终形成了城邦。因此，国家是因为人们的利益需求而建立起来的，国家自然被赋予了实现人们利益的使命。国家存在的意义也就在于使每个成员都能实现他们的利益——得到物质上的富足、拥有健康的身体、获得高尚的道德。

伊壁鸠鲁是继亚里士多德之后的又一位古希腊政治思想家。伊壁鸠鲁对于利益的理解更加具体。他对利益的理解跨越了柏拉图、亚里士多德等人相对宏观抽象的范畴，更多地进入了个人与人性的视界。在伊壁鸠鲁的眼里，人都是有追求利益的心理的，这种追求利益的心理是人所有行为的根本动力。个人利益是人对于国家和社会的最初、最本源的需求。人对自我利益的心理追求和谋求自身利益的行为必然造成人与人之间相互伤害的局面。所以，人并不是凭借自身对“善”的追求，也不是凭借对幸福生活的向往，而是通过利害关系的权衡而选择了相互妥协、彼此订立契约、组成国家和制定法律来调整人与人之间利益关系。在人的利益诉求和群体生活利益冲突的矛盾中，伊壁鸠鲁开创了政治契约论。

在古希腊政治学先哲眼中，利益是人做出现实生活选择的一个重要参考因素。利益产生国家是古希腊政治学者普遍的观点。无论人性善恶，个人因需面对生活过程中难以应付的种种困难而选择了共同生活。共同的生活是人本能的对利益追求自然选择的过程。人性自然选择的叠加最终产生了国家和政治。于是，政治和国家反过来都有着承担协调、满足、增加人们利益的责任。国家因利益而生，为利益而存。从而它所承载的法律、社会规范也离不开协调众人利益关系的职能。

欧洲中世纪、文艺复兴、启蒙运动时期的政治学者对与利益有关的问题也进行了探讨。不过他们的立论基础大多没有超越古希腊学者的论述框架。托马斯·阿奎那是中世纪欧洲基督教经院哲学和神学政治思想的权威。然而，阿奎那对政治利益的论述却主要继承了古希腊政治思想家的思想，而没有太多地运用基督教哲学和神学来论述。

> 按照阿奎那的说法，国家政治体系对利益的规范来自于人的复杂天性。人性不但有倾向于善的一面，也有自私自利的一面。尽管每个人都会一心一意地专注于自己的利益，但是人性的复杂性、人类社会分工的现实性等等又会推动他们追求共同利益。在追求私人利益和公共幸福的复杂社会心理推动下，人类社会共同体就会产生一种共同的控制体制和治理原则，国家权力系统和法律于是应运而生。

托马斯·阿奎那并不是唯一继承古希腊以人性善恶为前提分析政治范畴的利益概念的人，文艺复兴时期的马基雅维利同样基于人性立论探讨了利益的概念。但他对人性的定性是偏恶的。这决定了他对于人与利益关系的观点，以及政治视域下利益的特征——邪恶的人性、自私的人性注定了人们对利益的不满足和彼此的争端。马基雅维利对这种人性弱点的认识尤为强烈。尽管他对人性的定义并未得到很多人的认同，但是他对外部机制力量的阐述却使人们对利益的理解从无限臆测的境界重新回落到人类政治社会一切宗教、强权、思想都屈从于利益的残酷现实当中。也正因此，很多人认为现代政治理论中的利益概念是在马基雅维利的政治理论之后才真正得以确立的。马基雅维利认为：

> 人性基本上是稳定的、不变化的，即使变化也不会脱离其既有轨迹太远；在人稳定的本性当中，恶是最核心的特征。人自私自利、贪得无厌、胆小怕事、嫉妒、朝三暮四、忘恩负义等等都是基于人的本能而表现出来的性质；在一系列恶质之外，人为了各自的利益还表现出天然的好斗特性，这又使人们经常处于激烈的、争斗的环境中；人性的可塑性在普遍恶的社会环境中只能变得更加邪恶。国家是人基于自私自利的目的，基于人对于利益的无尽贪欲而产生的，因此国家不过是人性邪恶的产物。

西方的政治思想发展到启蒙运动时期基本趋于成熟。与政治相关的利益概念在这一时期也得到了非常完整的发展。霍布斯和洛克是启蒙运动时期最主要的英国政治思想家。与古希腊和文艺复兴时期的思想家一样，他们对利益与政治的认识也是从人性的假设开始的。



按照霍布斯的说法，权力欲、财富欲、求知欲、名欲等等欲望支配着人的根本本性。趋利避害、自我保存、利己不问善恶等等人的恶性表现都是利己私欲的外显。正是由于人性本恶的原初状态彻底破坏了人人平等、自由，平等享有对任何事物同等权利的人类社会的自然状态。当每个人都想占有某物而不能同时共享的时候，人自私的本性自然引发其以伤害他人的手段来达到目的的可能。于是，以人的私欲为动力的对表现为外物的利益的争夺便让所有人处于一个“每个人对其他所有的个人都处于战争”的状态。这种人性恶所产生的自然状态彻底破坏了人类社会本应遵循的和平、公正、信义、道德等自然法。为了维护社会所有个人的利益不至于被人的本性所摧毁，人们发现需要一个大于一切人的权利的公权力来做自然法的后盾。于是，通过把大家所有的权利和力量托付给某个人或某个能通过多数意见把大家的意志转化为一个意志的多人组成的集体的契约便出现了。通过契约，代表公共政治权力的国家产生了，所有的个体的利益协调都被归附于国家。

洛克和霍布斯一样都是以自然法和社会契约为宏观背景解读人类社会政治现象中的利益关系的。但是，与霍布斯不同，洛克在构建人性与利益为立论基础的国家和政治契约学说的时候，自然状态不像霍布斯所设想的那么残酷，人因其理性力量而建立的契约关系也不是一种以公权力为主的契约关系。在洛克看来，经由契约而拥有公权力的国家和政府在更多情况下也只是契约的参与者，也应受到契约的限制。代表公共利益的国家统治者作为个人同样是社会成员中平等的一员，并不享有恣意扩张自我利益的特权。

法国启蒙运动的发生晚于英国，但是后世很多人都认为法国思想家的思想成就，尤其是对后世的影响并不比英国差。爱尔维修（1715—1771 年）是后人认定的法国唯物主义哲学家和政治思想家。爱尔维修的观点与其他启蒙时代的学者类似，但是在功利主义伦理观方面却表达得更加清楚与直接。他认为：

“自爱”是人对事物表现出的“一种喜欢快乐和憎恶痛苦的情感”的常态。“自爱”是人常常产生避苦求乐行为或者利己行为的源头。“自爱”是人的本性，它与“自私”不同，并不应当受到谴责。在“自爱”的前提下，人们一切行为和行动的推动力就是“趋乐避苦”的利益。人们追求这样的利益是合理的、道德的。而且唯其如此，人们才能够产生把个人利益和公共利益紧密联系起来的理性。

进入 19 世纪，以功利主义为基础的政治思想与理论进一步得到发展。耶利米·边沁和约翰·密尔是这一时期功利主义政治思想的代表。这一时期的功利主义确认了几个基本的原则性的观念：第一个就是外物能给个人或社会带来的利益（或者好处）和快乐；第二个就是痛苦和快乐是主宰人类的两大感受。人与人之间的是非判断、亲疏远近关系都与具体的人的痛苦和快乐体验有直接关系。在这两种基本的原则性的观念之下，边沁和密尔推演出各自不同的政治思想。

边沁的功利主义哲学思想主要体现在他的《道德与立法原则导论》一书中。在这部书中，边沁指出所谓的“善”其实就是最大限度地增加幸福，同时最大限度地遏制痛苦；所谓的“恶”就是最大限度地增加痛苦，同时最大限度地遏制幸福。幸福和痛苦不仅表现在肉体上，也表现在精神上。这两个加诸于人肉体和精神上的极端感受是主宰人一切行为和选择的最初动力。它们决定着人们应当做什么，本应当做什么，将会做什么，以及将来必定不会做什么。

这种自然的、基于人性的选择影响着人类社会的两个方面：一方面是对错与是非判断，另一方面是人的行为的因果联系。人的任何行动大致都是基于对利益的判断才引起的。一个行动将带来利益的增加还是减少，是促进幸福的感受抑或妨碍幸福的感受。人都是以自己最大的幸福为理性判断的标准而确定自己的行为的。自利是人们一切行为选择的基础。

因为人们认定快乐、幸福是好的，痛苦是坏的，所以人们都会选择趋利避害。任何人类社会的正确行动和社会的政治方针都必须做到产生最多数人的最大幸福，并且将痛苦缩减到最少。如果将一个社会视为一个整体的话，整体的幸福就要大于个体的幸福。这样，在必要的时候，一个社会也可以选择牺牲少部分人的利益，而追求大多数人的“利益”，从而实现“最大的幸福的原则”。

约翰·密尔是边沁思想的继承者和发扬者。他的父亲詹姆斯·密尔是一位经济学家和哲学家。家学渊源是密尔思想成就的基础。在20岁之前，密尔就精通希腊语、拉丁语、数学，以及经院哲学的主要经典。成年后，密尔先后在东印度公司、英国国会下议院工作。丰富的学术基础和人生经历为他奠定了政治思想的基础。密尔的《论自由》和《论代议制政府》所阐释的自由主义政治思想被后世认为是与洛克的《政府论》齐名的自由主义经典，而他的《功利主义》一书则提出了更完整的、系统的功利主义伦理学体系，远远地超越了边沁的功利主义思想。此外，密尔在折中主义经济学、归纳主义逻辑学、实证主义哲学等方面也都有着让后人至今仍旧津津乐道的成就。

自由是密尔政治思想的基础。以自由的概念为基础，密尔阐述了自由与权威、个体独立与社会控制、个性发展与社会进步、自由与功利之间的关系，分析了自由与民主、平等的关系，以及自由的限度与范围等等政治命题。在密尔看来，人个体的发展是个人自由的积极实现，而不受干涉的自由却是消极的个人自由。二者结合起来才能构成完整的自由概念。这便引申出“社会所能合法施于个人的权力的性质和限度”这一重要的政治命题。

从自然状态的角度分析，个人自由的实质是能够不受外界干预的。按照自身的条件去自主地追求自己的生活目标是人的自然本性。然而，这种无限制的个人自由必然导致对其他人的自由的妨碍。从而，“个人的自由必须限定在这样一个界限上，就是必须不使自己成为他人的妨碍”。这样就形成了一个社会对个人行为的裁判权。而这个权利则必须是在个人的行为影响到他人和社会的利益的时候，才能施行。

在密尔看来，自由最终经由人的行为所表达出来的原则不是其他，而是功利主义的原则。在功利主义的范畴内，自由的含义在于为人类整体的幸福和个体的发展提供了必要的保护。社会对人的约束力的合法性也正源于此。个人可以合法地要求社会用法律或是教育与舆论的力量使他保有东西，而社会对个人的权力则是为了公益，也就是全社会的需要。个人基于自我幸福的判断和选择过程是个体充分实现自身价值，以及自身对于社会价值和社会的道德价值的过程，二者并不是对立的，而是一个相辅相成的过程。

## 二、中国古代政治思想中有关利益的理解

中国是一个在传统文化上重“义”轻“利”的国家。然而，如果把“义”也纳入“利”的范畴来考虑，或者借用西方利益分析中的“避害分析”则不难发现，中国古代有关利益的分析也是很丰富的。“两弊相衡取其轻，两利相权取其重”，“大丈夫相时而动，趋吉避凶者为君子”等等人们常见的处事原则就与利益密切相关。

从辞源角度考察，“利益”在中国古代的典籍中本是两个具有独立意义的字。按照《说文解字》的解释：“利”，和然后利，意思是事物或者人们之间彼此和谐才有发展，而后才能得到好处。《易经》对于“利”的解释则是：利者，义之和也。益者，饶也，富裕之意。如果能够按照现在寓意加以理解，那么古人应当视富裕为人之乐事。在《后汉书·循史传·卫飒》中“利”、“益”二字开始合并使用。“亦善其政，教民种植桑柘麻纻之属，劝令养蚕织履，民得利益焉”中的“利益”与现代的词语意思有些接近了。

在中国古代，利益与政治的关系是比较早就受到重视的。周朝时

"贤君治国，不以私利害公"，"民大利则君德彰矣"[①] 等观点表明，利益在彼时已进入了政治家的视野。春秋时期，管仲对利益与政治的认识更加清晰。他指出："夫凡人之情，见利莫能勿就，见害莫能勿避。""得所欲则乐，逢所恶则忧，此贵贱之所同也。"[②] 故而，"凡治国之道，必先富民"，"政之所兴，在顺民心；政之所废，在逆民心。民恶忧劳，我佚乐之；民恶贫贱，我富贵之；民恶危坠，我安存之"。"仓禀实则知礼节，衣食足则知荣辱。""故知予之为取者，政之宝也。"从管仲对利益的理解中不难发现他具有与西方古代政治思想家对人性与利益关系相同的认识。正是基于对人性趋乐避苦的理解，以及利益对人的苦乐的影响，管仲提出了他独特的治国之道。也正是因为管仲的治国之道符合了民众对生存的基本需求和人性的基本特征，所以他才得以辅佐齐桓公成就了"九合诸侯，一匡天下"的霸业。

春秋时期，中国政治思想有关治国之道的辩证思考基本都与个体的人有关。基于个体的人，诠释整体的政治和国家是这一时期政治思想的最主要特征。晏婴是春秋末期对中国政治有卓越贡献的另一位思想家、实践者。他对于治国之道的诠释也是基于对利益的理解而延伸出来的。与其他政治思想家不同的是，晏子对利益的理解已经触碰到了政治体系内的利益关系。正是基于对政治利益关系的理解，晏子提出了治理国家的方略。他指出："政尚相利，故上下不以相害为行"，是以"四海之内，社稷之中，粒食之民，一意同欲，若夫私家之政。生有厚利，死有遗教，此盛君之行也"。[③] 君主治国当"俭于藉敛，节于货财"，"领民治民，不专其利，勿使其乱，知其贫富，勿使冻馁，则民亲矣"，如此，方能达到"利多则民欢"的效果，进而使国家"显名于诸侯"。[④] 君主与臣民各专其利、互不僭越，国家内部民众之间、君臣之间才能彼此和谐，国家才能强盛。

管仲和晏婴同处于中国春秋战国时期。彼时的中国思想界异常活跃。

---

① ［清］严可均辑：《全上古三代秦汉三国六朝文》，北京：中华书局，1950年版，第11、51页。

② 谢浩范、朱迎平译注：《管子全译》，贵阳：贵州人民出版社，1996年版，第657页。

③ 晏子著，李万寿译：《晏子春秋全译》，贵阳：贵州人民出版社，1993年版，第142页。

④ 同上。

老庄之外的众多思想家以积极入世为自己的人生追求，而对政治统治之道的探索也达到前所未有的高潮。在百家争鸣的时代，墨翟和他的弟子对利益的诠释最为透彻。被后人誉为墨家政治思想核心的“兼相爱，交相利”即包含着对利益的深刻理解。在墨子和他的弟子看来：“夫爱人者，人必从而爱之；利人者，人必从而利之；恶人者，人必从而恶之；害人者，人必从而害之。”① 所谓“利”虽然并不完全等同于当代人们所理解的狭隘的利益，但是墨子对“利”所谓“所得而喜也”的理解其实基本上没有太偏离古今中外有关利益的范畴。只不过墨子更加强调了“兼爱”与“交利”的关系。在墨子的眼中，“兼爱”更多地体现为一种推己及人的大爱，虽然这种爱不排斥自利的内涵，但是他更强调“爱他”的特征。而“交利”则体现了“兼爱”的实现过程所应遵循的原则。在墨子看来，“兼爱”是“交利”的社会道德基础，“交利”则以实际行动巩固着“兼爱”这一社会道德。二者相辅相成，相互促进，最终形成良性循环的互为因果的社会向上发展的动力。“兼爱”与“交利”相辅相成才能最终成就“义”。在这个认识层面上，墨子承认“义者利也”，并宣称“遵道利民”、“爱人利人”为“仁义之本”。

秦统一中国，结束了中国思想百家争鸣、百花齐放的时代。秦以后的政治统治基本上没有太多超越春秋战国时期百家思想高度的政治思想。然而，不可否认的是秦以后的政治实践和政治统治，尤其在专制统治方面积累了大量的政治经验，也由此产生了众多有益的政治思想。

从政治统治的角度出发，秦以后的政治统治在很多时候都体现了政治思想家对政治利益关系的理解和实践。秦末汉初的“与民休息、无为而治”如此，唐初的轻徭薄赋如此，清初的永不加赋亦如此。然而，谈到中国有关利益的政治思想就不得不提到汉初得到皇家鼎力支持而得以影响中国千年的儒家思想中有关政治利益的理解。儒家思想得到中国皇家政治权威地位始于董仲舒。董仲舒虽然在解释有关世界观等问题时借用了“仁贪之气，两在于身”的说法，但是他并没有过多地纠缠于那些与政治无关的理论阐述和分析，而是将它直接转入人本性的论述上。按照董仲舒的说法，元气本是天之阴阳之道在人身上的体现。其贪乃利欲，

① 周才珠、齐瑞端译注：《墨子全译》，贵阳：贵州人民出版社，1995年版，第128页。

其仁乃义。“天之生人也，使人生义与利。利以养其体，义以养其心。心不得义不能乐，体不得利不能安。”“义者，心之养也。利者，体之养也。体莫贵于心，故养莫重于义。义之养生人大于利矣。”“不能义者，利败之也。”

自汉以降，中国政治思想的集大成者越来越少。直到宋代程朱理学的出现才略微改变了中国历史总体上由形而上向形而下转变的轨迹。从现代的角度理解，宋代中国思想的发达有两个原因。一个原因是佛教自先秦、汉朝两次传入中国后，经隋唐已经得到了广泛的推广，佛教思想对中国社会的影响已经波及了中国传统的儒家思想和道家思想。宋朝时期儒释道合流的趋势给儒家思想提供了新的思想源泉。另一原因是宋朝虽然是政治和军事上远不如历代大一统王朝的时代，但却是中国古代历史上海外贸易最发达的时代。海外贸易带来的财富和商业繁荣给那个时代的人们创造了衣食无忧的生活，以及更多的思考人生的条件。正是在这种环境中，程朱理学才应运而生。

程朱理学是中国古代比较完整的一元论唯心主义思想体系。它主张世界万事万物乃至人类社会都有一个基本的精神的源头，这个源头可以称之为“理”或“天理”。“理”或“天理”是自然万物和人类社会的根本法则。该法则演化出万事万物。世间万物也各有一理，而这些世间万物与人的理都源于天理。在人世间，人们追求美好生活的利益欲求是无限制的。由于“人欲”常常超出维持人之生命的基本需求，而且会延伸出违背礼仪规范的行为，因此它是一种与天理相对立的东西，要“存天理，灭人欲”。人与人之间的关系要由“三纲五常”来规范。

程朱理学产生之后，中国经历了元明清三代。该三代因其集权统治的高度发展而对中国政治思想形成了极大的压力，政治思想也基本没有产生太多超越性的东西。随着专制体制的不断强化，这时的文人越来越多地被政治的高压挤压到了训诂学之类自娱自乐的避世学问之中。中国古代的政治思想从此不再是影响中国政治的主要动力，而以集权为核心的政治实践却从此影响了中国数百年的政治发展。在集权体制下，以极端化的“三纲五常”为基本内容的政治统治结构深入中国社会的核心，塑造了中国古代社会以皇权利益为最高利益的政治体制和全体社会的政治信仰；利益在普通百姓的层面被以“灭人欲”为主要内容的虚伪情操所无情压抑，而在官僚和权贵的层面被无限放大。利益不再成为政治思想探讨的话题，而实实在在地成为民众可望而不可及的、统治集团肆意挥霍的东西。这种政治实践优于并且禁锢政治思想，政治思想服从并且服务政治实践的历史状态一直延续到“五四运动”。

## 三、马克思主义政治思想中的利益概念

启蒙运动及其后来西方政治思想的发展伴随着西方资本主义的发展不断前进。资本对于西方世界个体、社会的全方位冲击带给人们从未有过的变革和思想激荡。这种社会急剧变化之下的思想激荡不仅产生了理解和解释社会现象的种种思想，也产生了超越资本、探寻人类社会终极福祉的种种思想尝试。这些尝试包括被后人称为“空想社会主义”的理论与实践探索，也包括从经济关系角度解析人类资本社会关系的阶级理论与政治思想。正是在这个时代经济、社会、政治的多重转型、变革的撞击之下，马克思主义应运而生。马克思对政治范畴下利益的概念性认识主要体现在其《神圣家族》、《关于费尔巴哈的提纲》、《德意志意识形态阶段》、1848—1852 年的政治论文，以及《资本论》和相关经济问题的研究当中。

在马克思主义看来，利益是一个社会现象，从不同的角度去解析，会得出不同的结论。从利益主体的角度，具体个人是利益的直接的、实在的基本。不存在抽象个人，也不存在抽象的没有主体的利益。在不同的历史时代，彼时彼地的、现实的、个体的人的利益是一切理论和现实分析的基础。

阶级、集团等群体概念下的利益主要表现为具体的、个人的人与其他个体的人之间的、特定的利益关系。人类群体居住的特征决定了具体的、个人的利益不可避免地会产生整体性的利益形式。特定范围内的、具体个人利益的交往关系构成了这个群体的共同利益。这种实实在在的个人性的利益关系决定了全社会范围内的、普遍的利益的虚幻性属性。这种个体性的利益关系也决定了局部社会经济利益和政治利益关系的不确定性。换句话说，虽然从经济与政治的

总体关系以及人类社会全部历史的宏观视野角度考察，经济利益决定着政治利益是一种正确的判断，然而，它并不适用于具体的、局部的利益关系的分析范畴。这也就是为什么个人利益以及基于具体个人利益的不同方面所形成的不同的共同利益之间的冲突和对抗，不可能在政治领域内得到根本性的、永久的和完全的解决的原因。也正是为什么体现着人们观念与想法同时反映着社会政治利益状况的意识形态最终还要与经济基础相适应的原因所在。

在马克思主义的政治思想中，个体的利益与集体的利益有着更为具体、个性的表述。个人之间在集体中的利益关系被分析得更加淋漓尽致。在马克思主义的政治思想中，集体利益的概念与以往政治思想家有关社会，或者国家，或者民族之类的笼统观念有着巨大的区别。集体与个人的利益关系不再是简单的多数、少数的关系。个人对待自身利益和集体利益的原则也不再是模糊的少数服从多数的关系。

在马克思看来，作为个人利益和集体利益的关系并非永远处在一个完整体的状况下。个人利益和集体利益在很多时候，尤其是不同经济地位的人们之间去分析的时候往往是具有差异性的，甚至是对立的、彼此不能相容的。在阶级社会的阶级关系当中，不仅不同阶级之间的个体经济利益和政治利益是对立的，而且这种静态的对立的阶级成员个体的利益关系在动态的过程中还会表现出更加巨大的利益差异性。

在阶级社会当中，任何人的利益都取决于他或者她所处的社会经济地位以及由此而延伸出来的经济关系、社会关系、政治地位及其他关系。利益的基本内容通常表现为特定的物质生活条件，但是在现实社会中它更多地反映着一种既定的社会关系、经济关系和政治关系。利益还反映着利益的需求者与利益的供给者之间的关系。在利益关系的动态条件下，人们之间的利益交换也不仅表现在经济关系方面，还表现在与此相关的交易公平、交易成本与收益的差异等等方面。从而，利益虽然首先表现为物质利益，但是由于物质利益存在于一定的经济关系当中，而经济关系又体现着通过经济活动占有劳动成果方面，因此利益在现实社会当中还表现在具有非物质属性的政治利益、文化利益等方面。

在马克思看来，利益虽然首先表现为经济关系与经济内容联系密切的物质利益，但是在政治视域下，利益更多体现着人们对利益公平性和如何分配等方面的关注。这种关注在阶级社会中则往往体现着不同阶级对同一类事务利益配置的差异性理解，以及由此而引申出来的追求利益的行为。在阶级社会条件下，个人利益和国家或者社会的共同利益并非如理论所讲的那样彼此协调，而是充满着种种的矛盾与冲突。通常情况下，这种冲突最终只能靠表面上凌驾于社会之上的国家来强制解决，而具体的解决方式则取决于由具体个人所组成的各种社会集团的力量对比。从而，政治利益就越来越成为个人和其他社会利益团体保护和实现其利益的基本关注点了。

## 四、政治视域中的利益及其他

综合中西方古代政治思想有关利益的阐述不难发现，利益的最本初的意思其实就是我们常常提到的“好处”。在人与利益的关系层面延伸出来人对于“好处”的感受和认知。于是，从人对于利益的贪欲而产生了政治思想中有关人与利益关系的理解。进而在人与利益的一般关系当中推导出作为政治统治者如何处理国家和社会之间的利益关系，提出以利益为切入点分析治国之道的政治原则和治国之道。

当然，借用比较规范的学术语言来说，利益可以被解释为一种“基于一定生产基础上的社会需要”，也可以进一步解析利益主体的需要、满足利益需要的条件和手段，以及人与人之间的利益关系等利益要素。

在物质层面，利益的满足的确需要经由物质生产来实现。人们的生产能力和生产水平是利益实现的广度和深度的基础。一定社会当中的利益关系也在很大程度上体现为人与人之间的社会关系。从而，利益在很大程度上体现着唯物的特征，体现着人的需要产生了利益，体现着政治追求的根源和归宿，政治的任务和目的其实就是调控好利益关系和利益秩序的逻辑关系。[①] 当今世界国家间战略与外交冲突、政治权力体系无法避免的腐败、越来越多的人成为决定利益分配的权力的信徒等现象印证了古今政治思想家对利益最鄙俗一面的理解与判断。

---

① 张江河：《论利益与政治》，北京：北京大学出版社，2002 年版。

然而，无论如何解析利益的要素和内涵，利益都不应该是一个混沌而整体化的概念。在现实社会中，我们不可忽视的是人对于利益的理解是千差万别的。对于不同的人来说利益的内涵也不同。人的物质需求的确是利益的重要组成部分，但是它并不一定就可以永远居于精神追求之上。精神的追求有时会在个体的人的选择当中占据更重要的位置。从而，利益虽然是分析政治行为和政治现象的一个重要维度，但是它却不是一个放诸四海而皆准的维度。在不同的人类社会环境当中，在不同的人类社会发展的时代，纯粹物质形式的利益并不是永远被所有人看重，而且它的作用也并非永远有效。

## 第二节　政治与利益的关系

### 一、利益对政治动力与目的的规定性

政治是一种在特定的人群范围内经由权力而对社会资源进行分配和再分配的人类社会活动。社会资源的分配和再分配会对整个社会不同人群产生不同的影响。在资源分配的过程中，得到较多社会资源的社会群体得到相对更多的利益，得到较少社会资源的群体自然就得到相对较少的利益。利益分配的状态，尤其是在社会中分配的平均程度或者公平程度决定着整个社会的不同个体和群体对社会利益的态度和观点。由于人类社会在政治，抑或国家产生以来，从来都不是平均分配利益的，或者是公平分配利益的，因此决定利益的政治权力便成为人们改变利益分配状况、追逐更多利益的目标。不同社会群体在利益驱动之下对政治权力觊觎便形成了利益对政治发展的影响力。

按照马克思主义的说法，在人类社会的发展过程中，利益的分配必然会因为对生产资料的占有关系和在社会中所处地位的不同而导致其中一部分人无偿地（部分或者全部）占有另一部分人的劳动成果，剥夺他人的（部分或者全部）财富，从而也就必然引发社会中一部分人（部分或者全部地）侵害他人利益的结果。这种结果一旦发生，就必然会引起社会中处于不同利益地位的人群之间的关系的变化和整个社会的分化甚

至对立。于是便产生阶级，以及因阶级关系的对立与紧张而诱发的不同社会阶级之间的矛盾、冲突和斗争。矛盾冲突尖锐的情况下，社会中拥有政治权力、能够决定社会资源分配的阶级或者集团自然会运用手中的权力维护其既得利益，同时采取各种各样的方式来控制或者压制利益缺失集团和群体的利益要求，阻止其利益的实现。而利益分配受到不公正待遇的社会集团则往往在长时间忍受不公正、不公平的利益分配之后转而形成集体性的觉醒。这种集体性的觉醒最终自然而然地产生共同维护自身利益、改变不公正利益分配状况的努力。由于任何现实利益的分配状况都是由权力所决定的，因此改变利益分配的任何努力最终都会指向决定社会资源配置的政治权力。就政治权力在决定利益分配的方式、方法与结果的同时不得不面对不同利益群体反过来对其自身的影响这一事实表明，利益决定了政治的产生，也决定了政治的发展。利益既是政治发展的动力，也影响着它发展的方向。利益是政治之始，也是政治的归宿。

政治权力对社会利益的不同分配本质上体现的是一种社会利益关系。利益的政治属性也就是它的社会利益关系。在不同社会的阶级结构和阶级差别之下，利益主要表现为不同的人群之间的利益关系。人们之间的利益关系则反映着处在不同利益关系中的人们的政治地位和政治属性。

由于有历史以来的人类社会主要经由经济关系确定利益关系，因此在大多数情况下，人们之间主要体现为一种具体的、以经济关系为主要内容的利益关系。尽管不同的国家和民族的利益关系所决定的政治关系存在或多或少的差异性，但社会利益关系决定一个社会政治关系属性的特征却是人类社会的普遍特性。任何时候，社会利益关系中的矛盾经由法制或其他国家机器的强力约束之后，以经济关系为主要内容的利益关系便成为这个社会人们之间固定的政治关系。其后，任何试图动摇这种利益关系的努力都必然不得不首先改变使其产生特殊固定性的政治关系。

在人类社会的发展历程中，利益关系通常作为政治关系的基础而推动政治的发展。政治关系则往往表现为特定社会利益关系的保障。利益与政治这种特殊的内质和外显的关系在现实世界并非是固定的和一劳永逸的。由于人类社会生产的不断进步，产生人类社会利益的根本源泉——人类社会的经济活动一直是最为活跃且最具变革性的力量。在人类经济活动不断变革的状况下，能够被称为利益的人类社会的资源总量和资源占有情况总是处在一个被动的、不断变化的状况当中。这种变化的人类社会资源状况不断地刷新着人类社会的利益及其分配状况。随着这种变化不断延续及其影响不断加深，人类社会分配利益的机制——政治权力对资源配置的种种机构与规则往往呈现出被动和消极的特征。利益状况能动的变化和政治对资源配置能力的被动消极之间天然的断裂造成了社会矛盾不断积聚的可能。这种社会矛盾的积聚无疑会导致越来越严重的利益对立和社会群体之间的矛盾冲突。从而使得一个社会的利益配置和它所延伸出来的种种社会利益对比关系成为全社会政治关系发展变革的最具活力的动力。

利益是政治发展的根本动力。政治发展有两个最基本的方式：一个是变革，一个是革命。

所谓变革就是政治权力主体根据社会利益矛盾调整政治体系，改造政治架构，以维护自己的统治和利益为根本目标对以社会利益分配关系为主要内容的经济关系、政治关系进行调整，最终在一个新的高度或者平台上实现各阶级利益的重新配置，实现每个阶级之间利益的相对平衡，进而缓解因利益配置极端化而造成的阶级矛盾，防止社会内部矛盾无序爆发，最终彻底摧毁统治阶级的政治发展过程。

所谓革命就是社会权力主体拒绝或者根本无力对社会资源分配状况进行新的调整，导致社会利益极端不平衡状况的出现，引发不同阶级之间对社会资源配置绝对对立的态度，进而导致利益彼此对立的阶级严重冲突。这种冲突无论最终是否能够解决已有的矛盾，无论最后仍旧是原来的权力主体继续执掌政治权力，还是反抗阶级夺取政治权力建构起新的权力体系，在冲突爆发到最终结束的过程中，革命就已经完成了它的使命。

然而，有趣的是，在人类历史上并不是所有成功的革命都建立起了新的、如其革命之初所标榜的利益分配体制，也不是所有为了既得利益而镇压革命的原政治权力主体在革命之后都拒绝接受新的利益分配要求。革命是一个剧烈的社会冲突，然而这种以鲜血为代价的社会冲突之后所绽放出来的革命之花却带有种种的可能性，甚至戏剧性。

人是复杂的，追求利益的人类社会自然也是复杂的，人类社会的利益关系以及因不平衡的利益关系而延伸出来的矛盾自然更是复杂的。因此，利益矛盾并不能用是否尖锐来进行简单的评判。利益矛盾对社会政治的影响也不仅限于政治和经济领域。在很多时候，尤其是利益配置所导致的不公平积聚了太多矛盾的时候，源自利益冲突指向政治矛盾的人类社会矛盾还会表现为影响广泛而深远的人类政治思想的大辩论与大变革。这种源自利益冲突的政治思想大发展对人类社会政治发展带有真正的革命性影响。西方近代之初的文艺复兴和启蒙运动如此，中国的“五四运动”也如此。

战争和外交是一个国家最主要的对外政策。然而，判定一个国家的对外政策并不能使用一种拟人化的思维把国家理解为一个简单的整体。任何时候，战争与外交都是由个体的人去执行和完成的。就战争而言，发动战争的领袖和战争中牺牲的战士是存在着本质上的区别的。尽管战后的荣誉能够在一定程度上抚慰幸存者的心绪，然而从生命是一切利益的根本的角度评析战争发动者的利益，战争所体现的仍旧是一种不平衡的利益关系。

如果说战争是内政的延续，那么外交无疑也具有这样的特征。通常情况下，古今中外的国家都会宣称自己的对外政策是体现着国家的利益的。而国家利益毫无疑问是体现着所有人的利益的。从而，为了国家利益，政治权力主体便有权要求一种具有共同意志的决策和行动来采取一些会影响整个国家利益的行动。然而，有趣的是马克思在其《法兰西内战》和《路易·波拿巴的雾月十八日》等论著中明确地要求普鲁士的工人阶级和法国的工人阶级不要为了两个国家的垄断资产阶级的利益矛盾而进行战争，要求两国的工人阶级抵制战争。

马克思的主张无疑是正确的。因为无论哪一个国家战胜，最终获益的都是资产阶级，工人阶级不可能在战争之后得到和资产阶级一样多的利益。战争毫无疑问会有牺牲。这就是利益对国家对外政策的规定性。按照马克思主义的政治分析，这种不同利益属性的政治的规定性从来都是对外政策甚至战争的根源。战争和对外政策所标榜的国家利益也从来都主要体现着那个国家占有统治阶级地位的阶级和集团的利益和意志。随着意识形态主流而被动或者盲从的人们往往仅仅是作为统治集团的工具或者战争的主要参与者参与其中。前者无论在和平年代还是在战争年代，永远是利益的主要获得者；后者则无论在哪个年代都是社会资源不公平配置的不公平待遇承担者，在战争中则是最大利益的被剥夺者。



## 二、政治对利益的约束性

政治之于利益的约束源自政治权力的公共属性，并体现在公权力的形成和运用的过程当中。利益之于政治则更多体现着人的自然需求和社会需求。利益虽然体现着政治关系的本质和政治的目的与归宿，但是利益之于政治毕竟是被动的、受约束的。“政治权力不过是用来实现经济利益的手段”也正是在此之上具有了意义。

在现实政治活动中，人们为了争取、实现和维护自己的利益而参与政治活动，并结成一定的政治关系。既然人们经由利益相结合的政治关系源自于实现和满足自己利益的需求，那么就必然在政治关系的引导之下形成人们顺从政治需求而努力争取和拼搏的动力。由于这种激发人们为之努力的政治关系体现着人们结合在一起的基础——特殊的利益关系，因此基于利益关系而运行的政治关系便在一开始就具有着特殊的目的性和导向性。这种目的性和导向性正是政治对利益具有约束性的原因所在。

政治对于利益的约束性首先来自于政治权力对于社会资源和资源分配的决定性影响力。从一般政治权力的基本构成来考察问题，对社会生产资料的绝对性、优势性占有是构成政治对社会资源决定性影响力的第一层次。按照马克思主义对阶级社会政治经济问题的理解，人类社会的存在与持续发展与人类自身的劳动是密不可分的。而人类的劳动又是社会存在与发展的最根本动力。生产资料是人类劳动得以进行的基础和前提。所以，在共产主义实现之前，无论社会发展到哪个阶段，生产资料的占有都会延伸出生产资料占有者相对于其他社会成员的权力优势。占有生产资料的社会群体或者阶级就会自然而然地获得支配社会存在和发展的能力。

在生产资料占有的基础上，社会权力结构必然会建立相应的国家机器。国家机器毫无疑问是一个暴力机器。虽然很多人对于传统马克思主义对国家机器的剖析有不同的理解和认知，但是对于作为维护国家既定秩序的军队、法庭之类的暴力工具的暴力属性都是予以肯定的。毋庸置疑，国家机器及其相关的暴力手段并非由全体社会成员所掌握。国家权力必然是掌握在某些特定的群体手中。而这些特定的社会群体对权力的掌握便构成了一个国家或者社会的政治属性——一个国家的秩序应该由谁来决定，应该如何被决定。通常情况下，政治权力建构过程中自然产生政权的政治属性无疑会以社会中占优势地位（无论是占有生产资料，还是其他方面的优势）的群体的利益需求为基本内容。因为，对于一个完整的社会中备受欺压，或者社会地位低下的社会阶级或者群体来说，一个既有的秩序对于他们而言只能是痛苦和折磨，他们要么没有政治诉求，要么就是把推翻既有社会秩序作为唯一的政治诉求。所以，在一般情况下，政治权力的暴力机器对政治利益的规范往往倾向于占社会统治地位的社会群体。无论政治宣传如何宣称一个国家的全民性，它所体现的政治对利益的规定性也只能是偏袒或者主要保护那个社会占统治地位的群体的利益。

需要说明的是，虽然“个人只要认为对自己有用的，不论它是理智指引的，还是情欲所驱使的，他都有最大的权利去努力追求它，让它为己所用，什么方法都可使用，凡阻碍他达到目的的，他都可以视之为自己的敌人”。[①] 这样的逻辑在现代社会中已经不再能够轻易地、赤裸裸地发挥它的传统效力，而政治权力及其暴力机器在现代社会中的确也增加了许多中立的色彩，但是这些转变更多地体现的并不是政治权力本质的变化，而是政治统治阶级基于自身政治利益的持续性考虑而进行的策略性调整。这种转变既不是根本性的，也不是政治权力发展的规律性，更不是政治对于社会利益公平性本能的、自然而然的体贴与关怀。

在现实社会，政治权力，特别是公权力，仍旧是决定一个社会如何获取利益、如何分配利益的主要途径和最有效的手段。现实社会当中，与公权力关系的远近亲疏同样反映着不同社会群体可获得的利益的程度和差异。此外，政治权力还直接影响着不同人群的社会地位、个人财富、职业选择与前途，影响着人们的职位升迁、社会和金融信誉，甚至个人的社会声望等等。这便是政治对利益的第一种约束——政治权力对社会公共利益分配的基本约束。

① ［荷］斯宾诺莎著，温锡增译：《神学政治论》，北京：商务印书馆，1997 年版。

现实社会的政治实践表明，通过改变自身或所在群体的政治权力，或者通过增加自身或所在群体在政治权力场中的优势地位，一个人及其所在的社会群体就能够在社会实践中获得他所应当分配的社会利益，改善自己和集体的整体生存与发展条件，获得较高的社会地位。因而，在很多人眼中，政治和政治权力的的确确在很大程度上决定着一个国家和社会中重要利益的分配，的的确确对不同人群形成了不同程度的利益约束性。

在有记载的人类历史发展过程中，政治一直是一个对社会资源有着巨大影响力的因素。作为人类政治现象一个主要维度的政治权力则直接决定着社会资源的配置与流向。在古代社会不同的政治地位意味着不同的权力等级，不同的权力等级意味着不同的社会资源掌控能力。诚然，政治权力对社会资源的分配和影响力的确能够满足社会公众的整体需求，也的确扮演着担负管理社会、协调和解决社会矛盾的公共性，甚至公益性的角色。然而，在政治权力具有重大影响力的社会环境当中，在不影响整个社会政治生态的前提下，政治权力对不同个体和相对细分的社会群体而言又具有特殊的“主观能动性”。现实政治权力的掌握者依其获得权力的大小而延伸出来的“外溢性”利益同样不可忽视。这也正是为什么政治权力在直接影响社会利益分配和利益走向的基础上，能够进一步影响社会细分利益分配，能够在执行公共管理职能和社会服务功能的基础上直接将利益分配引导到它所预期或者认为应当流向的方向，甚至在某些社会监管和法律制度不完善的情况下还能够将服务于公共社会的权力兑现成为公权力拥有者扩大个人或者某个特殊群体利益工具的原因。

人类社会进入政治权力阶段，公权力的产生改变了社会资源自发配置的状况。决定社会资源配置的少数人所掌握的公权力成为整个社会最具影响力的因素。社会的公权力尽管在人类社会从原始氏族向大部落联盟过渡的过程中的确经历过真正服务于全社会每个个体利益的过程，然而，随着社会群体的扩大，直至国家的产生，社会个体和单个群体的存在和发展状况对社会整体的贡献与影响日渐微弱。在公权力的视野中，社会整体的存在和发展寄托于某个个体的情形不再存在。

随着社会整体与个体关系的日趋模糊，理论上服务于整个社会的公权力的职责和归属性也日益抽象、脱离实际。理论上服务于社会的公权力在实践过程中与社会的不同程度的脱节改变了其公共属性。政治权力公共属性的变异所造成的后果不在于公权力对整个社会财富和其他资源的掌控能力。相反，随着公权力与社会具体个体的脱离，公权力高高在上的状况实际上得到了极大的加强。政治公权力对利益的影响力也进一步增强。在这种情况下，便产生了政治对于利益的第二种约束——利益矛盾的倾向性约束。

由于社会发展过程中人类个体的差异性和不同群体与政治权力关系的远近亲疏，以及由此而引起的社会公资源配置的不平等性、局部利益分配等问题必然导致不同社会群体之间的利益矛盾。通常而言，无论哪个社会群体，其利益需求都有不断扩展的趋势。虽然理论上人类的理性和反省能力能够最终使占有优势社会资源的人或者社会群体认知他们自己利益扩张的上限，但是现实问题在于利益失衡的受损者不一定有足够的耐心等待既得利益者的反省。历史无数次地证明，既得利益者的反省往往是迟到的，而利益受损者对于利益不均衡配置的忍耐限度往往被高估甚至忽视。

由于公共利益配置失衡过程中酝酿着不同利益主体对于失衡性质的利益分配不同的心理感受和反应，而这种反应最终无疑会投射到利益分配不公正的现实政治上，并且提出修正这种不均衡配置利益的状况，因此政治因素责无旁贷地被视为解决社会利益矛盾的根本。从这个角度考察人类社会的历史，政治权力和利益分配，以及二者之间的关系，其实完全可以形成一条重新解读一切人类社会历史发展的新线索。人类对于自身利益遭受政治权力“不公正待遇”① 状况的容忍—不再容忍—反抗—激烈反抗，最终都会导致社会利益分配不同程度的变化。而导致这种变化的利益主体与政治权力主体之间的博弈与斗争或许正是人类社会不断发展的一种动力。②

曾经有人在粗略估计后发表过这样的言论：如果人人都像美国人那

① “不公正待遇”之所以打引号主要是指这种不公正很难用一个量化的标准去判断，而是一种主观判断。

② 没有社会利益在地主和农民之间的严重失衡，就没有古代社会一次次的农民起义。没有工人与资产阶级之间绝对的利益失衡，也就不会有革命与革命之后资本主义国家对社会福利的关注和“民主社会主义”的社会发展模式。

样生活（更准确地说是达到美国人的平均生活水平），那么世界至少需要20个地球。然而，即便能够获得像普通美国人的生活状态，是否人人都能够觉得自己已经满足了呢？答案一定是否定的。因为在美国，不停地努力争取更好生活的大有人在。我们唯一可以通过理性判断得出的结论是，当前地球所生活的人类欲望一定是远远大于我们所生存的地球能够提供的条件。当我们无法摆脱现实生活惯性力量对我们物欲追求的束缚的时候，我们无疑会遇到更多的因为大于现实利益的渴望而不得不面对的矛盾与冲突，最终也必然会将改变这种“不公正”感受的希望寄托于政治权力和政治手段。从而，政治对利益和利益矛盾的约束力也将继续。

## 三、利益对政治的反向制约

对于利益和政治的关系，古希腊的亚里士多德曾经有过非常形象的描述。他曾经这样总结人类社会利益分配如何影响了政治的现象：当一个人看到和自己相差无几的人得到的却比自己多，难免心生嫉妒；而当他看到一个根本无法与自己相提并论的人却和自己得到的一样多，甚至更多，同样会心生不满。虽然这种心理反应不一定是客观的，但是当这些心存不满的人为了求得他所理解或者认为的“公平”时，便非常容易成为革命家。其中，包括那些因为不满于现实公平，而追求实现内心公平的人。尽管他们所追求的实际上是超于应然优越地位的一种新的不平等。① 从而，利益与政治的关系并非永远处于被动的状态。相反，由于它更贴近于人自然本性中趋乐避苦的本能，更贴近于人对自我利益的高度敏感性认知，因此利益相对于政治在更多时候表现得更加主动。虽然这种主动性因为利益主体的影响力和影响范围等诸多因素的制约而并没有表现得那么明显。

“不患寡，患不均。”这一语道破利益影响政治的本质，也道出人类社会不得不面对的永恒的政治问题的核心。无论人类社会的哪一个发展

---

① ［古希腊］亚里士多德著，颜一、秦典华译：《政治学》，北京：中国人民大学出版社，2003年版。

阶段，政治权力所支撑起来的社会结构无非是一种既定的权力决定利益的秩序，更明白地说是一种利益分配的游戏规则。谁决定利益分配，谁就掌握了权力；谁要想得到应得的利益或者更多的利益，就要向权力的掌握者寻求帮助或者改变权力被掌握的状态。利益是政治永恒的话题。政治所解决的无非也就是有限的社会利益如何有效、公平地分配的问题。

社会发展的需求和人类自身对于个体利益和群体利益的相对无限性决定了人类所结成的政治结构不得不面对利益的状态。产生利益的社会资源的有限性决定了政治无法在特定的时刻、特定的环境绝对公平地分配给所有社会个体的局限性。考虑到每个个体往往倾向于将自身的优势放大、缺陷缩小，而同时将其他个体的缺陷放大、优势缩小的自然倾向，政治经由权力对表现为社会资源的利益进行配置的行为则具有更多的局限和不可预知的后果。这种政治权力相对于利益的局限性则表现为利益对政治的反向制约。

利益对于政治的反向制约首先表现在利益对政治主要内容的规定方面。诚然，政治的建构首先是一种权力对秩序的制度性建构。然而，如果细分政治秩序和制度的服务对象则不难发现，一定社会的利益分配秩序，以及与此相关的既有其他社会存在状态才是政治凭借暴力机器所维持的秩序的根本指向。用恩格斯在《家庭、私有制和国家的起源》一书中的逻辑进行分析，国家的本质无非是社会上占有优势的阶级为了维护自身利益而建立的统治机器。对于一个因私有制而导致的财富差别已经引起社会潜在冲突的人类社会而言，唯有社会既得利益集团才希望维系现存社会秩序，而对财富分布状况不满的阶级所希望的唯有改变这个秩序，或者推翻这个秩序。任何人类阶级社会的政治权力秩序所维护的都不过是某一个（或某些）社会群体对于其他社会群体相对有利的社会资源（抑或直呼其为利益）的配置和分配状态。因此，无论人类社会的哪一个发展阶段，只要人还不能从更高层次上理解自身对于物质的需求，利益或者利益的分配状态就一定是那个社会政治架构所不得不面对的重要内容，而利益也一定是那个社会的政治权力所处置的最重要的内容之一。

利益对政治的影响是巨大的。作为人对于生存和发展的最基本需要和无限奢侈欲求的代名词——利益——源于人趋乐避苦的自然属性。在这个意义上，利益是人类一切行为的根本动因。基于利益分析政治我们可以发现，恰恰是人类趋乐避苦的自然属性产生了人们群居的需求，进而创造了政治这一人类社会的特有的复杂现象。人类将所在社会个体生存和共同发展交付给政治的时候，产生了人类利益自然属性与政治社会属性的矛盾。利益需求和利益实现的单位判断性与政治自上而下地配置利益的主观性和公平失准决定着利益对于政治的重大引力，也决定着政治架构自其产生之日起便不得不面对种种利益需求，面对种种利益矛盾，面对人类社会个体或者群体通过种种手段影响政治权力构成的命运。

人类社会的利益需求是多样的。随着人类社会的发展，尤其是科学的发展，人们对于生存和发展的理解日新月异。这些日新月异的人类生存需求不断刷新着人们对于利益的认识和界定。不断产生的新事物在改变人类对利益认知的同时，也改变着人们在新的生活时代占有传统利益内容和新生利益内容的对比状况。这种源自人类社会内在改变的变化自然也会不断地冲击和影响到政治架构和政治权力，以至于后者不得不应对不断发展的人类社会新现象，而对社会旧有的和新生的资源的分配需求做出应有的反应。这正是为什么很多政治理论用“利益决定着政治的产生、本质、内容、形式及变化，政治反映着现实的利益需要”等语言描述利益对政治的影响的原因。

虽然人类的政治行为的确不乏理想色彩，直接将利益视为政治的起源、归宿和发展动力或许会有某些偏颇之处，但是诸多政治现象确实与人类社会对内部利益秩序的维护和调节有着不可分割的关系。正是人们对于利益的基本态度和惯性追求不断整合着不同政治诉求的人们，也正是这些不断组合变化着的人们对于利益的不同主张，从不同角度凝聚着社会中的不同群体，演化出不同人群之间层出不同的矛盾以及各自对于政治的诉求和期望。在某种程度上，人类社会的种种政治生活的最初架构及其后的诸多演变或许仅仅是这些利益关系变化的衍生物而已。

## 四、政治中的利益分配

戴维·伊斯顿在解读政治与利益的关系时曾指出，政治其实就是对利益的权威性分配。王浦劬主编的《政治学基础》基于此对政治的内涵进行了定义，该书认为所谓政治不过就是人们在一定的经济基础上，围绕着特定的利益，借助于社会公权力来规定和实现特定权利的一种社会关系。[①] 这些概念大致确认了政治范畴内作为公权力主体的政治架构与社会资源的基本关系——强制配置与被强制配置的关系。

按照国内外学者对于政治的这些基本界定我们大致可以运用利益的视角，从政治的高度对社会公正、公平等一系列问题进行全新的解读。而这一解读反过来又会延伸出我们对于政治、社会、经济发展、人文关怀等等一系列新的理解。从政治中利益分配的视角解读当今社会，首先我们必须面对的就是一个公正和公平的问题。

对于公正和公平，正如中国古人所常常提到的“不患寡，患不均”那样，并不是一个总体的财富量的积累问题，也不是个体的比较问题。从某种意义上讲，比起远古社会，当今社会的人们应当算是非常幸福了。古时候，人们没有足够的衣食，没有足够的安全，也没有良好的生存条件，刀耕火种，生存艰难是普遍存在的状况。我们无法设身处地地想象如果我们突然有一天不得不生活在那样的年代，我们将会如何，但有一点是可以确定的：那个时代以群居为特征的人类社会必定也存在着对群体生活所需资源的一个分配状况。这种状况正如同我们今天的国家及其政府对社会公共资源的分配一样带有同样的权力属性，也一样带有同样的政治范畴下原始人群对于利益的朴素的感受。

特别将远古社会提出来与现今世界比较，并不是为了说明一个政治现象的产生，而是为了更加清晰地表达解读利益问题时所应当坚持的基本的政治视角。这样一个议题的提出主要是针对很多人对社会公正与公平问题的“非政治性理解”[②]。通常一些社会问题研究者和思想政治工作者喜欢用一个纵向的视角描述社会的发展或者劝慰一个思想存在矛盾认识的人。这种方法的一般性表述就是“看，我们比过去好得多了”等等。这些纵向的比较或许在社会研究或思想政治教育中有现实价值和意义，但是引起政治问题的根由不在于纵向比较的视角，而在于横向比较

---

① 王浦劬主编：《政治学基础》，北京：北京大学出版社，1995 年版。

② 之所以用“非政治性理解”来描述这一状态，主要是想说明这种理解并非是错误的，而是在强调它的非政治学科属性。

的视角。从而，无论一个社会多么发达，或者财富积累多么丰富，只要其政治权力对财富等公共资源的分配存在不合理或者不公平的客观现象或者主观印象，就会产生政治在利益分配中的矛盾积累问题。

政治在利益分配中的矛盾积累问题包含两重内容，其中之一便是政治本身在权力强制分配利益过程中的不公正和不公平现象。作为一个表面上凌驾于社会之上、实际主要服务于社会既得利益阶级的权力机器，任何国家和政府的政治运作所产生的利益配置过程实际上都是一种不公平的资源配置过程。只不过在这种资源不公平的配置过程中，社会的反馈和反应是相对滞后的，并不会马上显现出非常严重的社会后果。如果一个国家本身存在一种可以缓解这个矛盾的机制，或者某些可以帮助社会矛盾消化的制度，那么这种因为分配而造成的资源不公平配置的政治后果也可以在社会总体的发展过程中被消化和消除。

政治在利益分配中的矛盾积累的第二个层面是与政治权力对社会资源利益配置做出的主观的社会反应有关。这种主观的反应在某种程度上体现着一个社会政治利益分配矛盾积累的程度，但是并不一定与政治权力分配的不公正现象的程度同步出现。有时，政治权力对社会资源的分配处于极度不公平状态，但是这种不公正状态却不一定马上引起整个社会对于政治权力的反思和反抗。也有时或许社会经由长期的发展，社会中所有成员普遍已经得到了社会总体发展的果实，这个时候政治权力不公正配置所造成的利益差异实际上正在逐渐缩小，然而社会整体上对于资源配置不公正的敏感度却急剧上升，并最终酿成针对政治权力的社会冲突与斗争。

正是由于政治权力对于政治利益的权力配置的绝对不公平性是不存在的，而社会对政治权力的社会资源配置的反馈往往又落后于政治配置利益的过程，因此，政治对利益配置的不公正所造成的矛盾性积累往往不易被执政者所察觉、所预见、所防微杜渐。

鉴于政治对利益配置的不公正现象存在社会反馈的滞后性，现代很多国家在推行其政治体制改革时经常将针对此类现象的制度建设视为改革和发展的重点，把防止矛盾积累，尤其是防止改革成功阶段产生的利益矛盾的集聚性爆发视为制度建设的关键。

考察现代政治体制成熟的国家的政治体制，类似预防利益矛盾积累的机制建设主要包括两大部分：一个是对于政治机构内部不公正吸纳社会资源现象的制度性约束（也就是防止腐败的政策）；另一个是针对社会资源不公正配置的矛盾化解机制。对于前者而言，严刑苛法、高薪养廉、以德为先等等均有先例可考。通过中国明朝对于贪官的严刑苛法和明朝腐败之烈几乎为中国古代之首的历史，以及西方政党分肥制度下高薪非但没有养廉却滋生更多腐败等等现象不难发现，尽管各种手段均有其优势，然而单方面的强力与严格并不是治理政府机构权力人员行为的最优选择，完善、细密且符合人性的制度选择才真正具有价值。

美国在运用法律手段增强权力约束方面形成了比较完备的法律体系和组织机构。美国行政官员熟知的《政府道德法案》就是一个比较典型的例证。这个法案的目的是把美国政府打造成一个“公开、诚实、不为利益矛盾所困扰”的政府。然而，美国的做法并不是简单地成立一个政府“道德办公室”，而是把行政官员行为作为规范对象，按照人的自然属性对行政者行为选择背后的利益动机进行规范和引导。在制度的设计上尽可能地排除利益导致行政人员非法、非德行政的诱导性矛盾，而且增加了正向行为的利益诱导。换句话说，就是通过法律的推行让行政人员循规蹈矩就能轻松地获得更多利益，而不是时时刻刻不得不面对违背法律的利益诱惑。这正是长期被视为世界防腐败典范的新加坡高薪养廉制度的基本理念：薪低不足以养廉，与其让官员通过不法途径去谋求自利，不如合法地给其优厚待遇。

高薪养廉是20世纪70年代兴起于西方许多国家的治腐制度。20世纪80年代的美国流传着这样一个典型案例，该案例描述的是一位哈佛大学毕业的政治官员将政府告上法庭的事：一位毕业于哈佛大学就职于政府机构的美国人，认真工作15年后，与他就职于某企业的大学同学相遇，二者详谈阔别多年的经历之后发现，彼此工作业绩类似、职务类似，然而就职于政府的人却比就职于企业的人的薪酬低了将近一半。其后，该政府工作人员将当地有关部门告上法庭。他列举其大学时期成绩优于就职于企业同学；毕业以后两人同时报考国家公职人员，后者名落孙山不得不就职于企业；15年来二者努力程度一样，目前职位级别类似等等证据，并提出提高工资待遇的请求。经庭审，法院裁定政府机构提高当地所有公职人员的待遇，标准不得低于企业同类职级的水平。时过境迁，我们已经无法考证该案例的真伪。但是，案例所表达的对于公职人员待遇的观点仍然值得今天反腐制度探索所借鉴。

当今世界越来越多的发达国家对政府官员的工资、津贴、奖金及退休金制度做了详细的规定，更有甚者还以法律的形式对这些待遇的涨幅加以规定。公职人员的“无过失长期任职”制度也逐渐被各国所认可。诸如此类现象表明，制度对于腐败和制约权力制造利益矛盾的累积是有效的。

在薪酬体制改变进而调整权力与利益配置关系的同时，政治制度成熟的国家对于权力的纵向与横向制约，以及对权力的社会制约也进行了卓有成效的探索。如在西方发达国家，权力机构之间的制约与被制约主要通过两种方式实现：一种是高层级权力对低层级权力的制约；一种是平行权力层级之间的互相制约。前者主要是建立健全议会对政府和官员权力的监督、制约机制，后者主要借助于部门职能之间的制约。

西方国家在权力的社会制约方面主要借助发达的公民意识和媒体，以及制度设计过程中赋予各级官员更具独立性的职权来完成。其中，监察官员或者议员对行政权力者的监督是具有制度性保障的。依照西方权力制度的设计，官员之间的权力制约已经把唯上是从、拉帮结派等现象压缩到最低限度。上级官员通常很难通过个人好恶决定下级官员的职业命运和收入状况。

与反腐制度并向通行的是20世纪80年代西方各国掀起的公共行政改革运动。这一运动的核心是将市场机制引入到公共服务领域，打造企业型政府、公共服务型政府。改革的结果是将很多政府职能市场化，打破了政府垄断公共服务供给的传统局面，公共服务的消费者获得了多元化的公共服务选择权，进而减少了公权力对社会资源不公平配置的机会和可能。

国家的本质和公共行政能力的局限决定了绝对平均公共资源配置的

非常态性。从而，如何在社会群体之间避免利益配置不公平而引起矛盾的积累便成为当代政治与利益关系研究的重要内容。

在公权力逐渐脱离社会个体的情况下，认识公权力与社会利益不公平配置的关系需要理解这样的逻辑过程：人类社会发展到国家阶段，公权力对社会每个个体或者单位群体的关注便不再具有普遍性和真实性；公权力的公正性在国家阶段更主要体现在意识形态层面；当公权力与个体和社会单位的关系不再如人类社会最初建立时那样均衡和公正的时候，政治对于社会利益配置的差异性便显现出来。

从社会实践的角度考察，这种差异在很大程度上或许并不一定与阶级利益的对立有关，也有可能是由政府及其工作人员的能力、责任心等原因造成的。然而，重要的并不是原因，而是结果。因为，作为一种凌驾于社会之上的力量，政治公权力配置社会资源的差异性结果势必造成政治公权力相对于所有社会个体或者社会单位的特殊优势。这种特殊优势是所有社会个体和社会单位赢得利益或者获得超额利益所不得不依赖的对象和可选择的途径。这种所有社会个体和社会单位对政治公权力分配社会资源的依赖反过来则进一步加剧了政治公权力对社会资源配置的特殊优势。

在社会利益无法兼顾客观与主观公平的情况下，政治公权力的优势往往形成一种整个社会围绕政治公权力的相互博弈现象。围绕优势政治公权力的社会个体或者社会单位之间的博弈一方面加强了本已高高在上的政治权力的优势，另一方面则进一步推动了不平衡的社会关系的发展。这一过程则又自然而然地产生出古今中外权力转化为特权，社会个人和社会单位寻求权力保护、权力寻租等等现象。

社会个体和社会单位彼此博弈，寻求权力庇护的现象是人类社会中的个人为了生存且不断发展而产生的。在博弈的过程中，人类社会的个体或者社会单位彼此结合、壮大自己的力量，增加政治公权力的关注度，进而引起政治权力基于社会状况的改变而改变社会资源配置状况——这样的政策调整是一种方式。社会个体或者社会单位在壮大力量的情况下，新兴力量无法通过已有的政治规则影响和改变政治权力对社会资源的配置方式，进而诱发更为激烈的直接改变甚至推翻社会政治权力构成的行为同样是一种企图通过改变政治性质而改变利益规定性的方式——政治动荡和革命。

政治动荡和革命的目的通常都指向政治权力。政治权力与政治反对者的关系决定着一个国家或者政治体系的生存状态。在二战之前，马克思主义在全球大行其道的现实状况表明，阶级社会的政治统治根本无法协调二者之间的矛盾。因而以工人阶级为一方与以资产阶级为另一方的社会对立，乃至冲突、斗争成为人们理解政治权力与利益博弈的常态。二战的血腥和残酷让人们重新理解了社会公平、共同发展、彼此需要等基本道理。二战后资本主义世界推行"民主社会主义"，并且大量施行福利制度和计划经济，弥补了当时资本主义经济盲目的生产扩张所带来的问题。

然而，世界发展到21世纪，很多政治领导人忘记了上世纪人类用数以百万的生命换来的教训。国际社会垄断资本的无情掠夺，国家内部政治权力的腐败与肆意妄为等种种现实使得世界强国和政治公信力再度遭受无情摧残。在权力逐渐褪去权威色彩的社会，种种反对的力量和声音再次在全球蔓延。种种运动与冲突表明，现实世界的政治机器与民众之间的沟通渠道似乎已出现种种障蔽。政治机器已经习惯了高高在上的状态而封闭了关注社会不同民众需求的意愿和能力。政治权力与社会民众的脱节无疑会造成权力集团对于自身权力所应负责任的懈怠。责任的懈怠则自然会在不经意中堕落为腐败，而腐败则意味着灭亡。

## 第三节　政治利益和利益的政治

### 一、政治利益的抽象

相对于政治权力而言，政治利益往往被人们认为是具体的、可以直观体验的。然而，由于政治主体的非具体性，以及利益客体或者政治利益指向的广泛性，政治利益相对于经济学和社会学范畴的类似概念而言又具有特殊的抽象性。正是由于这种抽象特征的存在，政治利益有时往往非常模糊、难以辨析，以至于很多当局者会觉得模棱两可，甚至难以捉摸。

政治利益的抽象与政治主体有关。一般意义上讲，政治的主体具有稳定性、具体性，例如中国共产党、工人阶级、农民阶级，这些都是非常具体的政治主体。按照政治学的一般原理，这些政治主体的利益是具体的、真实的、可界定的，例如工人阶级的利益和资本家的利益是对立的，农民的利益和地主的利益是对立的。然而，当我们从事具体研究的时候，我们却发现很多截然不同的具体案例。在这些案例中，我们发现：工人阶级中的一部分和一部分资本家或许会因为民族大义而共同奋斗；某些农民可能在国家危难的时候与当地的地主共同应对某些危机。在这些鲜活而生动的具体个案面前，原则上、大体上、一般意义上的政治利益追求和观念性的政治利益关系遭到颠覆。其原因正是理论上政治利益具有抽象性的结果。毫无疑问，这种具体与抽象之间的非完全等同关系正是社会科学模糊性的表现。

在政治实际运作的过程中，政治利益是具体的、灵活的、多变的、不恒定的。这种政治利益的特征往往会导致政治利益抽象的扭曲。政治的运作体系不是死板的建筑，而是活灵活现的人的集合体。人的组织在其运作过程中自然处处体现着人的特征。尽管我们在多种政治科学研究巨著中看到，参与政治的人理论上具备普通市民所不具备的品格和优良道德，然而，人毕竟是人，所有的政治参与者身心其实与市井民众没有太本质的差别。后者所具有的缺点，前者必定也有，唯一不同的大概只是程度的差异而已。因此，在实际政治中，政治利益在更大程度上体现着政治精英参与政治过程中对政治利益的理解和认知。这种理解和认知虽然在很多历史时期会带有更多普遍价值，也体现着除了他们之外的更多百姓的利益，然而，横亘在政治精英和百姓之间的利益认同壕沟却依然存在。因为在很多时候，政治精英的人生追求和百姓的追求是不同的，其利益认识与百姓的利益认识同样也是不同的。这也就是很多时候，政治精英以“牺牲小我、实现大我”为意愿采取政治行动，最终却走上了牺牲局部百姓利益，成就自己理想的道路。

政治人物参与政治离不开政治体制的既定格局。与传统西方经典理论所描述的不同，政治体制内部机制的事实是：无论集权体制还是分权体制，政治权力体制内部的制约是始终存在的。这种内部制约机制无论在“三权分立”状态下，还是在皇权集权体制的君臣、臣民之间，都是存在的。在一个高度运转、人员自然流动和体制推动流动频繁、政治与社会相互作用产生众多需求的过程中，不同部门、同一部门不同层次的政治参与者都会因为工作需求、部门需求、个人需求而产生种种与理论上相对稳定的政治利益有别的、具体而生动的利益需求。这些与现实生活密切相关、与具体政治人物融入社会相关、与一个政治体制发展相关的利益对立、利益协调、利益平衡等等都是政治利益抽象的基础，也是隐藏在抽象化的政治利益背后丰富多彩的政治世界。

从另外一个角度考察，政治利益所指对象的复杂性和变异性当然也是政治利益抽象所依托的内容之一。不过，需要强调的是，我们探讨政治利益的抽象问题，并不是要弄清楚有哪些政治利益是具体的，哪些政治利益是抽象的。我们所要阐明的道理在于，政治利益的抽象特征背后所隐藏着的与具体的、丰富多彩的政治利益之间的差距。在一个民智日益开化的时代，政治利益的抽象化本质上应当越来越弱，越来越贴近真实的、具体的、与千差万别的个体相关的政治利益。

## 二、政治利益的具体

按照马克思主义的观点，政治利益其实是一定政治主体由其政治社会地位、经济利益和价值追求所决定的政治需要。这种政治需求是贯穿政治过程的政治行为的始终，通常以政治目的为直接表现，影响政治决策和政治实践。因此，特定社会阶层的经济利益、社会地位、文化认同等等都成了决定政治利益的重要因素。然而，在探讨政治利益具体问题的时候，我们会发现一个非常有趣的现象，那就是政治参与度与政治利益具体化之间的正比关系：政治参与者越多，对政治利益的解读、认知、实现就越具体；相反，政治参与度越低，对政治利益的认知就越模糊、越抽象。

政治参与度是政治利益具体化的前提。政治利益的具体化是附属性政治利益从主体性政治利益剥离的过程。正是这一过程还原了具体政治利益的一般性特征。马克思主义认为，附属性政治利益存在于任何政治体制之中却从未被冠以附属性之名。从远古政治体制产生之初，附属性政治利益就的的确确以其附属性的特征和实质存在于政治体制之中。然而，遗憾的是，这个时候附属性的政治利益并没有如其本来那样被冠以次要之名。相反，在最早的政治体制当中，附属性政治利益就以其特殊的抽象性被冠以最重要的政治利益之名。

对于这一点，恩格斯在其《家庭、私有制和国家的起源》一书中有过精彩的论证。而其论证的核心内容概括起来大致包含这么两个内容：一个是国家的本质不外乎是阶级统治的工具，所有的政治权力实际上掌握在试图将社会秩序控制在有利于统治阶级秩序之下的人的手中；一个是作为国家的统治者，统治阶级并没有明确声明这个凌驾于全社会之上的国家是统治阶级的统治工具，而是宣称它代表全社会的利益，它的存在将为所有社会成员带来好处。恩格斯对于国家的分析对理解附属性政治利益的抽象问题同样有效。这种被自远古以来政治体制一直认定的、所谓的“主体性”政治利益虽然从来没有登过真正政治利益的“大雅之堂”，却自古就被人称道，甚至在一些时候成为千千万万人实现政治理想的精神动力。

真正的主体性政治利益的产生、存在、实现从来都是具体的。它之所以具体，是因为它从来都与政治体制当中最具影响力的政治主导者、大多数的参与者的利益联系在一起。这些具体的，伴随着皇权易位、朝代更迭、党派兴衰的政治利益才是每一个时代、每一个政治事件背后真正的、具有主体性特征的政治利益。正是这个隐藏在这个被称为主体性政治利益实质上仅仅是附属性政治利益背后的政治利益，才是不同时期政治发展、政治体制兴衰的真正动力。

根据马克思主义的观点，附属性政治利益从主体性政治利益剥离的路径有两种：一种是颠覆性的革命运动，一种是改革。人类的历史告诉我们，打破一个旧世界非常容易，但建立一个新世界谈何容易。革命只是政治活动参与者的重新定位，而不是其本身的重新编排。

存在的就是合理的。或许这句话用中国传统文化的语言诠释会更加清楚——万事万物无非因缘和合而产生，因缘和合而维持，因缘和合而变异，因缘和合而消亡。抽象的附属性政治利益从具体的主体性政治利益中被剥离，不再作为主体性政治利益实现的空洞的口号需要一个重要的“因缘”——广泛的政治参与。

政治参与度需要的前提是一个社会中个体对政治规则的普遍理解和

认识，以及在这种情况下对政治活动和政治利益之间关系的深刻认识。换句话说，在现行政治体制下，当更多的人发现即使辛苦工作也无法改变生活窘迫时，当更多的人发现某些人即使无所事事却仍穷奢极欲时，当更多的人发现通过改变社会规则远比在社会既定规则下付出更多辛苦劳动能有效改变生存状态时，当更多的人发现自己的利益被所谓政治精英们的利益所“绑架”时……当全社会参与政治热情已经高涨到政治体制不得不以某种方式接纳它的时候，政治参与度就会增加，而政治利益的具体化过程也会随之增加。与此同时，被抽象了的政治利益也才会被赋予真正的历史使命和实质性价值。

## 三、政治利益从抽象到具体的过程

政治利益的被认知会导致政治利益的具体化和政治利益群体的细化。这里的“政治利益群体”类似于传统政治学常提到的“利益集团”。以“集团”冠名，在某种程度上会显示出其特殊的政治色彩。需要说明的是，成为具有政治特性的利益集团并不是一件容易的事情。就当代政治利益集团最发达的美国而言，没有哪一个政治利益集团背后没有雄厚的人脉资源和资金支持。然而，这样的集团仍是政治权力集中的体现，是集团主要政治利益实现的依托，与更加广泛、曾经被抽象的百姓福祉仍然有一定的距离。从而，利益集团并不是“生来就是政治动物的人（普通人）”的政治利益从抽象到具体的归宿。

政治利益的具体化过程，不仅需要一个政治体制的设计，还需要社会公民到政治活动参与者之间的角色转化。我们不能指望每一个人都能有效地参与到大政治中，因为那样即便在技术上不再是一个难题，在个人意愿和喜好上也会成为问题。我们需要的是人们对自我权利的觉醒和理性。随着信息时代的到来，诸多政治细节的曝光让人们有更多的机会理解他们所处的时代和政治活动，也有更多独立思考后产生的认知和解读。每一个人的不同理解和认识虽然微不足道，然而，一旦这个过程被开启，民智就会潜移默化地改变。这些改变，就是政治利益在未来从抽象到具体，逐渐相对公平地回归社会的最值得期待的理由。

**【思考题】**

1. 政治和利益的关系?
2. 什么是政治利益的抽象?
3. 政治利益从抽象到具体的过程体现了怎样的社会关系的转变?

# 第四章　社会层级与政治矛盾

人类个体之间存在着种种差异。这些差异包括体质、性别、居住区域、生存环境、信仰和生活习惯等等。个体差异的存在注定了不同的人在其生活的社会当中获取资源的能力和程度。只要人与人的差异存在，由人组成的社会中就不可能是一个完全平等的社会。无论在自然状态下，还是在社会状态下，这种差别最终会使社会整体发生变化，并形成若干社会群体。这些社会群体在占有社会资源和享受社会成果方面存在特定的差别。这些在占有社会资源方面具有明显差别性的社会群体实际上就是社会阶层。随着差别的扩大，社会阶层之间对社会资源占有能力差别的拉伸，社会资源和社会成果逐渐向特定群体倾斜，而与此同时，另外一些群体由于种种原因而对社会资源和社会成果的占有和享有能力越来越低，社会阶层的差别最终发展到具有政治意义的阶级差别。社会的分化最终带来不同的利益需求。在政治权力决定利益分配的社会中，利益需求必然衍生出政治需求。因为特定时期的社会利益和可享受成果具有特殊的稳定性，所以不同阶层、不同阶级面对利益分配的时候往往会存在某些矛盾。矛盾需要协调，社会已有的政治体制和机制是协调利益分配、化解矛盾的主要途径。

## 第一节　阶层与阶级

在社会学范畴，阶层（Stratum）与阶级（Class）的概念常常是通用的。尤其是在西方学者眼中，阶层和阶级和接近于同义词。然而，在政治学范畴，阶层和阶级则具有相对清晰的差别。政治学所表述的阶级在很多时候更强调的是它的政治属性。也就是说，当阶级矛盾已经发展到相对紧张的程度时，此时社会阶层之间的差别就被淹没在阶级属性当中了。政治学范畴的阶层，与社会学范畴的阶层差别不大。如果一定要界定一个前提，那么，阶级矛盾相对缓和，社会处于发展和非对抗状态条件下，应当是阶层经常被称道的时候。阶级相对于阶层带有更多的政治色彩，反映着对立、对抗，甚至冲突的政治背景。

## 一、社会分化的基本过程

社会阶层是社会趋向分化状态的第一个阶段。以往的历史证明，任何社会形态内部都会产生社会分层现象。无论其政治制度、经济制度如何设计，所有的社会个体最终都会在其不同的生命阶段进入不同的社会阶层，并在不同的社会阶层享受不一样的物质和精神福利。从现代社会角度考察，就是处于同一个社会，也有于社会当中经济地位、社会地位、支配社会资源能力相近而分别处于有差别状态的不同人群。这些不同的人群在占有和分配社会资源过程中处于不同的地位，拥有不同的权力，收获不同的利益，进而各自拥有不同的对待社会的态度，在社会当中发挥着不同的功能。

阶级是社会阶层进一步分化的结果。根据马克思主义的说法，阶级“就是这样一些大的集团，这些集团在历史上一定社会生产体系中所处的地位不同，对生产资料的关系不同，在社会劳动组织中所起的作用不同，因而领得自己所支配的那份社会财富的方式和多寡也不同”。[①] 在社会阶层已经转化成为社会阶级的社会分化状态中，“所谓阶级，就是这样一些集团，由于他们在一定社会经济结构中所处的地位不同，其中一个集团能够占有另一个集团的劳动”。[②] 以资本主义以来的社会为例，“资产阶级是指占有社会生产资料并使用雇佣劳动的现代资本家阶级。无产阶级是指没有自己的生产资料，因而不得不靠出卖劳动力来维持生活的现代

---

① ［德］马克思、恩格斯著，中共中央马克思恩格斯列宁斯大林著作编译局译：《马克思恩格斯选集》第2卷，北京：人民出版社，1995年版，第32页。

② ［俄］列宁著，中共中央马克思恩格斯列宁斯大林著作编译局译：《列宁选集》第4卷，北京：人民出版社，1995年版，第11页。

雇佣工人阶级”。①

资本主义时代以来，社会阶层和社会阶级分化的主要根源发生了重要变化，其中一个决定性因素就是对资本的占有。随着时代的发展，越来越多的人被资本世界所吞噬。传统的日出而作、日落而息的生活早已不再是安身立命的生活模式，反而变成随时可能被资本吞噬的悲剧情节。与此同时，随着社会的发展，占有资本越来越成为一件非常困难的事情。资本原始积累所需要的机遇、资本运作过程中所需要的知识、资本增值过程中所需要的资本总量和环境等等越来越多的因素介入到资本积累、增值的过程当中。由于不同社会阶层经济与政治地位的差异，一个社会支配资本的能力不再以个人的特质为主要区分的基础，而是以社会阶层的差异性为主要基础。社会阶层的差异性本质上决定着不同人群对物质资本、知识资本、社会资本等等资本因素的占有能力和占有结果。

## 二、社会层级分化的若干理论

按照传统人类学和马克思主义的观点，阶层的兴起大概要追溯到原始社会末期，也就是私有制刚刚产生的时候。私有制的产生使人们之间的能力差距和生产资料的私人占有之间发生了特定的联系。这种特殊的联系使得人们才能的不平等进而导致经济地位和政治地位的不平等，以及社会物质分配的不平衡现象依次出现。阶层正是在这样一种社会分化状态中，由微小的裂痕慢慢演化成差距巨大的阶层和阶级。

### （一）马克思主义关于社会层级分化的观点

马克思主义有关社会层级分化理论主要依据人对经济的占有关系而设立。它以经济作为一种社会性生产资源被不同群体的占有，并以占有结构为基础推导出经济因素与社会结构的内在政治联系，强调了阶级分化的后果：政治性的对立关系。

按照马克思主义的观点，私有制是阶层分化的起点。马克思主义依据摩尔根在《古代社会》中提到的三种继承制论证了社会阶层的产生和

① ［德］马克思、恩格斯著，中共中央马克思恩格斯列宁斯大林著作编译局译：《马克思恩格斯选集》第3卷，北京：人民出版社，1974年版，第527页。

分化。摩尔根认为，人类原始社会末期私有制发展过程中，继承制发展经历了三种方式：第一种是死者遗产归全体氏族所有；第二种归比较近的氏族成员即同宗亲属所有；第三种是归死者的子女所有。正是第三种继承制的形成，使私有制制度下的生产资料差距能够一代代传承下去，因而，继承制的改变对阶层的兴起起到了重要的作用。据此，恩格斯论证了“各个家庭首长之间的财产差别，炸毁了各地迄今一直保存着的旧的共产制家庭公社；同时也炸毁了为这种公社而实行的土地的共同耕作”①，而遗产的继承制的改变又加深和保证了阶级之间的这种差距的观点。

在阶层分化最终形成阶级之后，阶层仍然是存在的。《共产党宣言》指出：“在过去的各个历史时代，我们几乎到处都可以看到社会完全划分为各个不同的等级，看到社会地位分成多种多样的层次……而且几乎在每一个阶级内部又有一些特殊的阶层。”换句话说，阶层在阶级社会最终形成之后依然存在，并且发挥着重要作用。这些并不以生产资料占有方式和对立关系而划分的社会群落分布在资本主义时代之后的两大对立阶级当中，且不完全以阶级对立为唯一属性。无论资产阶级，还是工人阶级，其内部都有各自不同的、丰富多彩的阶层。当然也有一些社会阶层在特殊的情况下，甚至还可能会游离于传统的社会阶级之外，依其特殊的经济、政治利益需求而形成特殊的群体。

根据马克思的《哲学的贫困》一书，社会阶级的形成包含“自在阶级”和“自为阶级”两个阶段。马克思指出：近代工业革命以来的资本主义社会中，“经济条件首先把大批的居民变成工人。资本的统治为这批人创造了同等的地位和共同的利害关系。所以，这批人对资本来说已经形成一个阶级，但还不是自为的阶级。在斗争中，这些人逐渐团结起来，形成一个自为的阶级。他们所维护的利益变成阶级的利益”。②

社会阶级分化和对立逐渐走向自为的过程是社会众多个体的经济利益需要和资源占有状况逐渐形成具有共同的经济地位和利害关系的群体

---

① ［德］恩格斯：《家庭、私有制和国家的起源》，北京：人民出版社，1954 年版。

② ［德］马克思、恩格斯著，中共中央马克思恩格斯列宁斯大林著作编译局译：《马克思恩格斯选集》第 1 卷，北京：人民出版社，1972 年版，第 159 页。

的转化过程。在资本主义社会的发展过程中，社会群体的分化和对立性发展初期主要表现为，资本家掌握大量的生产资料，享有工人创造的大量剩余价值，而大批居民被迫成为工人，不得不靠出卖廉价劳动力赚取收入。

根据马克思的《资本主义社会和前资本主义社会的阶段》所述，社会阶级对立发展的后期，社会中对立的阶级会逐渐清晰各自的共同利益、思想，经历阶级意识的觉醒，并且转化成带有政治色彩的社会行动。这就是资本主义社会中后期，整个社会逐渐形成了无产阶级和资产阶级这两大对立阶级之后的状态。这一时期生产资料、财产和人口的分散状态被迅速改变，资本使人口密集起来，使财产聚集在少数人手中。相对于资产阶级而言，对无产阶级的认可在迅速增长，机器的使用使劳动差别愈来愈小，工资几乎都降到同样低的水平，无产阶级的利益和生活状况也愈来愈趋于一致。阶级对立成为社会层次分化最终的结果。

### （二）马克斯·韦伯阶层理论

在马克斯·韦伯的社会阶层理论当中，阶级与阶层的概念基本上是可以相互替换的。马克斯·韦伯的理论更多强调的是一种多元性的社会阶层分析。

马克斯·韦伯认为，“在一个共同体内部权利分配的现象，就是阶级、等级和政党。”[①] 阶级决定一个人的经济地位，政党决定一个人的政治地位，等级决定一个人的身份地位。在马克斯·韦伯看来，财富、收入等物质资源构成了一个人社会层次属性的经济基础。正是由于不同人占有不同的经济利益、获得财富收入等资源的差别，以及由此带来的消费和生活方式差异，因此才衍生出了不同的社会经济阶层。这些社会阶层基于不同的职业、经济资源、技术差异逐渐趋向不同。

社会阶层形成还需要依据特定的政治资源的考察。在现代社会中，政治资源主要指权力资源。由于现代社会的政治权力是决定社会资源分配的主要源头，因此，它不仅产生法律和社会规范，而且直接掌握某一时期特定资源，尤其是匮乏性资源的分配状况。同一时期，不同社会阶层对社会资源分享能力的差异正是不同社会阶层政治资源基础的差异性

---

① ［德］马克斯·韦伯：《经济与社会》，上海：上海人民出版社，2010年版，第247页。

的典型体现。

社会地位是衡量一个人社会阶层属性的另一标准。一个人的社会地位产生于同一社会的人们相互之间的主观评价和社会认可。这种评价和认可包括个人的身份、受教育程度、生活方式、名誉、声望。社会地位相同的人们具有类似的荣誉和声望。

这三者共同影响，最终形成决定一个人社会阶层归属的因素。

### （三）哈罗德·R. 克博的社会阶层标准

哈罗德·R. 克博继承了马克斯·韦伯的观点制订出划分社会阶层的三大标准：社会职业结构、社会权利结构和社会财产结构。依据这三大结构体系，一个人的职业、权利、财产便成为决定他社会阶层归属的重要判别标准。[①] 按照这些标准，哈罗德·R. 克博以美国为例做研究，并将美国的社会阶层界定为：顶级阶层、社团首长与企业主阶层、中间阶层、劳动者阶层、下层阶层等几大阶层。

### （四）维弗雷多·帕累托的精英循环论

维弗雷多·帕累托对社会分层的观点主要并不在于确立标准和静态分析，而是提出了阶层成员动态流动的理论。帕累托指出，任何社会都存在着与其时代和社会特征相符合的独特的分层结构。分层的存在是一个普遍现象。然而，问题的核心并不在于这些分层结构，而在于不同阶层的成员的位置不是一个静态的状态。社会中的人在社会分层中处于一个流动的状态。确定人们社会阶层归属的基础主要应该是人天生的能力和才干，那些能力卓著的人就是社会精英。从而，尽管不同的人生于不同的社会阶层，但是这些人都会因其自身与生俱来的差异而发生新的变化。下层精英通过暴力或非暴力的方式可以补充和替换上层统治阶层，而上层统治阶层中的平庸者也可能将因其能力不足而下降到下层社会阶层。依据此，人类历史其实不过是精英不断被替代的历史，当一个精英上升时，另一个精英便衰落。一个社会只有能够保证精英循环畅通，才能够保持相对稳定和发展。

### （五）功能主义的社会分层理论

功能主义的社会分层理论主要强调职业差别。相关理论认为，在现

---

① ［美］哈罗德·R. 克博著，蒋超等译：《社会分层与不平等：历史、比较、全球视角下的阶级冲突》，上海：上海人民出版社，美国：麦格劳·希尔教育（亚洲）出版公司。

代工业社会中，由声望、经济和政治权力与权威所组成的等级秩序都与职业结构有关。职业是决定阶层占有经济资源、获得社会声望、利用政治权力的首要因素。因此职业可以作为判断社会阶层的独立性指标。

功能主义的代表是法国社会学家涂尔干和美国的丹尼尔·贝尔。涂尔干认为，社会阶层的形成与社会分工有关。按照涂尔干的理解，在一个社会体系中，人们因为不同的才能、知识、智力、技术水平而担负不同的工作。在理想化状态下，最有才能的人要去担负最重要的工作，而弱者则承担较次要的工作。由于这些工作之间的差别，以及某些工作比另一些工作更为重要的状况，因此不同的工作意味着不同的社会功能和相应的社会地位。涂尔干以医生、律师、司机和厨师为例，对他的观点进行了论证。他指出，一般而言医生、律师要比司机、厨师更为重要。因为医生和律师需要有专业才能和技术的人来承担。司机和厨师虽然也需要相应的专业技能，但是相比医生和律师来说，其所需的专业技能相对更容易获取。此外，因为这些特殊才能的人服务对象比后者更加广泛，因而，社会回报理应向他们倾斜。从而，处在上层的医生和律师可以获得更多收入、更大的声望，这是不可避免的社会现象。一个人的职业地位越高，收入越高，声望越大，他的阶层地位就越高。这也就是涂尔干在其《社会分工论》中所论证的："在任何社会中总有某些工作被视为比其他工作更重要。因此，社会上由贫至富的分层体系实际上反映了社会对不同阶层群体之社会地位的重要性的规定。"①

丹尼尔·贝尔是现代功能主义的代表。他对于社会阶层的理解与涂尔干类似，又有所差别。他指出，随着技术的发展和社会进步，现代社会内部的人们社会地位变化速度太快，以至于越来越难以形成较为稳定的社会集团，所以职业对社会阶层地位的影响越来越大，越来越具有决定性意义。②

就现代社会而言，职业地位是由人们基于自身所获得的教育、知识、技能等资源积累的结果。因而，尽管功能主义在职业高低划分上的标准

---

① ［法］涂尔干著，渠东译：《社会分工论》，北京：生活·读书·新知三联书店，2000年版。

② ［美］丹尼尔·贝尔著，高铦等译：《后工业社会的来临：对社会预测的一项探索》，北京：新华出版社，1997年版，第23页。

过于简单化，也有高级厨师和实习律师之间差距的诟病，然而，我们不得不承认，这种功能主义分析社会阶层的观点提供了超越经济、政治、社会地位传统分析方法的思路。我们甚至也可以在同一职业的内部竞争和社会升迁中找到技术、知识等更容易为普通社会个体所掌控的改变社会生活方式的手段。从这个意义上说，现代社会似乎更容易实现不同社会层次之间的阶层跨越。

## 三、等级制度与社会分层

除了现代意义的社会阶层关系，人类历史上曾经长期存在的等级制度也是社会层次性分化的一种历史现象。虽然这种历史上存在过的等级制度并不再完整地被保留或者存在于当代社会，然而，这种曾经通过法律形式规定的社会等级和不同等级享有特权的方式却保留了理解当代社会阶层种种问题和寻找现代社会进步途径的钥匙。

### （一）古罗马时期的等级制度

古罗马的等级制度包含阶级和阶层两个方面。就阶级而言，古罗马包括奴隶主和奴隶两个阶级。前者是古罗马有产者，后者是战争俘虏和其他一些被卖为奴的人。就阶层而言，古罗马的公民则被分为贵族、市民两个阶层。通常而言，古罗马的社会分层主要按照财富的多寡和政治地位的高低来决定。从经济和政治关系的角度，古罗马高度富有并且掌握社会权力的阶层归属于贵族（patrician）和长老（elder）等，贵族和长老阶层之外，则是贫民阶层（plebeian）。

古罗马社会的等级制度决定了其社会资源分配、对外与对内政策决定权的归属，以及社会发展过程中政治参与的可能性。在古罗马社会阶层等级相对固定的时代，阶层之间的跨越是一个非常困难的事情。很多人认为，这也正是古罗马之所以最终分裂、腐败、瓦解的一个重要原因。过分固定的社会阶层和社会阶层身份的世袭是社会等级制度的最大弊病。

### （二）古印度的种姓等级制度

古印度的种姓制度由来已久。一般说来，古代印度社会的种姓制度是按照宗教的说法，经由政治上的确认和社会大众的普遍认可而形成的一种制度。这种制度将印度人分为四个不同等级：婆罗门、刹帝利、吠舍和首陀罗。

婆罗门种姓主要是从事宗教研究和活动的人。这些人掌握着印度的文化传承和宗教祭祀等精神领域的绝大多数活动，是印度种姓制度中的最高等级。婆罗门种姓的人不仅社会地位高，而且拥有相对于其他种姓的社会、经济与政治特权。

刹帝利是印度的第二种姓。这一种姓通常由印度掌握政治权力的人构成，包括国王、贵族、政治统治体系的官吏，以及拥有权力并以军事活动为主要工作的军事领导人。这些人在非精神领域实际控制着印度的整个社会，掌握着行政、司法大权，享受着富足的物质生活。

吠舍是印度的第三种姓。这一种姓的人主要是印度社会中的商人、经济条件较好的市民和其他一些有产者。他们从事经贸活动、经营农田、手工业等，过着相对稳定和自由的生活。这一阶层是印度的中下阶层。经济生活可以自给，政治上只要遵循法律制度一般也可以拥有自在的生活。但是，他们需要承担国家的赋税，他们的劳动和税款是支撑国家机器运转的重要经济来源、社会基础。

首陀罗则主要是指那些失去土地的农民和战争过程中被征服的异族人。在印度，这些人主要从事其他人不愿意承担的各种工作，如城市的清洁或苦力等等。他们社会地位低下，被视为“不可接触者”或“贱民”，生活境遇与奴隶差不多，而且被整个社会所鄙视。

古印度的等级制度相当严格。种姓之间不能通婚，甚至不能共食、并坐。权力种姓和下层种姓之间尤其如此。此外，种姓制度还体现在种姓之间不平等的社会、政治、法律地位上。其中，最为典型的就是有关高种姓人与低种姓人发生冲突以及违背种姓制度的相关法律。这些法律规定，印度低种姓人如果用身体某部位对较高种姓人造成伤害，必须斩断低种姓人对别人造成伤害的那部分身体。低种姓人辱骂高种姓人，轻者课以重罚，重者处以酷刑。高种姓的人如果杀死了一个首陀罗，则用牲畜抵偿即可。高种姓的人与低种姓的人，特别是与首陀罗通婚，则可以处以死刑。印度的种姓制度在印度脱离英国殖民地身份独立之后被以法律的形式废除。

古印度是社会阶层分层发展过程中的一个特例。这一案例中的种种现象表明，阶层的分化和存在一旦进入到社会文化层面被广大社会人群所认同，并成为一种类似信仰的东西，对社会的影响便是巨大的。然而，这种巨大的影响并不一定都是可以达到稳定社会的效果。相反，如果它在社会进步的过程中不做相应的自我调整，在社会信息日益发达、全球化时代世界文化相互影响的条件下，它在某种程度上更容易使矛盾深层次积累。

**（三）古代社会等级制度实质**

古代社会等级制度有三个特点：一是社会阶层、等级经由国家机器认可，并加以制度化和法律化；二是用带有宗教色彩的理由为社会阶层存在提供合理化说明；三是所有的等级制度所维护的都是掌握国家机器阶层人群的利益，同时要求与他们利益对立的阶层接受现有的秩序。因此，无论是现代社会，还是古代社会，社会阶层的存在无疑都意味着同一个国家和社会的人们在社会资源分配过程中的不平等状况。

## 第二节　阶层分化与社会矛盾的积累

社会学意义上阶层是社会发展过程中，社会中的个体由彼此平等向不平等发展的阶级性产物。当社会不能够及时地通过公平机制实现社会的相对平等时，不平等状态无疑将持续加剧，最终高强度地分解每一个阶层，将社会阶层的分化推向彼此鸿沟更加巨大的、带有政治色彩的阶级分化阶段。

### 一、阶层分化与社会矛盾的产生

物质前提是人生存、繁衍的基础。人之为人会产生本能的欲求。这些本能的欲求既带来了人类社会持续发展的动力，也带来了人与人之间的物质与精神差别。根据人的需求和社会进步的基本理论，社会分层起初仅仅是一个经济现象。这一现象所表现的主要是不同的人对财富的占有，以及进一步获取财富的能力差别。在这个层次上，社会的分化基本属于经济范畴。

人类社会分层上升到政治的高度是发展到国家阶段之后的事情。国家之所以能够把人类社会分层问题抬升到政治高度，主要原因在于国家确立了以强制力维护的国家秩序。按照马克思主义观点和众多现实分析结论，国家秩序无论何时都不可能是维护全社会所有人以利益均沾的方式享受国家资源的秩序。这种秩序因其政治统治的本质，以及人类社会个体之间本身的差别而只能使其中部分人获得更多利益，而另外部分人享有相对少的利益。诚然，国家统治下的社会群体并不是固定的，不同社会群体之间的流动性依然存在。就如“铁打的营盘，流水的兵”所形容的，社会群体和层次之间的人员流动是常态。

马克思主义国家理论的起点是家庭。之所以以家庭为起点研究国家现象，是因为家庭是现代社会的基本单元。作为最具凝聚力的社会利益共同体，家庭的凝聚力在绝大多数情况下都远远超过比它更加具有影响力的党团、集团等显性的政治单元。因此探究社会分层之后社会矛盾发展的起点同样是家庭。

家庭对社会矛盾积聚、变化、变异、爆发的影响是最根本的。从古至今，人类社会的统治阶级都具有基本类似的特征，而被统治阶级也相差无几。导致人类社会并没有因为几千年纷争而自我毁灭的本质原因在于家庭的共同利益特征以及在人类社会阶层分化过程中人在不同时间、不同阶层中正常流转。这种流转正如“精英循环论”所描述的那样，一些人在某些时候上升，另一些人则在某些时候下降。

然而，需要说明的是，在社会阶层外部和内部变迁过程中，社会矛盾并不是因为阶层之间的妥协而被消耗、化解，真正消耗、化解着社会矛盾的真实动力其实是家庭。西方近代以来的社会制度更多强调“自由”。“自由”的结果使家庭成员之间的关系松散。子女的荣光与父母无关，父母虽然尽力培养子女，但是却更加注重自己的成就。对子女的期许，在西方社会没有在中国那么普遍。因而，社会阶层之间的差别在同一代人身上便会显得更加重要。

在所有社会阶层分化的典型案例中，印度的种姓制度是一个极其特殊的案例。这一案例的特殊性在于印度历史上种姓之间并没有发生过重大的冲突。其原因或许可以通过印度的种姓制度中特有的文化和信仰来解释。在现实生活可以维持的情况下，来世的希望成功地消除了人们对现世痛苦的关注，以及对于由此而来的矛盾的忽略。在梦想的来世可以解脱今生的等待当中，社会矛盾虽然存在，但是仍然能够被人们用自我的智慧所消化。尽管大多数唯物主义者对此不以为然，但是不得不承认，这种精神层面的自我的改造却给一个不以公平为终极目标的国家政治权力的稳定和发展带来了福音。

世界万物都有从出生、发展、变异到消亡的过程。既然这是宇宙的规律，那么任何人类社会和它的制度也同样具有这样的特性。古今中外，无数王朝的更迭、贫苦大众的起义、政治冲突，甚至军事行动无一例外地证明了国家政治有机体变异和腐败的事实。这种变异不仅仅表现为对外的无能，更多情况下则是社会阶层变迁和流动的途径被堵塞。此时，当社会阶层从长期稳定走向相对静止时，是下层百姓希望趋向破灭的过程，也是他们面对现实的痛苦无法找到寄托的过程。这一过程发展到极致的时候，当苦难逐渐并最终彻底摧毁个体和家庭所有希望的时候，以阶层之间的差别为焦点的社会矛盾便会产生并迅速积聚起来。

## 二、阶层分化与社会矛盾

社会学意义的阶层分化最终成为政治学的议题不在于学科分类和理论研究范围的拓展，而在于社会阶层的演化最终引申出阶层与权利、利益及权力这三大政治学范畴的联系。一般来说，人世间的绝对公平是不存在的。因为人是千差万别的，所以人类社会在特定的范围内形成不同的、有差别的层次也是理所当然的。

然而，阶层分化问题从社会学到政治学的转变并不是因为人的千差万别，而是特定范围和特定时期社会阶层的固化阻止了千差万别的人通过自身优势实现自己的价值和人生理想。从本质上说，任何社会阶层之间的流动都是需要付出成本的。一个人或者一个家庭实现阶层跨越的途径越畅通，阶层跨越所需付出的成本就相应越少，相反，就会越多。直到处于下层社会阶层的人无论如何努力都无法通过社会现有的一般规则实现阶层跨越的时候，社会的矛盾就会逐渐积聚。

人类社会的政治首先是一个国家范围内的现象。这种发生在一个国家内部的社会现象就是政治现象。就社会阶层和阶级的问题而言，阶层之间的矛盾上升到政治高度有一个重要的前提，就是以国家为边界的阶层演变范围。当一个国家中生活的人们从人人平等的理想状态逐渐恶化的时候，人们之间的关系由于特权、家庭财富和政治地位继承等等原因趋于僵化而无法改变的时候，社会中每一个人在这一社会中所获得的实际权利和他们最终从国家体制之中得到的现实利益便发生了特殊的差别。由于国家的范围是被界定的，在国家物质提供能力无法不断增长时，这些阶层之间的差别和阶层的固化就成了社会矛盾逐渐积累的起点。

在国家范围内，社会阶层之间的矛盾聚集集中体现在社会发展的停止和静止之时。当一个社会不再进步，经济发展趋于停滞，社会财富总量的变化趋于停止，社会每一个阶层的人对他所处在的那个社会的最后期待聚焦于这个社会范围内的已有财富时，阶层之间的差别、阶层差别所隐含的权利差别将最终引发人们对于特权的集中反对，以及阶层权利与利益差别的高度心理叛逆。这种以阶层差别为关注焦点的高度心理叛逆便构成了特定时期一个国家阶层矛盾迅速飙升的物质和心理因素。

经济是政治的基础。人类的生存离不开经济活动。经济活动使人的生存得以延续和发展。这种能够维持人类生存的经济活动带来了社会阶层稳定存在的机会和条件。社会阶层不是一个抽象化的概念。从本质上说，任何阶层的人都有改变自己境遇以达到更好状态的理想和冲动。然而，人类的心理特质表明，这种心理冲动具体到个人的时候，又有所不同。因为不同的人对自身境遇的改变的心理预期是不同的。而这种改变的基础则往往是他所生活的现实环境。换句话说，并不是每一个人都有机会将功成名就、富可敌国、权倾天下等等作为自己现实奋斗的目标。对绝大多数人而言，这些目标只是生命中可以偶尔想想的奢侈心理而已。因此，阶层矛盾和阶层矛盾的积累并不是从阶层之间的差别开始的，而是从具体的人能否通过正常的努力改善自己的境遇那一刻开始的。

有人认为，发展是一个以经济内涵为主的概念，公平是一个以社会和政治内涵为主的概念。不论以哪一个内涵为主，社会阶层之间的矛盾其实正潜藏在发展和公平之中。对于任何社会而言，发展和公平的绝对兼顾都是一种相对理想的状态。但是，发展的时候更多人不太关注公平，因为每个人都在进步，每个人都在比昨天好，这个时候人们更多关注的是纵向的比较。当每个人都能在发展的大潮中找到自己比昨天好的理由和客观事实时，社会阶层之间差别的被关注度就会趋于下降，甚至在某一阶段被绝大多数人所忽略。从而，发展在某种程度上可以消化、遏制，或者削弱阶层矛盾。

发展不是一个亘古不变的社会轨迹。由于经济规律使然，任何国家都难以通过精明的经济和金融手段使国家保持长盛不衰的发展。经济发展的周期性波动使发展和公平之间的问题不断交替出现。当一个国家经济发展不再能够给所有人的生活境遇带来改变时，社会阶层之间的公平问题便逐渐成为社会各界所关注的现象。随着经济发展的决策力和机缘暂时缺失状况的延续，社会公平的问题便逐渐凸显出来，成为人们新的关注对象。这就是为什么很多国家在经济发展进入一定阶段之后不得不面对社会矛盾的主要原因。从而，经济发展周期和社会、政治发展周期两者的波动规律间的内在联系，以及彼此之间的时间间隔便成为一个国家经济、社会和政治长期稳定发展的重要参照系。

发展可以在一定程度上消除社会矛盾。然而，社会矛盾相对于发展并非不重要，因为在发展自身的周期性规律中，公平问题总会不断地出现，并引起人们的关注。此外，经济发展依托的国际国内条件所能够提供的推动经济发展的因素越来越难以获得，从而，如果一个国家在发展的过程中不能恰当地关注并改善社会公平问题，那么社会公平问题的积累将最终突破人们内心对社会阶层巨大差距的现实承受能力。而这则是社会阶层分化的最大隐患。

自殖民主义在16世纪逐渐吞噬全球以来，世界已被资本垄断。时至今日，全球化大行其道，彻底打破了传统社会依靠自身发展而求得社会中个体发展和社会公平的相对封闭的环境。这包含着两个不同层次。在第一个层次当中，世界强国将本国的经济与其他国家的经济体系相连接，构成区域性或者世界性的市场。这种市场的建构以世界强国为主。世界强国是整个跨国际市场运行规则的制定者和主导者。资本、物质在整个世界性的大市场中循环流动。由于世界强国掌握了规则的运作，因此它就有机会从大市场的运作当中获得更多的利益。这种世界利益主要向世界强国流动的现实在很大程度上能够为世界强国国内的发展带来更多机遇，并且创造更多消除公平问题的条件。在第二个层次当中，后进的国家由于规则的不公平性，在发展的过程中往往丧失更多的利益。其发展非但没有达到改变社会成员物质条件的目的，反而造成了更多的困境。这些困境在更大程度上激化了原有的社会公平问题。这就是在殖民主义盛行年代，殖民地不断涌现反对当地政府的斗争，及不断反抗殖民宗主国的原因。

第二次世界大战之后，世界殖民体系被新的世界市场体系所替代。以西方国际市场体系为例，市场原则和相对公平的市场交易规则为各国的发展带来了机遇。然而，这种机遇在资本垄断能力、军事强权控制国际战略资源、高科技产品牵引世界市场的条件下仍然保持了世界财富向强国积聚的惯性。在这种情形之下，发达国家在已有政治制度的基础上一定程度地解决了公平问题，而一些发展中国家则因为过度关注发展问题而在不同程度上延缓了公平问题的解决。

发展在一定程度上可以消除社会阶层的矛盾。将发展置于全球范围内考虑有利于弥补国内市场空间和容量的局限，进而获得更多的发展条件。然而，所有这一切都只能延缓社会阶层之间的公平问题尖锐化，而不能消灭公平问题本身。公平问题依然会随着社会经济发展的周期性规律而不断出现。

## 三、社会矛盾的积聚

由于发展的周期性特征与社会公平问题的周期性回归，社会矛盾并不能因为社会发展而消失。相反，随着社会经济发展进入低谷，社会阶层之间的差别在经济发展迟滞的情况下倍加凸显，公平问题又会随之而成为下一个经济发展周期到来之前的社会焦点。这种发展之后的社会、政治问题便成为社会矛盾不断积聚的原因。

一般而言，这种矛盾可以通过下一个经济发展周期的到来而得到有效舒缓。但是不得不澄清的是，由于现代世界市场条件下的经济周期与近代世界市场形成之前以国家市场为基础的经济发展周期截然不同，每一个国家的经济发展都与整个世界的经济发展有着千丝万缕的联系，因此作为个体的国家的经济发展的自主性、独立性是受到特定局限的。换句话说，当一个国家处于国际政治斗争的前沿阵地的时候，它的发展是与整个世界体系对它的经济环境和政治态度有直接关系的。经济发展周期的上升阶段除了国家自身的努力之外，还备受世界强国所主导的世界市场规则的制约。因此，发展并不是一劳永逸解决社会公平的方法，也不能彻底根除社会公平。在当今世界国家对于发展自主性、主观能动性日益受到制约的情况下，在社会公平问题极易被世界竞争对手操控的时候，一个国家在发展过程中妥善处理发展与公平的关系便成为战略决策的必要之举。

## 第三节　政治对立与政治冲突

社会分化过程中公平问题的长期积聚最终会让利益分配成为社会矛盾的焦点。由于利益分配的前提是不同阶层、不同权利彼此适应的结果，因此决定权利的政治权力便有可能逐渐成为全社会公平问题最终的矛头指向。当社会发展难以缓解社会公平问题时，当社会矛盾已经将人与人之间权利的差别上升到矛盾焦点高度时，社会矛盾便只能经由政治的方式来解决。因为只有政治的方式才能够重新配置权利，而只有重新配置了权利，社会的公平才能够得以体现。

当社会矛盾在经济发展和社会公平之间找不到适当的释放途径时，社会公平问题就会相对于社会经济的发展问题而倍显突出。社会公平问题的凸显是社会矛盾集聚、积累并最终爆发的诱因。当社会矛盾凸显，社会公平问题被社会广泛关注的时候，经由经济发展而消化社会矛盾的政策范围将积聚收缩，甚至即便是行之有效的经济发展和刺激政策也都很难在短时期内扭转人们因对社会公平问题的积怨而产生的社会矛盾持续紧张的趋向。

社会矛盾积聚到最终临界点的过程往往蕴含了多次社会发展和社会公平之间的阶段性磨合。这种阶段性磨合在很大程度上缓解了矛盾，但是如果社会公平问题没有得到根除，那么社会矛盾的隐患便一直隐藏、潜伏。这种隐藏和潜伏虽然在一定阶段使问题得以消化，但是它却蕴藏着另外一个危机，那就是社会公平中的失意者在经由发展的不公平之后会在更高的基准上提出他们对社会公平的要求。换句话说，一次次被发展消除了的社会矛盾不是在发展的过程中被削弱，也不是在发展的过程中被彻底遗忘，而是处于一种持续发展的状态，在将来某个时刻以某种更高的期待重新回归。这就是社会矛盾发展的过程，也正是我们为什么在改革之初即提出了兼顾发展与公平的战略方针的原因。

社会矛盾的存在和发展阶段是政治对立的初级阶段。这一阶段的所有问题仍然处于经过社会协调就可以实现社会公平的阶段。就社会协调而言，在改革和发展的过程中重新改造社会矛盾消除机制，建立新的社会辅助救济机制，打破因制度因素和某些合理因素所造成的社会资源垄断状况，形成更加灵活的竞争和优胜劣汰机制，完善社会下层人民生活品质再造体系，让社会上下阶层之间按照能力、品格、德行等等标准形成新的循环往复的有效或者部分有效的机制，使社会矛盾在不断增加的社会公平回归体系之中得以改善、消化和消除就成为最重要的工作内容。

面对社会矛盾的积累和发展，各种措施的采取是非常必要的。而一旦这些措施的出台相对滞后，力度疲软，效果不彰，则社会矛盾就会继续潜伏，并非常可能在社会面临改革困境的时候突然迸发，形成社会矛盾向政治矛盾的质变，甚至引起社会动荡和政治危机。

从严格意义上讲，社会矛盾向政治对立的转化并不是一件容易发生的事情。这种转化需要若干前提，其中一个就是经济发展的迟滞。当一个国家的经济发展迟滞，经济总量恒定不动时，社会资源的总量分配就陷入了从“做大蛋糕，人人有增长”的最优形态向“人人只能通过改变切分蛋糕的方式改变自己命运”的悲观状态滑落。然而，可悲的是，在后者状态已经到来的时候，社会矛盾所关注的社会公平机制并没有建立健全，反而原来导致社会矛盾的所有不公平机制可能依然发挥着作用。这种情况下，社会矛盾便在社会资源垄断者依其惯性的政策思维而推行的“分蛋糕”方式中迅速积聚，并最终走向爆发。

社会矛盾的爆发会迅速上升到政治高度。一旦社会矛盾累积性爆发，那么社会矛盾的焦点便会直指导致社会不公平现象的政治权力。因为政治权力决定着社会利益的分配及其配给。当社会资源及其分配和配给所造成的不公平需要改变时，也只有重新回溯到导致这一切的源头——政治。从而，政治将成为社会矛盾的最终承担者。

一旦政治权力进入社会矛盾千夫所指的境地，政治对立便在一个国家实质性地形成了。这种政治对立的产生、发展，以及最终的解决则已经不再是一个社会学范畴所能够解决的问题了。一旦政治对立产生，政治矛盾的矛头可能指向某个独裁者，也可能指向某个维持原社会稳定发展的体制。无论前者，还是后者，其后果都意味着矛盾对立双方的矛盾不可妥协性，以及政治冲突难以预测的烈度。因为推翻独裁者的运动往往意味着推翻一个以独裁方式统治国家的统治集团，而推翻一个体制或者一个机制的运动则往往不仅仅指向具体的人，还包括一个国家机器的组成和运作方式。对于前者或者后者而言，这都会意味着社会动荡，以及很可能诱发的长期政治冲突。鉴于寻求社会公平的人在发起运动之初最主要的、最根本的政治目标往往是改变自身的不公平状态，而不是建立一个更加和谐、稳定、公平的社会，因此，一旦政治运动成功，无论是政治统治集团换人，还是政治体系重建都会衍生出种种不可预测的问题。这些问题不仅包括政治运动的初衷难以实现，还导致社会动荡持续，原本可以预期的经济发展周期被无限延长，社会公平问题愈演愈烈，以及原来的被支持者成为新的矛盾对象等等。

由此可知，或许社会矛盾和社会不公平状态经由动荡在人们情绪中得以舒缓，或许旧的问题不再有意义，然而新问题依然层出不穷，人们的生存、生活问题依然没有解决。一旦一个旧的家园被打破，千疮百孔的家园需要再建设的时候，矛盾依然萦绕心头并不是一件好事。遗憾的是，纷争和政治对立过程中形成的社会氛围已经不再能够让人们轻易地重新回到合作、协商的状态。

政治冲突是为了解决统治集团对社会公平问题的长期不作为。人类政治冲突的历史表明，政治冲突所带来的往往并不是一个可以直接解决问题的结果。

**【思考题】**

1. 阶层与阶级的区别和联系?
2. 维弗雷多·帕累托的“精英循环论”表达了什么样的思想?
3. 古代社会等级制度的本质是什么?
4. 从社会矛盾到政治冲突经历了哪些过程?

# 第五章　自由、权利与民主政体

民主是近代以来政治体制中最核心的一个概念。这一概念的提出和实施最终奠定了现代政治文明的基础。无论中国还是西方国家，尽管实践机制有所不同，但是民主都是政治所追求和预期实现的一个目标。从本质上讲，民主的优势在于能够通过特定的制度相对容易地贯通整个社会，使得社会矛盾更容易被政治统治体制所发现、关注、了解、对待和解决。民主体制的优越性只在于此，但这却是民主体制通行于当今世界的重要原因。

## 第一节　自由的基本内涵

提到自由，很多人很容易联想起自由主义。其实自由和自由主义之间是存在很大差别的。就人类社会本身而言，自由是每一位社会成员的追求，因为没有一个人愿意被束缚着过日子。然而，人类社会之所以能够维系到今天，并日益壮大，其根本原因不在于人们如何向往自由，而在于人与人之间的规则。规则限定了自由，却同时保护了权利。这是人类社会自由的本质。

### 一、自由的两个含义

自由，在东西方语境中的表达类似，又有所不同。在东方语境中，自由就是自己做主，体现了更多的主观色彩。在西方语境中，自由更接近于没有限制，体现的是客观环境。东西文化的差异对自由的近似解释体现了同一事物在不同时间和空间的区别和联系。其内在的联系表达了东西方社会对理想生存状态的共同追求，其区别则体现了二者最终实现这一理想的手段差异。



通常认为，古希腊和古罗马是西方自由思想的源泉。自由即解放，这是古希腊人对自由的直观理解。按照古希腊学者的总结，自由的对立面有两个：一个是专制，一个是奴役。其所谓自由就是摆脱专制和奴役。换言之，自由是政治层面没有专制，生存层面没有奴役的生活状态。这种状态下，人的生存没有外来的特别压力。这种没有外来压力的生活状态也就可以理解为“自由”了。对于这种生活状态的描述，古希腊人一如其城邦生活那样，不是没有条件的，自由的条件便是作为希腊城邦的居民要拥有经济自主能力，并且能够参与城邦事务。经济基础和参与政治的权利构成希腊居民自由的基本范式。

与古希腊类似，古罗马时期政治学所界定的自由也与人和环境的关系有直接联系。因为古罗马的奴隶制度非常发达，所以他们的自由更强调与这一制度的相关性。古罗马人把与政治权力压力下的被动感受和被支配状态相反的状态称为自由。在古罗马人眼中，罗马的法律制度是丰富而行之有效的。只要遵从了这些制度和法律，人就可以自主地选择自己的生活。因而，古罗马人在更多时候也把自由与尊重社会规范联系在一起，认为自由是一种遵循法律，以及遵循法律之后所能够获得的生活状态。

欧洲中世纪时，古希腊和古罗马文明的辉煌淡出了人们的视野。经院哲学、神学统治着欧洲大部分的地区。然而，正是在这种沉寂的状态下酝酿了新的思想。政治权力状态、个人生存环境的压抑换来了人们对个人价值、个人自由更多的期待和渴望。清教运动和马丁·路德的宗教改革重新让人们找到了个人与神之间的直接联系。这种联系在很大程度上在精神上让个体的人摆脱了体制的束缚，也让个体的人找到了从另一角度理解自身与社会关系的途径。当个人相对于整体的价值被凸现出来的时候，一种人与建立制度和体制的政治权力之间的新兴关系其实也就得到了酝酿。

严格意义上讲，西方当代自由思想源自宗教统治权力的崩溃。

16世纪初，马丁·路德发动的宗教改革粉碎了欧洲中世纪的宗教统一，削弱了教会的势力。宗教改革运动的结果是建起了人与上帝之间的桥梁和人可以通过自己的信仰而不是教会的认可获得救赎的理论依据。宗教改革的意义超越了宗教本身。它在打破教会对宗教垄断的同时，也创造了一个人在精神层面的重要释放。正是这一释放促成了个人价值在近代的发展。

清教运动源自英国，却发扬了路德宗教改革的精神。清教徒们对于路德所谓个人良心神圣不可侵犯性概念的实践成就了后来财产私有权和契约等法律概念中的个人意志的神圣不可侵犯性。他们公开表示不服从英国法律的抵制运动的社会后果，在本质上也超越了宗教的范畴而成为后来界定公民和国家之间关系，以及国家对公民财产、言论、集会结社等权利提供法律保障等的重要依据。

近代西方对于自由的诠释承袭了古罗马和古希腊的思想，以及清教运动期间的自由观念。到17世纪和18世纪的时候，以霍布斯和洛克为代表，在近代政治思想萌芽的过程中，提出了更加清楚的自由及与自由有关的相关政治观念。

霍布斯在其论著《利维坦，或教会国家和市民国家的实质、形式和权力》一书中对自由的描述包含两个部分：第一部分是人作为人，在纯粹的自然状态下的生存状态；第二部分是人在进入国家和政治状态后的自由状态。在霍布斯的描述中，这两种状态是这样的：

在自然状态下，人因为没有外界的约束，所以每个人都基于自己的生存本能而对外界发出自己的需求和行为。在自然状态下的人不但拥有自然地需求世界上每样东西的权力，也有获取每样东西的权力。这种状态就是人所生存经历的自然状态，而自然状态中的这种理想化的人的主观能动的自在便是自由。

然而，世界并非人们所期待的那样美好。人的欲求和人所生存的环境之间的对立是人无法充分发挥其自由需求的限制条件。作为一个物质并非极大丰富的世界中的人，所面对的是所有人的无限欲求和世界所能提供的有限的物质条件之间的巨大反差。正是这种反差使得人们不得不面对争夺和残酷的人际关系。因为自然状态下的人有权利、有欲求，也有权利为之行动，所以人也就拥有了为实现自己欲求而对他人发起进攻的权利。当这种权利适用所有人的时候，人类社会便出现了所有人对所有人发动战争的权利。战争充斥人类生存环境的时候，人的生存状态是悲惨的。霍布斯将这种自然状态下的人生描述为：孤独、贫穷、龌龊、粗暴又短命……

在霍布斯看来，在人类的自然状态下，有一些人可能比别人更强壮或更聪明，但没有一个会强壮或聪明到可以在无处不是战争的环境中轻松地生存下去，也没有人能够不怕暴力和死亡。当自然状态中的人面对死亡和生命的威胁时，人类最自然的本能便凸现出来——尽一切可能保护自己。这种人类最自然的本能衍生出了新的生存动力。这种动力就是摆脱战争和结束战争的冲动。尽管这种使人们倾向于和平的动力并不是高尚的道德，而是怕死和对舒适生活的期盼，然而，这种动力最终形成了一个新的东西——国家。

国家就是人们自然状态终结点，是人类社会从战争向和平的转折。国家不是凭空产生的，它来自一个特殊的契约。这个契约是每个人都将除了免于一死的权力之外的所有的自然权力交付给一个公认的威权，让它来维持内部和平与外部防御的功能。于是，国家被赋予了法律的能力以确保契约的执行。国家在防止人对人的攻击以及保持国家的有序问题上拥有特殊的权威。国家的权威给每个人带来了和平，也带来了新的秩序。这种秩序经由国家权威至上而下贯通整个社会。社会中的每一个人都在这种秩序下获得新的自由。

英国哲学家约翰·洛克的《政府论》被誉为当代政治学的经典论著之一。尽管洛克没有像霍布斯那样将国家描述成一个怪物，而是直接论述了政府的合法性，然而，洛克与霍布斯一样，在论述政府之前，对人类生存的自然状态进行了详细的阐述。在洛克的论述中，所谓自然状态与后来的政治概念“自由”有着不可分割的关系。在洛克看来：

自然状态是人类最初生存所经历的一种纯粹的状态。在这种状态下，人的思想、意志和行为基本上都是完全自由、平等的。然而，同样的问题是，人必须在充满暴力和危险的状态下选择生存下去的方式。而这种方式，则使人类的完整自由受到限制。因为，尽管按照自然法的理性，任何人不得侵害他人的生命、健康、自由和财产，然而，在自然状态中，自然法的执行权却属于每一个人。也就是说，人人都有权惩罚违反自然法的人。显然，在自然状态下，人与人是不同的，人与人遵循和执行自然法的能力也是不同的。

这种不尽如人意的自然状态催生了人与人之间彼此共同建立契约关系的前提，而缔约的后果则是产生了政府。政府的建立使人们在现实生活中找到了相对更加公正地执行自然法的可信赖的力量。而政府则因为契约和人们的信赖而承担起应有的责任。在契约范围内，人们向政府转让了自然法原则下本属于自己的权利。原本的自然状态的自由，也被新的自由所替代。

自由的概念与自然状态有关，是一种与生俱来的、任何强权所无法肆意剥夺的权利。然而，自然状态并不是人类自由理性的选择。因为在那个时代，人们的生存状态是不稳定的、有缺陷的。这也就是为什么在霍布斯、洛克诠释了自然状态之后，一定要引入一个国家或者政府的概念去消化这个最为神圣的、人的权利。从政府的建立所推演出来的人的自由本质上经历了完全的自由和相对的自由两个阶段。也就是说，尽管自由的本意在于它的无障碍状态，而它的现实却绝不是想干什么就干什么。真实的自由仅仅是一个人有能力做那些他想做且被允许做的事情，及有权利拒绝做那些不愿意做的事情。

## 二、自由的政治界定

如果人类社会的自由可以被界定为一种无障碍的状况，那么自由在其产生之初就面临着来自于其他人对于自由的同样需求和实践。在人尚无法彻底掌握自然规律和人类社会内在规律的情况下，人与人之间的基于这种自由而引发的矛盾和冲突便无法避免。在自由实践的过程中，冲突和矛盾的存在其实是不自由的表现，也就是障碍的存在。从而，自由在人之初假设的自然状态本质上是不存在的。

自由经由一种契约假设进入秩序状态是近代以来西方政治学家的另一重要假设。这种假设的提出改变了两个事实：第一是人不再具有自然状态下全然的自由，失去了想做什么就做什么的权利；第二是人失去权利之后，有一个人类社会虚拟一方承接了人类社会契约之后的所有让渡权，并确保这个权利得以公正、有序地实现。这个收纳和承载了人类权益让渡的组织就是政府、国家。

在这个意义上，西方世界的自由从人的自然权利出发对人的自由的论述其实并没有最终回归到人，而是回归到了个体的人与政府或者国家之间的权利分配关系，以及彼此之间的权利义务关系。由于自由状态下权利的让渡最终产生了国家，并在国家的秩序下重新界定了自由的范围和内容，因此这种特别针对人与国家之间关系的自由的界定就成为自由概念的政治界定。

既然自由在经由自然状态进入契约状态之后主要体现了一种政治的特点，那么这种自由与其他领域的区别也就应运而生。首先，政治学范畴的自由只是一种相对的自由，而非绝对的自由。这不仅因为通常情况下绝对自由只存在于人现实生活的概念当中，而且因为在政治学范畴的自由都具有特定的、具体的界限。这些自由按照一般的法律和政治概念的诠释大致可以包括：一定限度的政治自由、特定的信仰自由、从事合法经济活动的自由、接受社会保障的自由、在法律允许的范围内从事信息交流的自由等等。

毋庸置疑，这些自由都是人在经由契约状态之后，在政府秩序之下所拥有的自由。需要特别阐明的是，在这些自由范围内，社会中的人又拥有着在这个相对自由的领域里的绝对自由。换句话说，这是秩序范围内的绝对自由。一个人如果有能力或者愿意遵循国家对自由的秩序，那么这个人就能够在秩序的范围内获得自由。这种自由就是相对的绝对自由。

在契约的秩序之下，人获得了种种自由。但是并不是所有人都有条件一下子享有所有的自由，也不是所有人有条件一生享受全部的自由。每个人的生活境遇局限了作为个体的人对自由的选择。从而，在契约社会条件下，自由在更多时候，仅仅是一种允许个人在某种条件下做出选择的自由。自由是相对的，人有自由不享受这些自由，也有自由在被限定的自由秩序范围内进行自由的选择。或许这样的自由让崇尚个人主义的自由主张者略感失望，然而，这就是自由的本质。

正因如此，自由在现代社会中有多种更为具体的称谓。有些人将这些称谓称为自由的具体分类。这些分类包括基于个人的自由、人权的自由、法律的自由等等。这些自由种类的分类依据千差万别，但是自由的内容却大多类似。无论如何，这些具体化了的自由对于人们逃离抽象的自由说教，回归本初的现实更具实际意义。

个人自由是西方社会和以西学为出发点探讨政治学自由概念的基础。多年来，西方很多学者的观点就是“自由是民主的基础”。自由和民主的区别在于，你拥有裸行的自由，但是民主却决定你必须穿衣服；所以民主是自由的集中，只有尊重自由，才能拥有真正的民主。然而，这种理解却忽略了自由在自然状态和社会契约状态下的区别。无论哪个国家，一旦这个国家得以建立，这个国家本质上就已经将它的社会带入到了一个契约的状态。尽管这个契约没有像霍布斯、洛克说得那么富有浪漫主义情怀，一部现代宪法的出现就代表着这个契约的成立，国家和国家治下的百姓就有了这种契约关系。在这种关系治下，所有人的行为都必须回归契约状态。

在契约状态下，自由对于个人而言实际上就是个人的生活自由，亦即这个人的性格个性、政治经济、信息文化、宗教信仰、社会保障、基本言行、恋爱婚姻等等的自由。在这些属于不会与他人发生重大利害关系，而且个人完全可以决断的范畴之内，任何人拥有不受他人意志干扰做出自己选择的自由。

现代社会是一个个性张扬的社会。在自由的范围之内，一个人可以选择个性张扬的衣着和形式表达自己的喜好，也可以通过现代传媒直接对某些信息或者公众人物发表不违法的评论，更可以在不影响其他人的条件下坚持自己的信仰、守护自己的爱情……现代社会相对于以往，自由的空间和维度更加宽广。

然而，自由之于政治而言并不简单地是一种生活方式。它更多关注的是社会资源和权利的重新配置。这种配置与自由的关系便构成了政治对于自由的界定。如果说国家与人之间的契约关系是政治对自由的最初界定的话，那么政治自由条件下，确保个人或者社会群体在既有政治秩序内能够相对自由的对不具正义性的政治现象和政治问题采取合理的行动则是政治对于自由更为具体的界定。

政治自由的本质在于维持契约之后个体对于决定社会整体关系的政府的自由。政治自由的存在本质上维持了作为个体的人在强大的国家面前的人格尊严和维权手段。这也就是为什么所有国家的宪法对于公民权利的规定都包含着种种与政治相关的内容。无论这些规定在现实社会中是否得以贯彻，只要这些规定的东西存在，这个国家和公民之间的契约关系就是正常的关系。在这种关系状况下，即便是一个国家出现这样或者那样的问题，只要这个国家机器仍然能够正常发挥作用，那么这个国家的公民也无需推翻一个政府重新建立一种契约关系，通过政治自由的意志力，这个国家仍然能够有效修正它的问题，并回归到正常运转的轨道。

政治自由是契约关系建立之后，个人自由的一个组成部分。它之所以能够如此重要在于它相对于经济自由、文化自由、婚姻自由等等一系列自由而言，是唯一能够维护、保证、保障其他自由的因素。在国家机器进入正常运转的情况下，法律和制度的现实实践难免有突破合规框架的时候。一旦类似情况出现，人的经济自由、文化自由、婚姻自由都有可能在某些时候、某种程度地受到侵犯和侵害。随着社会阶层的分化，这种侵害有时会形成一种社会惯性而长此以往。不具正义性的社会关系一旦形成，社会矛盾就会随之产生、发展、积聚，并诱发种种社会冲突。这个时候，如果一个国家的政治自由机制能够保持顺畅，那么它国内的公民就有条件通过正常的政治途径曝光、建议修正这种不具正义性的社会现象，进而避免其最终成为危害社会，甚至危及整个国家的问题。

政治自由不是一个抽象的概念。它是一个国家在契约条件下对公民的政治承诺。这种承诺在现代社会往往以宪法对公民权益的规定和保护为基础。通常情况下，一个民主国家往往会在宪法中对其公民的政治自由予以规定。这些自由包括公民参与国家政治的自由和表达自己政治意愿的自由。前者的最主要表现形式是公民自身的权利；后者则是言论、出版、集会、结社、游行、示威等与政治相关的种种权利。

国家保障公民政治自由的目的是让每个公民平等地享有参与国家政治活动的自由。这些政治自由包括：公民能够依序自由地参与政府的组建、立法、政治决策的民主化运作，依法参与国家公职的平等竞争，依法对国家机构及其运行进行民主监督等等。

自由是一种状态，自由的实现需要国家制度的认可和保障。在现实生活中，自由不仅表现为一种主观的感受，更多情况下是一种与物质利益息息相关的自主选择。从而，在契约条件下，人类社会对自由的保障便不再是抽象的概念，而是在国家治下的实实在在的利益与权利配置关系。而确保这种关系正常、公平、正义地被履行的则是自由经由权利的认证和升华。权利对于自由价值的确认是政治之所以有机会被称为“正治之道”的起点。

## 第二节　权利与权力

自由经由政治的界定成为公民的权利。在政治领域，公民的权利表现为能够通过某些无障碍的途径化解社会矛盾，维护社会正义，成为推动国家发展的力量之一。权利是人类社会从自由状态向契约状态转化过程的产物。权利源自自由，但自由并非权利的全部。权利成为政治学的一个重要范畴，有着更为广泛的内涵。

### 一、自由的权利让渡

如果确认权利是人类社会从自然状态向契约状态转化过程的产物这一前提，那么权利的内涵就可以从个体的人向政府的权利让渡中获得相对清晰的答案。这个答案包括：在这样一个权利让渡过程中，让渡包含了哪些内容，保留了哪些内容？这些内容包含着哪些具体因素？这些因素又如何成为了人们的权利？这些权利经由什么样的形式得以保留？

> 在政治学的范畴中，权利通常是指法定权利。所谓法定权利就是经由一个国家宪法和法律规定，并以法律形式确认且能够被法庭强制执行的权利。抽象地概括自然状态向契约状态的转化过程，人首先需要确认自己的权利，而后才能够发生权利让渡的行为。也就是说，自然状态中的人必须清楚自己的权利；必须清晰地知道他自己要放弃哪些自我管理的权利；要清晰地知道订立誓约之后，要接受誓约的束缚。
>
> 基于自然状态的现实状况，人们对自然状态中权利的转让是为了实现避免战争等灾难，以及追求和平、财富、平安生活的愿望，因此国家成立之后，每一个公民便都是按约建立的主权者一切行为与裁断的授权者，因此，主权者不得对任何公民实施非法的侵害，同理，公民也不可以以任何方式对主权者加以非法的惩罚，更不能随意处死一个主权者。

按照自然状态和契约状态划分人类社会，现代社会中的权利无非是自由状态下人类全部权利发生让渡之后，接受权利让渡的主体通过法律及其他国家统治方式确立的权利让渡者所享有的有限的权利。这种状态下的权利是国家或者政府与社会每一个公民对于人类自然状态下本初权利的重新分配。这种权利分配包含着作为国家统治机器载体的当权者的权利义务，也包含着作为权利出让者、作为接受契约关系的社会公民所剩余的自我自由裁量的权利。

因而，从某种意义上说，自由和权利是同一事物的两个方面。自由更多地强调主观色彩，而权利则更强调自由状态下的物质特性。相对于具有主观色彩的自由而言，权利则体现了更多的合法性、正当性，以及被周遭环境的认可状态。在人类社会的契约状态下，权利相对于自由而言还意味着它的神圣不可侵犯性，以及国家和政府对它的庇护等等。

从内容上考察，权利是人的自由状态经由契约与政府或者国家切割之后的产物。经由契约的关系，权利已经脱离了自由状态的抽象特征，转而成为具体的、可以通过法律认可并规定的东西。在这个意义上，权利和自由本质上是相同的。权利只是物化、具体化了的自由，是自由以更为现实的形式得以实现的载体。

## 二、权力的产生与异化

人类社会自原始的自然状态进入契约状态经历了基于契约的权利转让。然而，契约条件下的权利转让所产生的不仅仅是权利，还包含维护国家秩序的权力。尽管这种秩序是依据所有人的自愿以及契约关系的建立而产生的，但是契约的结果却是权力对权利的约束。换言之，当权力和权利同时产生的时候，权力在实施、执行等等方面都拥有比权利更有优势的条件。

权力是人类社会最为普遍的现象。无论东西方世界、古今社会，权力都如同今日的人们所熟知的那样普遍地存在着，并深刻地影响着不同时期的社会发展。因为权力具有如此大的影响，所以，自古以来对它的诠释也非常丰富。就最基本的概念而言，权力实际上就是一种权力主体和权力客体之间的单向影响力。这种影响力在主体方面表现为一种让他人意志和行为发生改变的能力，在客体方面则主要表现为一种被迫的、不得不服从的、受支配的压力。

由于权力存在于运用主体和承受客体之间，并对二者之间的关系产生重大影响，因此现实社会中的权力并不像有些学者对人类社会从自然状态进入契约状态所推论的那样如约产生、有序施放。从历史的漫长演进过程可知，权力不仅存在于国家与公民之间，还存在于国家机器内部上下级之间，存在于国际社会强国与弱国的关系之间，存在于各种可以互相影响的组织而影响能力却存在着巨大差别的各种社会关系之间。那么，究竟是什么赋予了某些组织和个人以权力，又是什么让其他人能够选择自愿地去服从这种力量？同样是权力，为什么有时候某些权力主体或者权力的实施会遭到强烈的反抗？……

霍布斯、洛克、卢梭的社会契约理论认为基于人的理性而产生了权力。这种理性的前提是在自然状态下，人们最大的危险是生命和财产的不安全，从而人们最大的利益也是保护生命和财产。为了最大限度地保护自己的生命和财产，人们会利用一切手段保护自己，同时也会接受理性的判断：在必要时通过放弃权利的方式获取最大限度地保护自己的利益。正是这种理性的判断和放弃利益的选择缔造了人类进入契约状态的基础。契约状态的本质是人们与统治者之间订立契约关系的结果。在这一过程中，人们出让了自己的一部分权利交由统治者管理，而保留了自己最基本的权利，例如生命权利、财产权利、作为正常人的自由权利等等。从而，从自然状态向契约状态转进的过程中，在国家和政府建立的过程中，人与政府之间的权利让渡是一种有限的权利让渡。有限的权利让渡背后隐藏着的政治课题是权力虽然在实际运作过程中具有相对于权利的绝对优势，但是不触及或者不危及人们在契约条件下所保留的权利却是权力的界限。

霍布斯认为，人类在自然状态中有两条自然律：一条是尽自己的最大能力来保全自己；另一条则是人在理性的支配下能够为了最大限度地维护自己而在必要时放弃别人也同意放弃的权利。在第一条规律发生作用的情况下，人们为了维护各自的权益一直处于无情的战争状态。然而，战争状态的结果却威胁到了所有人的生命。这违背了人之为人所追求的最大利益。因此引出了人类社会的第二条规律，人们需要订立某种排斥战争的协议。这种协议要求每个人都接受放弃相同权利的原则，并愿意享受此契约所规定的利益。按照协议，每个人都接受了把自己的权利转让给同一个或一群人代由掌管，而后者则行使这样的权力并按照契约保护人们让渡权利时要求当权者保护的利益。

与霍布斯对权力的理解类似，洛克也是基于自由和权利的关系对权力展开的论述。洛克在论述政府建构和权利让渡的过程时指出，权力的产生源自于权利让渡。权利让渡来自于人的自由和自然状态下的权利。在自然状态中的人都天生具有自由、平等和独立的权利。如不得本人的同意，任何人都不能剥夺他的这些权利，更不能把他置于受制于另一个人的状态。一个人的权利让渡只能发生在他个人和其他所有人都认同的条件下。而这种共同的认同来自于社会共同体中每一个人对权利让渡后生活状态的肯定和期许。这种期许包括一种更为舒适的、安全的、和平的生活，以及更加安稳地享受他们的财产和更好地防止外来侵犯等等。政府正是在这种包含所有个体共同认同的期许前提下产生的。而这个人们共同期许的衍生物便是国家。权利让渡后，作为权利管理者，拥有权力的国家。

从而，个人权利的让渡是政治权力产生的基础。虽然政治权力在实际运行过程中凌驾于社会之上，但是它并不因此而高于个人权利。政治权力依契约而生，遵守契约是政治权力合法性的基础。契约是政治权力和个人权利之间界限的保障。个人的行为违反了契约，将受到来自政治权力的制约、管理、惩罚；政治权力一旦僭越了契约的范围则失去其合法性。政治权力和个人权利在契约的条件下是相互约束的关系，是对等的。

与霍布斯、洛克一样，卢梭的社会契约理论也是从自然状态开始的。唯一不同的是，卢梭论证了人类私欲与自然状态下不稳定的生活状态的内在关系。卢梭的自然状态的最初阶段就如同基督教人类祖先生活在伊甸园的状态一样，平等、彼此和谐、相互爱护、没有私欲……这种状态一直持续到有一天人的私欲作祟，发现了一个人如果能够占有两个人的粮食会得到更多的好处这个“事实”。私欲和私有改变了人的生活状态和社会的整个生存状态。人与人之间的平等、关爱等等消失了，取而代之的是互相仇恨、猜忌和杀戮。在此时和谐的自然法已无能为力。这种状态持续着，直到人们认识到这是一种无法继续忍受和生活的状态。人们觉醒的理性使他们相互约定将意志集中置于公意之下，共同建设一个共同体，重新回归原来彼此和谐、稳定的生活状态。这个共同体就是国家。共同体拥有管理全社会的权力。

马克思主义关于权力的概念与基于自然状态的假设而提出的概念不同。马克思主义将权力归结为人在物质上和精神上的利益和实现这种利益的能力。权力本质上是社会发展过程中人与人之间利益冲突的产物，是人类在尚未以社会整体形式摆脱自然束缚的条件下，通过公权力的强制力对人与人之间的利害冲突进行调节的一种历史产物。

在马克思主义看来，权力并不是国家或者政府产生之后才有的。在国家产生前，公权力就已经存在了。当原始社会的人们以整体、群居的方式生活在一起的时候，当原始时代人们之间组成了共同生活的共同体的时候，当人们开始共同生产、共同管理公共事务的时候，人类社会的权力现象就已经出现了。在自然资源稀少，人们不得不共同劳动、共同享受劳动成果、共同捍卫家园、共同抵御外来侵略的时候，尽管这个时候由于生产力水平的局限而让人们之间继续了平等、互助的关系，公权力依然以其最原始的状态发挥着特殊的作用。这种作用就是无论社会中的人个体差异如何，公权力最终都保障了每个人在相对稳定、平等的状态下生存下去的权利。

私有制的产生改变了人类社会的原始面目。随着社会生产力的发展和剩余产品出现，尤其是父系社会家庭继承权的普遍出现，人类社会共同体内部以家庭为单位出现了不同的变化。在私有制和以家庭为单位的条件下，人类生活共同体内部的财产差别越来越大，并最终将整个社会推向分裂。社会分裂程度的不断扩大使原来的人类共同体陷入了内部不断分化、矛盾不断加剧的状态。这个时候，一种能够协调社会内部各种矛盾冲突的需求便出现了。

国家不是从来就有的。国家是社会发展过程中出现了不可调和的矛盾，而这些矛盾如果不能够被妥善地解决，整个社会就会被其毁灭，这个时候就需要一种凌驾于社会之上的力量将社会维持到秩序的范围内，而不至使这个社会最终在自我矛盾中彻底毁灭；这个时候，国家便应运而生了。这种被认为是凌驾于社会之上的力量——国家一出现就成为公权力的掌握者。原始社会的公权力就被提升为了国家权力。共同体时代的公权力是由全体成员共同享有的。然而，国家出现之后，公权力的主体发生了变化。

由于社会分裂和社会矛盾产生过程中社会关系的对立面存在着不同的利益诉求，因此国家以及将全社会维持到秩序范围内的国家职责和使命自其产生的那一刻起就不是全民的、公正的，它们承载着这个社会上获得了更多利益、期待社会稳定发展的那部分人的使命。秩序，不是对所有人有利的秩序，而是统治阶级和社会的既得利益者的秩序。国家对于秩序的使命决定了国家的本质并不是社会对立面之外的凌驾于社会之上的力量，而是希望通过社会公权力维持社会既有秩序的人群，而这些人也正是国家权力的最后掌握者。

在马克思主义看来，无论是国家还是政府，它们的权力本质上与人类共同体时代的公权力没有太大区别。公权力合法性的基础是权力为全体人民所有。正如马克思在《法兰西内战》中所指出的那样，巴黎人民把国家政权重新收回，他们组织自己的力量去代替压迫他们的有组织的力量。当政府和国家的统治最终违背了公权力的本意，人们仍然拥有改组和收回政府权力的权利。

无论是契约理论还是马克思主义理论，现代政治权力合法性的基础基本上都有一个共同的前提，那就是无论这个国家的公权力以何种政体统治它的国家，这种统治都要以被统治者的认可为其合法性的前提。这也就是为什么现代国家都会在其宪法当中首先确认国家的公权力是代表着所有国民利益的权力，而这种符合全体公民利益的公权力也将在其统治的过程中忠诚地、无偏私地服务于每一个公民的原因。

在宪法和法律的规范下，公民把自己一部分权利让渡给经由“公共选择”产生的公权力掌握者——政府，按照权利让渡的内容和权力的界限享有政府不能够干预的部分权利，同时自愿接受着政府拥有管理权的那部分事务的约束。这就是政府公权力和私权利的相互界定。

政府公权力和私权利的相互界定产生了分别以政府与公民为主体的不同的权利义务关系。对于政府而言，政府掌握公权力，政府有权运用其相关管理权对公民及其治下的社会进行有效管理。与此同时，作为公权力的掌握者，政府还必须信守其权力运行过程中不得危害公民个体合法权利的义务。对于公民个体而言，一旦其所生存的社会有了公权力，那么这个公民只要进入公权力的管辖范围，他就有义务接受公权力对个人权利的规范，任何公民无权以个人名义否认、挑战、违反公权力。另外，公民在自己自主的权利范围内有权享有公权力的保护。如果公权力在具体的执行过程中侵犯了公民的权利，公民有权经过法律的程序对公权力提出抗议并要求公权力对其过失做出相应的补偿。

理论上，公权力和个人权利之间是相互支持、互为补充的关系。然而，在现实实践过程中，公权力的执行并不是抽象的理论推演过程，而是由具体的、有欲求的人组成的国家机器来执行的。既然是人，就有人的优点和缺点。在国家机构当中，政府权力的执行者由于掌握着公权力而在具体的事务上拥有着相对于个人更加优越的地位和能力。这种个人因素的加入隐藏了公权力本身异化的因素。这就是国家权力的公共性和个体的人的特性共同构成的国家权力内在的自我矛盾。这种公权力内在的自我矛盾正是其在运用过程中发生异化、背离公民公共利益的根本原因，也是现代国家公权力运行过程中特别强调制约权力的原因。



与其他政治学流派对国家权力的观点相同，马克思主义也认为，国家的公权力存在异变的可能。在《法兰西内战》一书中，马克思就直言不讳地指出，“国家终究是一个祸害。”因为无论政府的权力如何配置，国家权力和国家权力的掌握者都会寻找到公权力服务于个人利益的机会。这种权力的异化迟早将走向冲击既有法律、危及公民权利的程度，并最终经由“掌握国家权力的公仆演变成为骑在人民头上的老爷”这种传统形式而彻底展现。

为了防止权力的异化，必须对权力进行制约。西方社会按照权力制衡的原则将立法、行政、司法三权分立，在体现民意的立法权、掌握执行和管理公权力职能的行政权、裁判社会立法和行政等争讼合法性的司法权三者之间施行平行制衡原则，进而达到对公权力的制约。与西方“三权分立”的原则不同，马克思主义更强调的是公民对权力的直接监督。这种直接的监督去除了“三权分立”制衡过程中因公权力的制约演变成大资产阶级之间利益和权力博弈的潜在危险，而将公权力最终还给全社会。

马克思主义关于权力制约的经典论著来自于《法兰西内战》中关于公众监督的研究。马克思在评论巴黎公社公权力监督机制的时候指出，巴黎公社彻底清除了国家等级制，以随时可以罢免的勤务员来实行真正的责任制，因为这些勤务员总是在公众监督之下进行工作的。巴黎公社的民主是直接选举产生的公社委员直接对选民负责，而选民可以随时撤换他们的政治组织形式。

基于巴黎公社的经验，马克思认为公权力最终回归是其真正成为被约束的权力的前提。这种政权形式是人民群众掌握监督权，维持公权力原初特质的保证。然而，无论是社会将重新收回国家权力，还是国家权力直接受公民权利的限制与监督，在阶级社会，国家公权力的异化并不能真正得到解决。即便是无产阶级获得政权，也不能自然而然地解决国家权力异化问题。因为工人阶级的政权仍旧还是一种阶级统治的工具。利益还是国家权力与公民权利存在的基础。在阶级统治的社会，为了防止公权力的异化，使公权力服从于人民的权利，公权力就必须受到公民权利的监督与制约。

权利是权力的基础。如果没有个体权利的统一让渡，就不会有公权力的产生。相反，权力是权利的保障。如果没有公权力的存在和运行，社会就会陷入无政府的、无序的、混乱的状态。个体的公民的权利在混乱和无序的社会中将难以得到保障。国家权力或者公权力都是以人民的权利为根据才能得以确立。国家权力应当正确履行其应有的职责，确保公民权利不遭受侵害。公权力和公民权之间的应然关系是权力在现实过程中不得不应对异化问题、建立制约机制的理论依据。

## 第三节　权力约束与民主政体

政府抑或国家是人类进入政治文明时代的标志。这一时代的跨越包含着一个重要的社会政治现象——管理社会的公权力的产生。社会公权力的产生和存在带来了政府和公民关系这一全新的议题。由于社会公权力与公民的利益息息相关且自其产生的一刻起就拥有直接影响公民生存环境的能力，因此，当社会公权力因其自身原因而难以避免出现异化，甚至危及公民个体权利和利益的时候，权力的约束，以及约束权力的政治机制便成为有效塑造公权力的重要课题。

## 一、关于权力约束

早在亚里士多德的《政治学》中，公民的自然权利和城邦的历史性权力就开始成对地出现。这种城邦的权力和公民个体的权利关系成为政治理论的一个贯穿古今的话题。在城邦时代，公民的出生与其对城邦——这个最高监护者的选择是同时成立的。从出生的一刻起，这个人就成为城邦的一员，接受城邦的教育和保护。而该公民则享有所有城邦成员共同享受的权利，同时承担着他对城邦的义务。城邦对人的教育和保护是人选择依附、信赖它的基础。

近代政治学的启蒙者们继承了古代政治学家的思想。霍布斯在认真分析了自然状态对人的自由的局限之后指出，只有把权利让渡给更高的权威，才能得到真正自由。人的理性促使人们选择放弃自我管理的权利，而将这种权利转让给一个人或者集体。理性国家是最大的善和自由的保障。国家的目的就是保护个人的权利。因此，国家权力和人民权利之间不仅体现着管理和服从的关系，而且体现着权力保障人民生命和财产的前提。

在洛克眼中，个人自由是一项基本权利。自由，是在法律许可的范围内，不受另一个人的任意意志的支配，可以遵循自己的意志行动。在自然状态下，人类的社会不存在一个具有权力的共同裁决者。人遵守自然法而生活，每一个人都拥有政治权力。政府的起源是为了弥补自然状态的缺陷。“真正的和唯一的政治社会是，在这个社会中，每一个成员都放弃了这一自然权力，把所有不排斥他可以向社会所建立的法律请求保护的事项都交由社会处理。于是每一个别成员的一切私人判决都被排除，政府成了裁决者，用明确不变的法规来公正地和同等地对待一切的当事人。”① 在政府承接自然法成为社会公权力的掌握者之后，有一项原则是值得注意的。那就是，虽然人们在参与社会时放弃了他们在自然状态中所享有的平等、自由和执行权，把它们交给社会，由立法机关按社会的

① ［英］洛克著，瞿菊农、叶启芳译：《政府论》，北京：商务印书馆，1982 年版，第 87 页。

利益所要求的程度加以处理，但是，这只是出于各人为了更好地保护自己的自由和财产的动机。自由、生命与财产是人生存的基础。政府的合法性来源于保护所有人的自由、生命和财产。政府权力的界限是以是否超出了公众福利的需要为标准的。国家权力和公民权利的关系是相辅相成的一体两面。没有国家权力保障自由权利的社会将土崩瓦解，而违背社会公民集体意志的国家也必将遭到反抗。

法国的卢梭是社会契约理论的集大成者。他提出了比霍布斯、洛克更为全面但又略有不同的论述。他对自然状态、权利让渡和政府权力的关系进行了更加精辟的分析。在卢梭看来，国家产生之前，权力就已经存在。权力的存在是因家庭内部的养育而产生。家庭内部因养育和被养育的关系而形成服从与被服从的关系。一个人只有成人、脱离家庭才能重新恢复独立的状态。对于独立的人组成的社会而言，人生而自由平等，每个人都是自己的主人是自然状态下人的基本权利。然而，国家产生之前的自然状态存在着诸多不利于人类生存的障碍，如战争、社会混乱等等，这些障碍迫使人们不得不改变其生存方式。最终，人们通过社会契约找到了解决问题的答案。

这一观点的宗旨是“要寻找出一种人类新的结合形式，使它能够以全部的共同的力量来卫护和保障每个结合者的人身和财富，并且由于这一结合而使每一个与全体相连的个人又只不过是在服从自己本人，并且仍然像以往一样地自由”。[①] 自然状态进入社会契约状态后，每个人都仍然有同等的发言权，每个人的意见和要求会被同等地考虑。从而，全体成员的经常意志就成为公意。公意是人民整体的意志，也自然包含个人的意志。那么个人服从公意，服从主权，也就是服从自己的意志，也就等于保持了自己的自由。公权力是公共意志的体现，它的存在产生了普遍的强制性的力量，从而使它能够按照最有利于全体的方式推动并安排社会的各个部分。然而，公权力的绝对性并非没有界限。公权力的生命在于它与成员的个人意志相结合，在于它关怀并保护它自身和成员的利益。

人们放弃自然状态的权利并将其交付给一个公权力，受制于这一权

① ［法］卢梭著，何兆武译：《社会契约论》，北京：商务印书馆，2003 年版，第 19 页。

力之下，目的是谋求安全舒适并追求更大的幸福。人们通过设立契约的方式达成权利向权力的转换，伴随这一转换过程产生的还有主权者以及与之相对的公民：公权力这一人格的承担者就是主权者，被统治的对象便是公民。主权者的权力至高无上，但是却需要承担义务，公民亦然。对于这些权力和义务关系，霍布斯和洛克做了很精彩的论述。

霍布斯将人民的安全界定为公权力的最高法律。这种安全不仅仅包括在任何条件下的求生，还包括让公民不受外敌侵扰，维持内部和平，获得与公共安全尽可能一致的财富，充分享受合法的自由等等。相对于公权力，公民的自由包括：不放弃保全生命的自由；如果得不到宽恕，公民就没有义务承担因所犯罪行而接受惩罚的自由；公民有拒绝服从来自主权者却有悖于主权建立目的的命令的自由；在主权者没有以律令规定的地方，公民都有根据自己的判断采取行动的自由；当公民与主权者有所争议时，公民有为自己的权利进行诉讼的自由，以及有要求听审自己的案件，并要求根据相关法律裁判的自由。

霍布斯认为，在建立公权力之后，反叛、叛国和其他被证明的忤逆罪不是因为国家的权力，而是因为自然权利受到侵犯而进行的惩罚。这种惩罚不是针对坏公民而实施的，而是针对国家的敌人而实施的。公权力和这些被惩罚者之间不是统治和被统治的关系，而是公权力为了保护公民的生命、自由、财产等权利对侵犯人们权利的力量发起的进攻。一切违背自然权利的公权力，都将陷于公权力和权利的战争状态而被讨伐。

然而，遗憾的是，在很多时候，公权力却不能正常地履行其义务，保障人民的自由。洛克指出，无论公权力的统治者有多么正当的资格，如果他不是以法律为基础而是以他的个人意志为准则来行事，如果他的命令和行动不是以保护人民的自由、生命和财产为目的而是以满足他个人野心、私欲、贪婪和任何其他不正当的欲望为目的，那么这个公权力的统治者就违背了公权力产生的本意。这样的公权力的统治就会沦为暴政。在暴政体制下，公权力就会侵犯人民的权利。一旦这种情况发生，公权力就违背了社会契约的本意，人们就有权进行反抗。

公权力的产生和存在不是以政治统治为目的的。公权力存在的唯一合法理由是为人民谋福。这唯一的宗旨是社会契约规范公权力和公民的根本依据。无论是谁，只要不是基于权利而运用强力就意味着他把自己与他使用强力所对付的人们置于战争状态。这种状态一旦产生，以前一切约束都将被解除，公权力将不再有效。人人都同等的享有自卫和抵抗侵略者的权利将最终共同对抗公权力的威胁，并有权重新建立新的公权力体系。

在任何情况下，公权力与公民自由的最高准则不能相悖。否则，这一公权力将失去存在的合法性。对于主权者而言，任何权力都必须尊重权利。因为权力源于人们出于美好愿望而出让的权利。人民有权利反对暴政。但是，维持公权力的合法性和正义性远远比将公权力和人们权利置于战争状态要更加有意义。从而，为了避免权力的异化，以及暴政的产生，建立有效的权力监督和约束机制就成为现代政治最为必要的举措。

## 二、民主与权力分立

“民主”一词来源于西方。西方民主的含义来源于古希腊的城邦政治。其英文“democracy”一词按照古希腊的词根词缀可以拆分为两个部分：一个是“demo”，一个是“cracy”。前者的意思是公民，后者的意思是统治，二者合起来意思大致是人民统治，亦即人民参与国家管理。民主的这种传统释义在古希腊和古罗马的城邦制度中有着比较典型的体现。城邦政治以城市为中心，每一个公民都享有直接参与和决定城邦大事，公民大会制度就是现代民主制度的雏形。

本质上，民主是一种权力分配的方式，是一种政事裁决于大多数人意志的公权力制度。这种制度的特征表现为一种多数人认可的少数人统治的状态。尽管公权力凌驾于社会之上，但是其最后掌握者毕竟是人。公权力由人统治，产生了一个重要的前提，那就是如何避免人在正常情况下本能地追求个人利益的欲望而误导了公权力的方向。由于人们无法将公权力的正义寄托于掌握公权力者的道德水准，因此人们也就无法在没有制度保障的情况下希望公权力持续其正义的方向，而不发生异化。从而，从制度上限制公权力，避免其异化便成为现代民主的一个重要内容。

如何建立民主政体的权力配置才能避免权力过分异化，最终导致公权力对人民权利造成普遍的伤害，甚至引起社会和公权力的普遍对立是民主政体下实现权力制约的重要内容。

权力分立是亚里士多德研究了古希腊150多个城邦政治制度之后得出的结论。一切政体都有三个基础要素：一个是决定城邦一般公务的议事机能部分，一个是行政机能部分，一个是审判和司法机能部分。这三者之间的关系和运行规则决定着一个国家政体的正义性和发展方向。① 虽然他得出的最佳政体为混合政体，而不是民主政体，但是他考察各种政体变化的分析对现代民主制度的影响却是非常深远的。

洛克是近代民主分权理论的创始人。他在《政府论》中将国家权力分为立法权、执行权和对外权三大部分。立法权是制定和颁布法律的权力。执行权是执行各种法律法规的权力。对外权是处理对外的公共安全和利益的权力。洛克认为，这三大部分国家权力都有一个特殊的机构掌握。在这三大权力当中，“立法权，无论属于一个人或较多的人，无论经常或定期的存在，是每一个国家中最高权力”。② 立法权的地位至高无上。执行权和对外权处则彼此分立且属从属地位，起着辅助作用。

孟德斯鸠是第一个正式提出现代三权分立学说的思想家。与洛克的观点不同，他指出：“每个国家都有三种权力。它们分别是立法权、行政权、司法权。”为了防止公权力的异化和权力滥用，立法权、行政权和司法权必须分立。否则，就会威胁民主和公民的政治

① ［古希腊］亚里士多德著，吴寿彭译：《政治学》，北京：商务印书馆，1997年版，第234页。

② ［英］洛克著，瞿菊农、叶启芳译：《政府论》，北京：商务印书馆，1982年版，第83页。

自由。因为“立法权和行政权如果集中在一个人或一个机构的手中，自由便不复存在。司法权如果不与立法权和行政权分置，自由便不复存在”。[1] 要想实现公权力的正义性，行政、立法、司法三权不仅要分立，而且要相互制约。一方面，立法机构对行政机构有监督和制约的权力；另一方面，行政机构也对立法活动有所监督。立法机构还要由贵族和普通人两部分组成。这样，这两部分就能够彼此相互制约，同时再接受行政机构的约束。[2] 此外，立法机构也要享有部分司法权力，对司法机构进行制约。

汉密尔顿是美国建国初期杰出的政治思想家，美国宪法的起草者之一。汉密尔顿的权力分立和制衡的思想对于美国政治制度的确立和政治实践产生了重要影响。汉密尔顿在洛克和孟德斯鸠的分权理论基础上，设定了行政权、司法权、立法权三权分立、平行制衡的美国式民主体制。对于议会，汉密尔顿主张应分设参众两院。由间接选举产生的代表贵族和富人阶层的组成参议院。由人民直接选举产生的代表普通民众的组成众议院。参议员的权限高于众议员。按照汉密尔顿的主张，美国的行政首脑应拥有相对大的权力。行政首脑不对议会负责且有权否决议会制定的法律。同时，他还赋予司法机关更大的权力。司法机关可以不受立法机关和行政机关的干预，独立行使司法权，以确保司法独立。汉密尔顿在主张行政权力、司法权力对议会权力牵制的同时，也赋予议会对包括总统在内的行政人员的弹劾权。[3]

杰弗逊是与汉密尔顿齐名的美国建国初期著名政治思想家。与汉密尔顿不同的是，杰弗逊反对扩大总统权力和限制议会权力的观点。他主张在美国建立代议制的民主制度。杰弗逊认为，分权的基础是秉承主权在民和自由的原则。由于政府权力膨胀会导致个人专制，因此他主张限制总统的权力。杰弗逊也主张立法机构建立两院

---

① ［法］孟德斯鸠著，许明龙译：《论法的精神》，北京：商务印书馆，2009 年版，第 167 页。

② 同上书，第 167、174 页。

③ ［美］汉密尔顿、杰伊、麦迪逊著，程逢如、在汉、舒逊译：《联邦党人文集》，北京：商务印书馆，1982 年版。

制，对提案实行双重审议，以便使立法机构相互制约，避免疏漏。此外，他主张中央与地方之间的纵向分权，主张中央政府除了保留一部分必要的权力之外，应该把国家权力分散到各级政府中去，从而使中央政府与地方政府、地方政府与地方政府之间形成相互制约的权力结构，以有效防范中央政府走向专制。

民主制度是为了保障公权力始终服务于人们权利而设计产生的一种政治制度。这种制度之所以能够对公民权利加以保护，并维持社会契约的原初状态是因为人们在探讨政治治理制度的时候发现了权力的不同属性，以及它们之间的关系。权力分立是民主制度的基础。权力分立之后，将分立的权力设计成为彼此制衡的关系是人类政治史迄今为止所发现的可能最有效的方式。然而，权力的分立和平衡制约的是权力的专横，并不直接确保权力服务于权利的目的。当权者之间的矛盾和相互约束与人民权利和利益的距离才是决定权力最终能否维持其正义性的关键。民主制度并未就此给出应有的答案。

## 三、民主的理论范式

当今社会但凡提到“民主”，很多人便会联想到“自由”或“专制”，但是少有人去仔细区分和辨别民主本身的差异，以及民主作为一种政治制度对不同国家、不同民族、不同人类社会发展阶段的差异。很多时候一些人凭借生活的印象积累了自身对“民主”的片面理解，而也有一些人则仅仅凭借自己对“民主”和“专制”的感性认识而自然表现出社会叛逆情绪。就在所有人高唱“民主”凯歌，将一切生活中的障碍、困难归咎于“非民主”状态的时候，很多人其实早已忘记了作为人类社会政治制度的民主所要追求的根本目标——公民的幸福和幸福的实现手段——公权力的正义性。为此，我们有必要对民主的若干经典理论进行简要的分析，并将探索民主的视野重新引入到它应有的轨道上。“精英民主理论”是民主理论中最经典的理论之一，它的代表人物是马克斯·韦伯和熊彼特。“精英民主理论”和社会选举以及政党的大规模发展有直接联系。

在19世纪后半叶到20世纪上半叶，西方政治社会中选举权和选举现象迅速扩张。社会团体和多元化的社会力量纷纷加入到社会政治的活动中来。社会公共事务进入被多种力量共同影响的时代。随着社会团体的发展，政党作为最具冲击力的政治组织迅速崛起，并成为所有政治活动中最具影响力的组织。由于政党在西方社会政治多元化的过程中具有更为明确的政治目标、更加规范的组织和更加明确的政治纲领，因此在从事政治选举和赢得政权方面表现得更加出色。而在政党政治的发展和崛起过程中，作为政党的组织者和领导者，政治领袖的魅力和作用往往更加凸显。政治领袖和政党之间的关系被同时代的政治学家所看重，并总结成为新的有关现实民主的理论解释。这就是马克斯·韦伯所谓的：现代代议制民主不过是“公民投票选举领袖的民主”，① 也是熊彼特所谓的：民主不过是指人民有机会接受或拒绝要来统治他们的人的一种政治形式。②

按照“精英民主理论”，现实民主制度下的民主只是一种政治方法，一种关于立法、行政、决策的制度安排。它的运作方式之所以被称为民主，主要是因为在这种政治方式运行之前，它通过选举制度使得政治领袖和公权力掌握者获得了人们的认可。选举成为决定政治领袖和政治执政团队获得一切事务决定权的基础。③ 然而，通过选举产生领袖并使之合法化的制度安排并非确保公权力最终为人民谋福祉的直接保证。它只是给予了人们一个选举过程中自由选择的机会，或者一种虚幻的优越感，而不是实质性的政治参与的扩大。选民的智慧和政治家的阴谋不经意的结合有时会给整个国家和公权力带来致命的损害。从而，选举政治领袖的游戏——民主，其实有时候也可以被理解为一种“选举的独裁”，或

---

① ［英］戴维·赫尔德著，燕继荣等译：《民主的模式》，北京：中央编译出版社，2004年版，第217页。

② ［美］熊彼特著，绛枫译：《资本主义、社会主义和民主主义》，北京：商务印书馆，1979年版，第355—356页。

③ ［英］戴维·赫尔德著，燕继荣等译：《民主的模式》，北京：中央编译出版社，2004年版，第225页。

者另一种形式的政治家的统治。①

“多元民主理论”是二战之后，在西方兴起的一种民主理论。这种理论批评地继承了“精英民主理论”，适应20世纪50年代后西方资本主义制度发展过程中的种种新现象和新元素，提出了新的主张。“多元民主理论”的代表人物是美国的罗伯特·达尔。

“多元民主理论”的兴起与战后国际社会和西方资本主义构架的政治变迁有直接关系。二战后，全球殖民地掀起的独立运动直接冲击了以殖民主义为基础的西方资本主义体系。殖民地的自治、社会利益集团的形成、垄断集团的跨国经营等等改变了传统政治理论所依托的以国家为基础的社会政治环境。这种社会政治环境的变化使得国家权力、垄断资产阶级的权力在政治决策和政治发展过程中不再拥有至高无上的权威。政治权力金字塔的顶端开始逐渐向社会基层下移，并由更多社会组织和团体所影响和掌握。“多元民主理论”是在这一历史背景下应运而生的。

罗伯特·达尔正是看到了多元的社会组织在政治决策过程中的影响而提出了民主的多元主义。达尔指出：“在多头政治中存在大量的社会群体组织，无论在他们之间，还是在他们和政府之间，这些组织都享受充分的自治。我们可以称之为多元主义，或者更为确切的说，是社会和组织的多元主义。”② 在达尔看来，随着多元主义的到来，社会政治权力的统一中心逐渐消失，权力之间的等级关系也逐渐不再显得那么重要。取而代之的是代表着不同社会阶层的利益集团之间的讨价还价，以及这些讨价还价的结果对政府公权力的影响。这种多元民主所实现的并不是以往民主制度下所谓多数人的统治，也不是非民主状态下的少数人的统治，而是一种以代表多种不同利益需求的多种少数人的统治——多重政体。这种独特的多重政体相对于以往的政治民主具有更加大众化、自由化的特征和包容性。

① ［美］熊彼特著，绛枫译：《资本主义、社会主义和民主主义》，北京：商务印书馆，1979年版，第355—356页。

② ［美］罗伯特·达尔著，曹海军等译：《民主及其批评者》，长春：吉林人民出版社，2006年版，第302页。

在这种政体之下，选举产生的官员，自由、公正和定期的选举，充分表达意见的自由，畅通而多元的信息途径，独立而自治的社团，广开言路、允许公开且包容广泛公民身份的政治决策有机地结合起来造就了一个新的民主政治的时代。①

然而，多元的民主并不是没有缺陷的。尽管这种民主制度存在这样那样的优点，并且能够更加接近民众，更加有效地推动政治决策，更加贴近民众的需求，然而多元民主仍然可能产生有悖于政治正义的问题。这些问题不仅包括公民意识被恶意扭曲，公共议程被恶意操控，以及多元利益追逐过程中本身对正义的抛弃等等。②

“协商民主理论”是20世纪80年代以来在西方政治学界兴起的一种新的民主理论，其代表人物有罗尔斯和哈贝马斯。协商民主观念来源于民主社团的直观理想。在这些社团中，公民之间通过平等和公开争论实现了自身诉求的正当性。从而，协商民主是一种秩序良好的宪政民主。协商民主概括起来包括三个基本要素。第一个是公共理性观念。这种公共理性虽然并不意味着所有的观念都相同，但是却体现了公共意志的共性。第二个是宪政民主制度架构。只有在宪政民主制度的架构下，协商性立法实体的设置才有章可循。第三个是公民自身一直具有的知识和愿望。这些知识和愿望能够使他们在政治行为中遵循公共理想，并以此实现他们的政治抱负。③

在“协商民主理论”看来，民主不仅是一种政治统治的形式，而更像是一种通过提供有利于参与、交往、表达等现实条件，促进公民平等自由地讨论与自己权益相关的社会政治问题的社会制度性架构。这种框架是通过建立并确保政治权力得以定期通过竞争性的

① ［美］罗伯特·达尔著，谭君久译：《多头政体》，北京：商务印书馆，2006年版，第18—19页。

② ［美］罗伯特·达尔著，谭君久译：《多元主义民主的困境——自治与控制》，长春：吉林人民出版社，2006年版，第37页。

③ ［美］詹姆斯·博曼、［英］威廉·雷吉主编，陈家刚等译：《协商民主：论理性与政治》，北京：中央编译出版社，2006年版，第68—103页。

选举、公开性的协商，以及司法监督等形式而形成具有责任性的框架，以使公权力和授权、讨论有机地联系起来的机制。

与罗尔斯不同，哈贝马斯眼中的协商民主更像一种方法或程序，亦即那种个人自由与公共政治自主性在一种公正和合理的讨论形式中都能得到公正对待的程序。民主是一种具有制度性特征的公民意见和意愿形成的活动，以及一种对基本权利体系的反思和应用。

协商民主体系为一个开放的、理性的、公正的、互动的公共决策过程。其核心特征在于促进更可靠的、合法的政治权威体制，更明智的政策和决策判断，以及更积极的公民认同。需要指出的是，这一民主模式只是在西方社会团体和利益集团的基础上抽象化了某些政治现象的总结。它没有兼顾到金融垄断财团对当今世界的控制和不同社团对政治决策的实质影响力的差别。这种模式或许经由多年的政治实践最终会创造出一种更广泛、更公平的机制。然而，它终究不是解决民主机制下既有的权力结构和社会公平之间差距的良药。

## 四、民主的局限

无论是价值理念，抑或是制度设计，还是实践过程，民主都来源于对自由和权利的追求。民主界定了国家的权力来自于人民，民主的启动来自于人民的政治参与。作为程序的民主，自下而上的权利让渡产生了权力的集中。自上而下的权力分散赋予了权利对于权力的再平衡机制。民主制度以一种看似最具有合法性的方式承载着权力。

民主的良性循环需要每一个步骤的环环相扣。对于国内政治而言，社会就是心脏，国家就是躯壳，政府是大脑，权力是血液，民主是血管，只有遍布全身的血管畅通无阻，血液才能循环输送，大脑才能得以运作，身躯才能得以行动。然而，权力存在着异化的可能。就如同血液可以阻塞血管一样，民主机制并不能完全屏蔽权力的异化和整个政治体制的不良异动。权力都需要制约和监督。以为百姓谋福祉的民主也需要经由宪法、法律，以及种种制度不断完善和加以保障。

民主所要实现的是自由和权利的公平和正义。民主并非一定要通过广泛的政治参与才能实现。过度的政治参与同样会危害社会和人们的利益，甚至出现多数人的暴政和无政府主义。民主不是解决一切问题的终极良药。

**【思考题】**

1. 什么是自由？
2. 社会契约理论对现代政治学的价值在哪里？
3. 权利与权力的关系是什么？
4. 什么是权力异化？
5. 民主体制一定能够实现权力约束吗？
6. 简述三种西方经典民主理论范式。

# 第六章 腐败与政治变革

对于人类世界而言，腐败不是某种政治体制、某个国家的专利，而是一个世界性的难题。在政治学领域里，腐败并不仅仅指官员的贪腐问题，还指一个国家的政治架构和内在机制因种种原因而无法正常运转、失去正义的方向、无法庇护其国民，以及无法自我修复等等。当一个国家的政治架构和自我修复机制失灵、失效，产生了严重的社会矛盾且无法再适应社会和经济发展的时候，政治变革便成为不得不进行的事情。政治变革通常包括主动的改革和被动的改变两种模式。古往今来的历史证明，主动的改革，无论是彻底的还是不彻底的，只要这种改革是可持续的，那么其结果都优于被动的变革。

## 第一节 腐败与公权力

在经济全球化加速发展的今天，腐败日益成为世界各地经济政治发展的严重威胁。无论是经济发展缓慢的不发达地区，还是经济发达的西方国家；无论是政府部门，还是企业，无不受到腐败的困扰。因此，腐败被世人称为“灰色癌症”、世界难题。

### 一、所谓的腐败

腐败，在中英文语境中几乎是一样的，都转借了自然世界事物衰败的现象进行类比。中文语境中的腐败包含多种意指对象。既有自然生物体的腐烂变质，也有文风、思想、行为的腐朽、堕落，但更多的则意指政治的腐败。对于政治的腐败，中文的语境则包含着措施、制度、结构、组织等等背离原始正义、失去正常功能、无法适应现实经济社会发展等等现象。

英文语境中的腐败是“corruption”。与中文语境所指类似，意指对某些事物的破坏。《牛津法律大辞典》认为，corruption 指“从原本纯洁的状态中发生的堕落，尤其指出自对捐款人有利的考虑接受金钱或其他好处”。[①] 与中文语境将腐败的表述相对模糊不同，英文语境中对政治的腐败有专门的限定。Political corruption 直译为政治腐败、公权力腐败。对此《布莱克法律词典》的界定是：“意图给予他人好处的一种行为，这种行为与职责和他人权利是不一致的。官员或受信托人利用自己的特殊身份和地位所作出的违背其职责和他人权利的一种行为，这种行为意在为自己或他人违法获得某种利益。”[②] 这种解释包含了几个要点：（1）政治腐败的主体是政府公权力的掌握者；（2）腐败的行为背离了公权力职位所承担的职责；（3）腐败者的私欲是腐败的根源；（4）腐败的行为在不恰当地给他人谋利的过程中，违背了社会公平、正义的原则。

与《布莱克法律词典》对腐败的界定类似，世界银行在《帮助各国同腐败作斗争：世界银行的作用》中也指出：“腐败是为谋取私利而对公共职位的滥用”，“当官员接受或索取贿赂时，公共职位因私人利益而被滥用，当私营机构主动提供贿赂以影响公共政策及其决策过程以获取竞争中的有利地位和利益时，公共职位也是被滥用”。[③] 这些行为都可以归入腐败。

美国哈佛大学教授塞缪尔·亨廷顿和麦克缪兰从公职腐败的角度对腐败进行了解释。在《变革社会中的政治秩序》中，亨廷顿对腐败的解释是：“腐化（败）是指国家官员为了谋取私利而违反公

① 林吕健：《驾驭权力烈马：公共权力的腐败与监控》，杭州：浙江大学出版社，2012 年版，第 84 页。

② 李晓明、张长梅：《腐败概念的泛化与界定》，《当代法学》，2008 年第 3 期。

③ 世界银行反腐败行动计划工作组：《帮助各国同腐败作斗争：世界银行的作用》，1997 年 9 月。

认准则的行为。”[①] 麦克缪兰则认为，“如果一位公职人员接受钱款或某种价值而做了他的职责允许他做的或不允许他做的什么事，或者出于不正当的理由做了合法的处置，他就是腐败的。”

以公职的腐败为研究对象，以职权的经营为内容，西方学者从市场行为学的角度出发指出，腐败不仅仅是指一名政府公职人员从公众中谋取额外收入的问题，更为严重的是，他把自己的公职作为从公众中谋利的交易品。当这种交易普遍发生的时候，职权背离公权力正义的事情就大量发生，而谋取更大职权也就成为公职人员谋取更大利益的行动动力。

与这些学者的抽象化界定不同，当代西方发达国家对腐败的界定更为具体。英国是世界上第一个制定反腐法律的国家。然而，它的法律却只是将腐败界定为“有目的地做法律禁止的企图贪污的事”。美国则将“社会活动家、国务活动家、政治家、官员以及所有公职人员利用职务之便进行的经济违法活动”视为腐败。德国对于腐败的界定相对详细，它将“对于官方职务、经济职权以及某一政治授权的滥用，这种滥用可能是由于他人的诱导也可能是出于自身意愿，但都是为了自己或第三方能获得利益而使公众利益或企业利益蒙受损失或陷于可预料的不利状况”视为腐败。法国则将腐败定义为：“以谋取私利为目的滥用公共或社会权力或不公正的决策行为。”日本官方将腐败理解为政治家、官僚或企业经营者等拥有公权力者滥用公权力以谋取私利、满足私欲的行为。

与西方国家对腐败的界定略有差别，当今国际组织对腐败的界定在某种程度上更加客观。国际货币基金组织认为腐败是滥用公权力以谋取私人的利益的行为。“国际透明”组织则认为腐败是公共部门中的官员通过错误地使用公众委托给他们的权力，使他们自己或亲近于他们的人不正当地和非法地富裕起来的行为。《联合国反腐败公约》则更加清晰地罗列了贪污、贿赂、挪用、滥用职权、影响力交易、资产非法增加、洗钱、妨碍司法、窝脏九种腐败行为。

---

① ［美］塞缪尔·亨廷顿著，李盛平等译：《变革社会中的政治秩序》，北京：华夏出版社，1988年版，第54页。

与上述学者、法律及国际组织的定义不同，马克思主义对腐败的界定更加全面和深刻。马克思主义对腐败的界定多出自《路易·波拿巴的雾月十八日》和《法兰西内战》这两部经典专著。在这两部论著中，马克思主义认为国家公权力和公权力所影响的社会是腐败问题存在的基础。国家公职人员是腐败行为的直接受益者，绝大多数情况下社会是腐败现象恶果的直接承担者。随着腐败行为的扩散，公职人员的性质从服务于社会的社会成员逐渐退化成骑在人民头上的老爷。公职人员从普通社会劳动者堕落成为国家特权的既得利益者。特权的产生和发展使得社会在其发展过程中被分裂，成为社会矛盾衍生的载体。

综合中西方有关腐败的释义，我们不难发现，以公权力异化为主要内容的腐败包含着两个具体的层面：一个是政治制度、法律、规范、措施等本身出现了问题，导致无法执行其原始的政治正义；另一个是公权力的掌握者基于自身利益而违背应有的职责、职权做出的滥用职权，或者以权力交易利益的事情。从严格意义上讲，这两者之间并非可以严格区分。因为当权者有机会、有能力做出违背职责职权的事情以谋取利益，并且在这之后不受惩罚本身就说明了制度、法律、措施等等存在着缺陷。正是这些缺陷的存在导致了公权力掌握者能以较低成本获取违规利益的结果。从而，公权力者的腐败体现的是现象，其背后隐含着的是公权力体系所存在的缺陷和需要修正的制度需求。

## 二、腐败的若干表现

公权力腐败是一个自人类社会产生政治现象以来就存在的问题。随着社会的昌明和人类文明的进步，公权力腐败的问题逐渐成为一个备受瞩目的政治问题。其被高度关注并非因为当前的腐败问题比过去更为严重，而是因为人们自我意识的觉醒、社会文化的转型，以及人们对公权力的再认识等等使得将社会公权力置于更为严格的规范和限制之下的社会政治条件日益成熟。随着社会规范的科学化和严格化，公权力的腐败也进入更为精细的研究视野，并被细分出众多内容。

对于公权力腐败，不同的学科有不同的解释和分类。西方经济学者通常按照市场交易的层次、特点和内容，将腐败分为四大类型市场。其中，第一类，也就是世界顶级腐败市场集中在发达的富裕的国家，如美国、日本和德国。这一类腐败市场的特点是权势市场，豪门家族控制着国家的政治和经济。第二类腐败市场是意大利、韩国和博茨瓦纳之类的国家。这些国家的社会精英掌控国家权力，形成类似卡特尔之类的垄断组织。但是由于国家处于明显的发展变化状态，精英垄断模式尚未达到门阀世袭的程度。第三类腐败市场是寡头与帮派或寡头家族式腐败。这一类典型是俄罗斯、墨西哥和菲律宾。第四类则是官僚权贵，典型的如肯尼亚和印度尼西亚。① 按照经济学者的说法，虽然四类腐败市场各有特色，但是“没有一个国家只存在其中一种类型的腐败市场类型，也没有任何一种腐败市场在每一个细节上都正好符合一个国家”。② 腐败所表现的特征多种多样，还需要具体问题具体分析。

经济是政治的基础。经济学家对腐败市场的分类突出体现了腐败市场的权力归属。四大类腐败市场具有一个共同的特点，那就是权力垄断。按照经济学的基本观点，一旦市场交易过程中出现垄断，那么市场的不公平现象就会出现。市场不公平交易的结果会直接导致社会经济发展的严重阻滞。因而，破除经济市场的垄断一直是经济发展实现经济活力的重要前提。经济如此，政治与社会也同样如此。当社会政治权力向某些阶层高度集中的时候，社会资源会被过度吸纳到某些社会人群当中。社会不公平现象带来的不仅仅是贫富分化，更严重的是社会矛盾的积累。社会矛盾的积累和社会分化是一对相辅相成的恶性循环体。按照马克思主义的说法，除非社会公平再度出现，否则社会矛盾的极度积聚迟早会使整个社会陷入极端的矛盾对立当中，并最终使社会自我崩溃。从而，

---

① ［美］约翰斯顿著，袁建华译：《腐败症候群》，上海：上海人民出版社，2009 年版，序言，第3、4 页。

② 同上书，序言，第4 页。

按照经济学的分析，任何社会只要出现了政治、社会、经济等权力的高度垄断，那么这个社会就陷入了腐败的状态。

社会学者对腐败的理解与经济学者的分析不同。如果说前者更加看重宏观问题的话，那么后者则更加乐于关注微观的事务。在西方社会学者的分析视野里，公权力的腐败主要表现在两个方面：一个是主动型腐败，一个是被动型腐败。所谓主动型的腐败就是敲诈、勒索，任意加征赋税，役使民力，乱收费、乱摊派等等。其共性是掌握国家公权力的国家工作人员主动向社会勒索钱物的行为。所谓被动型的腐败就是接受贿赂、礼品等。此类腐败的共同特点是社会上的人主动的刺激在前，掌握公权力的工作人员实施腐败行为在后。①

从社会学的角度分析，无论是主动腐败，还是被动腐败，都是处于国家层面的政府权力和处于社会层面的非合法性物质发生的往来。腐败人通过手中的公权力向社会索取或交换利益是腐败行为的关键。这种行为的后果是社会资源经由公权力的非公正性处理得以分配或者再分配。公权力的腐败给社会带来的是不公平的结果，破坏的是社会既有的秩序。社会既有秩序的破坏与恶化最终损及的是政府公权力的公信力和权威。

也有人从腐败产生的根源对腐败进行分类。在根源层面，腐败被大致分为三种类型：一是由社会根本政治制度引起的腐败——制度性腐败；二是由于具体体制不完善、不健全产生的腐败——体制性的腐败；三是由于公职人员个体素质原因引起的在公权力具体运作过程中产生的腐败——个体性腐败。② 其中，制度性腐败都发生于高度独裁的政治，以及其他类似政治制度之下。体制性腐败则在

---

① 姬金铎：《剖析腐败》，北京：经济管理出版社，1992年版，第8—9页。

② 林吕健：《驾驭权力烈马：公共权力的腐败与监控》，杭州：浙江大学出版社，2012年版，第52页。

古今中外各个社会形态中都存在过，并且表现出普遍性、集中性、再生性等特点。[1] 政府官员的腐败与我们日常生活中常提及的腐败现象类似。当然，也有学者将前两者归结为制度性腐败，而将第三者归结为个人腐败。前者主要强调官僚机构及其内在运作机制本身的腐败问题，后者则强调正常制度下官员个人的权力腐败问题。



人是有私欲的动物。自私有制、家庭和国家产生以来，人类的私欲便无可救药地融入了公权力体系之中。腐败根源在于私欲。我们可以崇尚高尚的人品，但是我们无法要求所有的公权力者都具有纯洁的人格和高尚的品格。当现有的制度无法排除公权力被滥用或者异化的条件时，公权力者的谋利行为也就在所难免。不仅如此，由于公权力的腐败与利益有直接的关系，因此当公权力趋向腐败的时候，腐败的现象也更多地体现在经济和与经济有关的领域。

胡鞍钢总结了四大腐败类型。其中，寻租性腐败、地下经济腐败、税收流失性腐败、公共投资与公共支出性腐败都与经济有关。而这些腐败所表现出来的具体形式如贪污受贿、走私贩私、以权经商、弄权勒索、以权谋“股”谋房、挥霍浪费等等也无不与公权力者的经济利益直接相关。[2]

腐败是人类社会所独有的私欲与公权力相结合破坏社会既有的公认秩序的现象。对这一现象进行细分不难发现任何腐败所共有的特点：私欲性、涉权性、主观故意性、渗透性、隐蔽性、反社会性、可控性，以及权力与利益相互支撑性等等。

所谓私欲性，特指腐败的动机是为了个人或者自己家庭、亲族等一己之私，而非天下苍生。这里特别把私欲性放在第一位讨论的主要目的是排除某些官员基于高尚的目的却不得不在社会现实面前委曲求全、随

① 林吕健：《驾驭权力烈马：公共权力的腐败与监控》，杭州：浙江大学出版社，2012 年版，第 56 页。

② 同上书，第 72—112 页。

波逐流的行为。

涉权性主要是指腐败的主体是政府公职人员和公权力的掌握者。

主观故意性是指腐败的行为无论是主动勒索钱财，还是被动接受贿赂，其在行为之前都会清晰地意识到此行为的非法性和非合规性。腐败无疑是在主观上明确非法性的前提下仍旧实施的行为，因此具有主观故意性。

渗透性是指腐败行为一旦开始，就会在原本健康的公权力体系中撕开一个口子。第一个腐败的官员通常很难在第二次诱惑面前主动停止。不仅如此，这个腐败的官员还会在其后来的行为中通过自己对规则的影响和他人的影响直接改变整个公权力体系的实际运行轨迹。这就是渗透性的体现。

隐蔽性主要是指腐败的外在表现形式。因为腐败本身具有的违法性和其他相关影响，所以它绝对不会是一种大张旗鼓的行为，更不会是一种赤裸裸的行为。几乎所有的腐败都会披着某种合情、合理、合法的外衣进行。这种腐败行为的规律最终产生的结果就是隐蔽性。

腐败的反社会性在于公权力和社会之间的关系。公权力本身是维护社会秩序的正义力量。然而，当公权力掌握者实施了腐败行为时，公权力变成了自身所维护的社会秩序的破坏者。它所破坏的不仅仅是具有合法性的社会秩序，还有社会对于公权力的依赖和信任。

腐败的过程包含着权力主体出卖权力的过程，也包含着收买权力者为了获取权力的支持而出让利益的过程。在这个过程中，权力和利益发生着双向的交换。双向利益交换的过程中权力和利益在特定的、相对封闭的空间内形成一个相互支撑的利益共同体。

在腐败发生的时候，权力和利益交换所形成的这个封闭的、暂时的利益共同体本质上是不容于整个公权力体系的。虽然它具有运用公权力的能力，并且对公权力体系产生了影响，但是它不过是一个暂时的毒瘤，它本身及其影响仍然可以被清除。因为这种权力和利益相互交换而形成的利益共同体并不是公权力体系本身，而且与公权力本身的运转规律存在着巨大的差异性和对抗性。从而腐败无论有多么猖獗，只要公权力体系本身是健康的、有活力的，腐败就永远是一种暂时的现象，是可以被控制的。

## 三、腐败的影响

腐败的类型多样，从不同角度解读可以分成不同的类型。然而，作为政治学的研究对象，腐败不是一个中性的客观现象，而是一个带有危害性的社会问题。对腐败进行分类的主要目的是研究腐败的发展及其规律，进而实现防微杜渐的目标。

从历史唯物主义的角度考察，腐败并不是从来就有的。即便是在中国古代社会也同样有很多手握重权却一生廉洁、一心为天下苍生的清官。然而，正如当时的人们渴望着“青天”一样，人们同样对腐败深恶痛绝。因为，正是腐败带来了政治统治的没落，正是腐败使一个国家由强盛转向衰败，也正是腐败加剧了社会矛盾最终引起了全社会的整体性冲突和对抗。抛弃虚幻的政治荣光，回归个体的人。人生最大的安乐全部寄托在国家的安定团结上。尽管很多人愿意畅想乱世的传奇，但是却没有一个人愿意背井离乡、妻离子散、一生不断经历生死离别。国家的繁荣富强是处于那个时代的人最大的幸福。然而，腐败的危害，却威胁着所有的这一切。

> 腐败的危害并不在于它的个案，而在于它的传染性和渗透性。腐败的渗透性是指一个腐败引出了另一个腐败，一个领域的腐败诱发了另一个领域的腐败，一个层次的腐败蔓延到另一个层次的腐败。腐败最初可以发生在公职人员身上，其后发生在对腐败现象容忍的部门，再后来发生在虽然口头唾骂腐败却只要有机会自己就干一票的冒险主义和投机主义者身上，最后发生在社会对腐败的普遍默认和效仿上。腐败其实并不可怕，某个公职人员的腐败也不可怕。可怕的是一个时期、一个部门、一批人对腐败态度的改变。当腐败被认为是一种改变生命质量、改善生活境遇的“绝佳途径”时，腐败其实已经威胁到了这个国家的上层建筑——意识形态。
>
> 腐败可以蔓延成为一种制度型的行为，最后还可能被意识形态合法化。因此，腐败可以分为四个不同的层次：个人层次、组织层次、制度层次和意识形态（思想）层次。一旦腐败渗透到制度层

次，它就具有了普遍性。如果腐败被意识形态所承认和接受，它就成为国家制度中合法的部分，就标志着整个国家都处于腐败的状态。①

腐败的最后阶段是意识形态化。腐败的意识形态化有三个显著特征。一是腐败观念的被道德化。此时，社会上的大多数人不再认为腐败是一种不道德的行为，腐败被视为理所当然，社会整体舆论开始向腐败的正面论述倾斜。二是腐败行为被国家立法和法律制度所接纳，成为规范社会行为的新的依据。三是腐败被意识形态等上层建筑所接纳、宣扬。②

腐败是一种被当今世界普遍否定的社会政治现象。对于腐败的危害是有目共睹的。然而，对于腐败对社会政治的影响到底如何，人们的看法并不相同。在正统的观念中，腐败绝对是一种恶事。

腐败不仅侵占（或先占）了公众的基本权益，破坏正常秩序，妨碍经济发展，而且奖励钻营、鼓励欺骗，从而破坏社会正常的道德秩序。当国家治理机制由于腐败猖獗而弱化时，伴随而来的是来自社会底层的暴力抗争，甚至是恐怖主义。所以，由于腐败的蔓延，“民主化”和政治宽松意味着全球大多数民众的日常生活变得越来越不安全，而“自由化市场经济”则成为仅使少数人越来越富，而穷人越来越穷且数量越来越多的原因。③

腐败由于更多发生在政治层面和公权力层面，因此它本质上体现了一种非法性和不公平性。这种非法性主要是指公职人员违背了他所履行的职责的基本原则，用自己的权力交易了非法的利益。所谓不公平性主要表现为他的交易行为违背了社会公平竞争的原则，以及这种权力交易所造成的公权力体系相对于它原本应当服务的社会的不公平。基于这两

① 姬金铎：《剖析腐败》，北京：经济管理出版社，1992 年版，第 10—15 页。

② 同上。

③ ［美］约翰斯顿著，袁建华译：《腐败症候群》，上海：上海人民出版社，2009 年版，第 2 页。

种社会和政治的公平和公权力交易的非法性，腐败（尤其是政治腐败）一直是各时代政治舆论和社会舆论口诛笔伐的对象。多年来，针对腐败的这些负面影响有多种分析。



从市场化经济更利于资源的优势配置的角度，有人提出了腐败对社会经济关系的负效应说法——腐败的代价。相关分析认为，腐败是一种与全面开放的市场经济完全相反的行为。它所带来的结果不仅是社会低水平竞争、资源和发展机遇的过度集中、市场逐渐被某些经济体所垄断等等问题。随着经济能力的集中，社会向边缘群体提供经济利益的可能性逐渐缩小。普遍腐败与普遍的、持久的贫穷逐渐形成因果关系。[①] 社会阶层趋于固化，社会矛盾一直积累。

就社会而言，腐败所破坏的主要是社会规则的公平性和公信力。当腐败行为经由官员的决定权变成社会一部分人对某些社会利益的独占或者优先占有的时候，社会内在的有组织的、有竞争的、健康的机制就会因为规则的破坏和人们对规则的不再信任而最终遭到弱化。其结果将不仅使影响公权力决策的机遇逐渐转成社会竞争的商品，而且使社会秩序和社会对国家秩序的理解发生扭曲。[②]

在政治领域当中，腐败的影响最终会危及公开、公平、公正的竞争性政治程序。随着经济社会利益垄断集团的形成，维护既得利益的需求将推动这些拥有经济实力的人去组建一个庞大的庇护关系网。后者将通过其财力去影响或者试图影响公权力机构人员的任命、选举，甚至最终控制某些重要部门，进而形成政治垄断。随着经济垄断和政治垄断相互勾结，反对意见的表达将变得毫无意义或者充满风险。与此同时，政策决策当中自由裁量权的非法、肆意使用将进一步破坏社会公平机制。[③] 在腐败猖獗的过程中，腐败的危害性还将蔓延到政府本身。随着腐败的加深，政府有关社会公平、正义

① ［美］约翰斯顿著，袁建华译：《腐败症候群》，上海：上海人民出版社，2009 年版，第 28 页。

② 同上书，第 26 页。

③ 同上书，第 29 页。

的号召力就会越来越弱。最终，政府的合法性也会遭到破坏。[①]

腐败的恶果和负面影响是显而易见的。然而，从治理腐败的角度看待腐败问题，有学者认为腐败似乎并非一无是处。究其原因，腐败的发生总有它独特的原因。虽然这不能用"存在的就是合理的"这种命题加以简单地解释，但是从多个角度理解腐败的确是非常必要的。20 世纪 60 年代以来，众多研究腐败问题的学者提出的有关腐败与经济发展和政治发展的观点虽然并不一定全然正确，但是却为解析腐败提供了一种独特的视角。

对腐败持相对肯定观点的学者主要是研究发展中国家的一些西方学者。这些人在对拉美、东南亚、非洲等地发展中国家的早期发展进行研究之后得出结论：在某种条件下，腐败对于资本的形成、市场力量的扩展、行政效率的提高具有一定的积极意义。这里所谓的"某种条件"严格意义上是指正式的政治体系缺乏某种社会需求的功能。这种社会功能的缺乏迫使社会系统通过突破现行政治体系的另类途径来实现自己的需求。在某种程度上，这种通过腐败的方式对政治体制缺陷的突破有利于缓和、化解社会矛盾，防止社会矛盾积聚、积压并最终酿成社会系统对政治系统的反抗暴力。

20 世纪 70 年代以来，有关腐败的研究进一步深入，涌现出一批有关腐败问题的新说法。其中，亨廷顿关于"腐败有益"的议论、彭多对腐败和制度化及政治发展的再思考、卡内罗对亚洲官僚腐败的研究、西尔波德有关腐败与低度发展的探讨、利恩对腐败与分配效率的再认识，以及冒罗有关腐败与经济增长的研究等等，为我们从不同侧面理解腐败提供了新的思路。

亨廷顿"腐败有益论"的主要观点是，虽然腐败在道德层面被

---

① ［美］苏珊·罗斯·艾克曼著，王江、程文浩译：《腐败与政府》，北京：新华出版社，2000 年版，第 301 页。

广泛地否定，但是腐败的正面效应同样不可忽视。除了对发展中国家发展初期的积极意义，对现代化国家而言，腐败也已经在很大程度上不再仅仅表现为致使政治衰败的力量了。腐败与现代化国家政治发展的关系是这样的：首先，腐败与改良一样具有维持政治体系的功能。对于传统规范极强有力的传统社会而言，社会虽然井然有序，但是必然缺乏活力和创造力。任何社会、经济的发展都会最终造成既有政治秩序变革的压力。这个时候，一定程度的腐败会成为一种润滑剂，减少现代化道路上的阻力。从而，腐败是改良的替代物，改良又是革命的代替物。毕竟建设一个新世界远远比打破一个旧世界难得多。

此外，亨廷顿还认为，腐败是政治意识和政治参与发展过程的必然产物。腐败在促进政党发展的过程中其实也在破坏自身存在的条件。如果政治行政部门的腐败有利于政党的成长，那么腐败其实并非一定与政治发展相背离。从而，发展中国家的政治腐败在某种程度上是它走向现代化的标志。腐败的这种积极意义在一个国家现代化的初期尤其明显。政治腐败本身在促进政治发展而非政治衰败方面具有更多积极的意义。不仅如此，随着政党的发展和制度化的出现，政治腐败还会自然地逐渐消退。

腐败对于社会、经济、政治发展的“积极作用”的确可以在某种时候、某种前提下找到。然而，不可否认的是，这种作用的一直持续和最终经由自身政治发展得以消化的案例至今尚未找到。2010 年初发生在北非和西亚地区的政治动荡虽然不全然是由政治腐败引起的，但是却和与腐败相关的社会公平问题息息相关。因此，腐败相对于政治发展而言，只是一个值得关注的现象。无论这种现象在当时产生的效应是正面的还是负面的，政府都应当予以高度的重视并尽可能地将其引入正向的改革、改良等制度化建设的道路。

腐败的危害在于它所造成的社会资源的非公平性流动。权力和社会资源在腐败越演越烈的过程中会逐渐向局部人群集中。这种政治权力和社会资源的分化决定了腐败的正效应不可能长期延续，也决定了腐败本身一旦形成巨大的社会、政治、经济等惯性就会难以遏制的事实。当社会极度分化、社会矛盾极度激化的时候，腐败所引起的社会资源和权力的重新分配的压力就会急剧上升。被动的政治改革、社会动荡，甚至革命也就会随之发生。然而，历史证明，每当这个时候，改革和消除革命的举措都将软弱无力。

## 四、腐败的根源

20 世纪末到 21 世纪，腐败已经成了世界性的难题。为了解决腐败问题，世界各国政府和学者采取了各种措施对腐败进行治理和研究。其中，有关腐败根源的研究对于理解和治理腐败最具现实意义。综合评判其大致可以归纳为三类，即人性恶、制度缺陷，以及私有制。

“人性恶”是关于腐败最传统的说法。人生而趋乐避苦的本性、贪得无厌的特性、绝大多数情况下自私自利的选择要先于大公无私的行为特征等等为腐败的人性恶找到了根据。人性恶的结论表明人，无论是当权者，还是市井小人，在利益面前都是意志薄弱者。从理论研究的角度考察，用人性恶来解释腐败虽然略显抽象且极具争议性，但是却为人们治理腐败指出了一条简明扼要的思路，那就是以恶制恶，以人性对惩罚的畏惧性对抗利益驱使性，用法律、刑罚等“堵”的方式让人避免重蹈腐败的覆辙。

关于腐败原因的第二个最为普遍的说法是制度缺陷。从严格意义上讲，人类社会的制度从来没有完美的。因为无论什么人以何种智慧创建了完美的制度也只能是彼时彼地的完美。人类社会、经济、文化、政治环境的不断变化终将会把一切制度的完美性淘汰。这种制度及其不断变迁的过程，相对于社会、经济、文化等等要素的滞后便为腐败创造了机会。在制度弱化的时候，政治和经济机遇的不平衡发展便极有可能导致某个领域里的强势集团借机腐败公权力的结果。①

由于社会制度的变革滞后于经济、社会的发展变化，因此公权力的腐败所需要的制度缺陷总是难以避免的，这便给腐败留下了契机。通常

---

① ［美］约翰斯顿著，袁建华译：《腐败症候群》，上海：上海人民出版社，2009 年版，第 39 页。

而言，腐败行为的完成与其他行为不同，它在行为环境和行为动机之后必须有一个成本代价的考虑。这就是说，当制度缺陷为腐败带来机会时，在公共权利人得到公权力交换利益的诱惑的社会，腐败并不一定会发生。由于公权力的滥用是违法行为，因此，作为公权力掌握者的潜在腐败者就不得不考虑这种行为的后果和可能受到的惩罚，以及受到惩罚的可能性等等问题。当腐败的成本远远低于获得的利益时，腐败行为发生的可能性便急剧上升；相反，则会降低。[①] 腐败面临的被惩罚几率和惩罚与腐败收益的对比状况变成了决定腐败行为的关键。从而，一个国家在制度设计上是否高度重视了这种对比关系在某种程度上的确可能决定着腐败的发展程度。

人类社会是一个极其复杂且随时发生着变化的社会。这种社会的复杂性加上人本身的情感、好恶等等因素就会产生很多难以理解的问题。按照一般的常识，腐败是由自我利益的动机所促使的（无论是公权力者，还是诱使公权力者腐败的人）、违背法律原则、被社会所不容的行为。然而，问题在于当社会制度的现状与经济、社会的发展产生了差距，也就是说社会经济的发展提出了对制度的新要求，此时的制度仍然没有改变的可能，而经济和社会发展的规律却推动人们自下而上地影响社会制度，但在尚没有形成改革压力的条件下，公权力被社会经济发展所影响的几率就会成倍增长。如果制度继续保持不变，那么被称之为腐败的现象就会大量出现。类似的现象常常发生在当今发展中国家经济和社会发展进入整体转型的过程中。

此外，与社会经济发展相关的同时与社会文化相联系的因素也是导致腐败的一个原因。通常而言，任何一个社会都有来自意识形态的道德规范和成功者的标准，但同时也有来自民间、被人们普遍认同的道德规范和成功的标准。当社会经济进入整体转型期时，社会文化通常也随之进入看似混乱却井然有序的转型过程。在这一过程中，传统的社会制度和道德规范往往被上层建筑所推崇，却无法成为普通民众通往市民社会成功标准的可行途径。相反，由于社会上层建筑与经济社会的脱节，越来越多的人奉公守法却穷困潦倒的例证增加了负面效应。在无法通过正

① 姬金铎：《剖析腐败》，北京：经济管理出版社，1992 年版，第 4—6 页。

常途径实现公共社会普遍性目标的情况下，人们便开始寻求改变现实制度限制的方法，并试图通过一切可能的方式突破滞后的制度的束缚。这种来自社会经济发展过程中的压力形成了社会变革对公权力的特殊需求，以及可变更的公权力体系相对于社会需求的不平衡供求关系。此时的社会和在公权力中生存的人们，可以选择坚持原则，奉公守法，但是却无法杜绝迂腐，敢为人先。对于这一点，需要说明的是，这里并无意为腐败现象做合理化解释，而是想提出社会转型过程中上层建筑变革的动力和压力等问题。因为，腐败所造成的不仅仅是社会既有秩序的破坏，更严重的是它造成了社会的不公平以及由此而诱发的社会矛盾。

对于腐败，马克思主义有着自己更为独到的见解。在马克思主义者看来，私有制是一切社会矛盾的根源。腐败当然也不例外。按照唯物主义的解释，人的思想意识决定于物质环境。腐败与人的私欲有关，人的私欲来自于私有制，私有制和家庭的发展强化了人的利己思想。于是，当有着利己思想的人掌握了公权力时，当这些当权者生活在以私有制为核心的社会制度当中时，公权力的异化和腐败便是再自然不过的事情了。这也就是为什么马克思一再强调“在共产主义社会产生之前，国家终究是一个祸害，国家权力机关最终堕落成为骑在人民头上的老爷”这种可能性终究不能被彻底清除的根本原因。

## 第二节　权力垄断与社会失衡

当今社会，人们不能脱离政治而存在和发展，政治无处不在，其成了人们生活的一部分。一个国家的发展也必然经历一个“政治清明—政治腐败—改革与革命—政治清明”的循环往复过程。腐败是政治发展的副产品。然而，我们不能因为“国家的存在本身是一个祸害”，而腐败就是这个祸害的根由就选择抛弃国家、废除政府。在保留政府的前提下，如何尽可能地缩小公权力腐败的空间才是我们当代世界探索政治发展的核心。从而，我们不得不重新面对导致腐败的另一个根源——权力垄断。

## 一、公权力的不当垄断

政治腐败是一种综合性的社会现象。从权力配置的角度考察，它主要表现为政府官员以公权力交易私人利益的行为。权力与利益的正常交易存在一个特殊的前提，那就是交易的代价和可能受到的惩罚不足以让交易者放弃交易。那么，为什么会产生这种现象呢？问题很可能与交易很难被发现，即便被发现了也可以通过权力手段将危害控制在可控的范围内，即便某些人的言行可能威胁权力和利益交换者的利益或者安危，交易者仍然能够通过权力的影响力轻易地解决问题等等有关。当以上情况存在的时候，则注定腐败不仅会滋生，而且还会进一步生长。

权力垄断是公权力结构和运作过程中的一种独特现象，特指公权力结构全部或者局部、特定时期、特殊情况下所形成的某个人、某个群体，或者某个部门对权力的阶段性、绝对性控制，以及在这种特殊权力掌控的过程中，权力不受或者很少受监督和约束，或者权力行使没有监督或者监督软弱无力的状况。

一般认为，公权力的腐败与权力垄断之间存在着必然联系。然而，也有人认为权力垄断不一定必然产生腐败。对此，需要说明的是，权力垄断虽然不一定产生腐败，但是腐败却必然与权力垄断相伴随。因为被垄断的权力环境中，权力的运用相对于非垄断的权力环境更加不易被监督和纠正，所以权力垄断下的腐败相对于置于公众监督下的腐败更具危害性。此外，腐败行为和公权力结合的最大危害在于腐败行为发生之后的公权力行为人或者部门会自然而然地产生加强权力的冲动，从而导致局部性的权力垄断状况。

从腐败的角度探讨权力垄断问题不难发现，官僚体系的人事权、非独立性司法监督审判权、被严格控制和审查的新闻与言论自由权、社会资源分配和再分配的权力是从不同侧面影响公权力监督约束并导致权力垄断结果的四个主要方面。

如在古代社会，掌握公权力的官僚体系人员的产生和任免一直由一种相对封闭的权力系统掌握。在当时一些文化落后的国家，不但没有公权力体系的准入制度，甚至连考核、任用、升迁、裁撤等标准也没有。

在这种情况下，公权力体系中的岗位变成了拥有决定权的部门和个人用以交易的对象。通过交易获得公权力的人则自然不会秉承一心为公的思想妥善地运用公权力为国家和民众服务。这种特殊的封闭性的公权力官僚制度在很大程度上促成了公权力官僚体系的腐败——钱权交易、权权交易、官僚素质低下、行政效率低下、贪污腐败横行等等。

英国在资产阶级革命胜利后确立了君主立宪制。王室一度控制着官吏的任免权。按照当时的体制，官职是英国君主用以恩赐的重要内容。随着官员不经考核的随意赏赐，英国政府的官职成了个人徇私的附属品。这种状况不但导致了卖官鬻爵行为的普遍发生，也导致了后来辉格党和托利党两党形成后政府官员依靠党派标准和个人意愿肆意派官的“政党分肥制”。这种官僚任用方式不但使英国官僚体系内部大量充斥平庸之辈、不务正业的官员等，而且还造成了英国政府众多的短视决策和周期性的政局动荡。①

美国立国之初也一度沿袭了英国的“政党分肥制”。每次大选获胜之后，当选政党的候选人就会将官职作为回报分配给那些在大选中做出贡献的人。美国的这种政策也一度对其官僚体系产生了负面影响，导致了比较严重的腐败现象。② 后来，英美国家针对腐败、低效的官僚制度进行了重大改革，引入了文官考试制度，将公权力体系和政党政治有效地切分开来，才最终比较妥善地解决了官僚机构的腐败问题。

分析英美官僚体系官员腐败之背景，我们不难看出行政官僚体系的人事任免制度对腐败的影响力。当英国的官员任免权被王室或当选的执政党所垄断，美国政府官员任免权被总统及少数高层政客所垄断时，官员的管理实际上就丧失了正常的规范。在官僚的准入、升迁甚至问责都由某个官僚体系之外的、高高在上的权力所决定的情况下，官僚体系内

---

① ［意］罗伯特·米歇尔斯著，任军锋等译：《寡头政治铁律》，天津：天津人民出版社，2003年版，第23页。

② ［法］托克维尔著，董果良译：《美国的民主》，北京：商务印书馆，1988年版，第332页。

部的运行机制和监管机制自然不会好到哪里去。腐败则成了自然而然的事情。

众所周知，司法独立原则是当今世界公认的提高政府效能、实现廉洁政治的基本原则之一。司法独立对监督政治权力的异化和个别官员的腐败具有非常积极的制约作用。司法独立原则将本来从属于行政权力的司法体系完全独立出来，形成了相对独立的司法权力运转体系。行政权力面临的不仅是腐败行为被查处的几率大大增加，而且不再能够干预审判结果而使腐败者逃避罪责。从而，独立的司法权成为约束和规范公权力的重要条件之一。

在 1974 年香港廉政公署（ICAC）成立以前，香港在公共服务机构中贪污情况十分严重。当时香港的司法权主要掌握在香港警队内部并被警队高层所控制。1973 年，涉嫌贪污 430 多万港币的香港九龙总警司英国人葛柏在被调查期间成功脱逃出境，引起香港民众极大愤慨。港英政府不得不立即采取行动。此后，成立了廉政公署（ICAC）。新成立的廉政公署独立于政府的架构，全权独立处理一切反贪污的工作，为香港清肃贪腐，维持公务员体系的廉洁奠定了基础。

廉政公署的独立性是其获得成功的制度性原因。这种独立性由机构独立、人事独立、财政独立和办案独立四大特征所标示。所谓机构独立是指廉政公署不隶属于任何一个政府部门。其最高官员“廉政专员”由香港最高行政长官直接任命。人事独立则指廉政公署专员有完全的人事权，署内职员采用聘用制，不是公务员，不受公务员叙用委员会管辖。财政独立指廉政公署经费由香港最高行政长官批准后在政府预算中单列拨付，不受其他政府部门节制。办案独立则指廉政公署有《廉政公署条例》、《防止贿赂条例》、《选举（舞弊及非法行为）条例》等赋予的独立调查权。这些权力涵盖包括搜查、扣押、拘捕、审讯，必要时使用武力，以及抗拒或妨碍调查属违法行为等法律规范。

新闻和言论自由是社会舆论自由的体现。它既是一种现代政治赋予人民的权利，也是一种能够影响社会的能量。通常而言，新闻媒体是一个国家正义的喉舌，如果一个国家新闻媒体都不勇于探究事实真相，那么一种正义的舆论力量就不会在这个国家形成，这个国家制约公权力的监督就会出现缺位。

以美国为例，其历史上也同样出现过新闻言论不自由问题。19世纪末20世纪初是美国历史上政治腐败的高峰期。当时政治腐败之所以泛滥成灾，其中一个重要因素就是公众舆论监督的缺乏。多数美国公民无视问题的存在。公众的麻木与冷漠态度纵容了腐败现象的大量滋生。这一现象的形成与早期美国的新闻业缺乏独立性密切相关。根据后来的研究，美国的报纸是18世纪末在联邦党人与反联邦党人的论战中产生的。1828年以后，随着全国性政党的形成。美国的政治家加强了对报纸的控制，使其进一步成为政党自我宣传和斗争的工具，而无法承担社会批判与监督的重任。① 直到19世纪中期后，随着美国城市化的迅速发展，报刊的发行量日益扩大，收入来源日益稳定，美国的报业才逐步摆脱了对政党财政的依赖，具有了一定的独立性。

美国的例证表明，政治腐败和新闻言论自由权的被垄断有着密不可分的联系。② 过度的媒体监控，不仅会让公权力体系失去应有的、实时的、灵活的、低成本的监控，而且还可能导致公民对公权力腐败的无原则妥协。这存在着多种危害。一方面，对于公民舆论的过度监管很可能造成国内民众普遍的信任危机，使其丧失安全感，不再相信国内主流媒体，以及盲目相信国外媒体的状况。另一方面，当国内媒体的正常舆论被严格控制时，公权力的腐败将经历特殊的反弹，而公众对于惩治腐败的信心则遭受重创。几次反复之后，民众监督公权力的积极性就会消失殆尽，甚至产生公众对公权力腐败态度从无奈、默认，到接受，直至恨

① ［法］托克维尔著，董果良译：《美国的民主》，北京：商务印书馆，2004年版，第332页。

② ［美］亨廷顿著，刘军宁译：《第三波——20世纪后期民主化浪潮》，上海：上海三联书店，1998年版，第266页。

自己不能亲力亲为的堕落趋势。前面提到过，当公众对公权力腐败的态度从其对立面转向普遍认同的时候，腐败也将进入其更高层次——意识形态的腐败阶段。通常而言，腐败进入到这一阶段之后，既有的政治体制将无可救药。

公权力对社会最大的影响在于它对社会资源的统一配置权。这种统一配置权是当今世界公认的腐败爆发点。由于公权力掌握着社会资源的配置权，而社会资源的配置决定着不同的人、不同的地区、不同的行业在未来社会生活中所能够支配的资源，因此它一直是腐败和反腐败者关注的对象。根据“寻租”理论，如果一切由于行政权力干预市场经济活动造成不平等的竞争环境而产生的收入被称作是“租金”的话，“寻租活动”则是投资者为了追逐政府干预所产生的差价，贿赂收买政府官员，最终以较低成本获得较高收益或超额利润的行为。这种政治腐败与社会资源配给权密切相关。政府官员接受贿赂，通过滥用自己掌握的社会资源配给权，满足一部分利益追逐者的需求，从而造成了既有公权力体制的腐败和社会不公平现象的产生。

## 二、社会资源配置的失衡

腐败的不断发展必然使整个社会资源分配趋向失衡，并在此基础上走向绝对。所以，人们有必要在社会资源配置失衡尚未引发不同层面社会矛盾的时候及早发现问题，革除阻碍社会秩序正常运作的弊病，避免可能引起的社会无序和动荡。

社会资源配置的失衡是在一定的社会结构中，人们对社会利益和社会资源追求与享用的失衡。通常而言，社会资源和社会利益的分配和配置是公权力对社会各阶层的利益规范，社会各阶层之间，以及社会各阶层与公权力之间在秩序范围之内博弈的结果。由于社会弱势群体在社会资源配置的博弈过程中处于自然劣势，在公权力无法正确关注到弱势群体的社会利益配置需求时，社会利益和社会资源的配置就会随着社会资源争夺的博弈过程而日趋明显地向社会阶层的某一方面集中。

18 世纪法国政治思想家爱尔维修曾说，利益是人们生存和奋斗的唯一推动力。然而，人却只能永远从他自己的角度去理解利益，无论他所理解的利益是正确的，还是不正确的。① 爱尔维修的话告诉我们两个事实：一个是在政治领域，利益是社会政治行为的根本驱动力；另一个是要求公权力的当权者和社会资源的既得利益者主动站在其他社会群体的角度思考和客观看待社会资源的配置问题是不可能的事情。因为他们和其他任何人一样都更倾向于从自己的立场去思考和看待社会资源的配置问题。从而，当一个社会及其政治系统缺乏一个相对独立、更具公正性的力量去约束和调整公权力和社会优势资源既得利益者对社会资源的决定权和获取能力的时候，社会资源配置无疑会朝着富者更富、贫者更贫的方向前进。

在社会资源配置向不同社会阶层呈不同状态流动的过程中，社会资源优势利益占有群体和弱势群体之间的差距在逐渐拉大。这种资源配置获取能力的差距不仅表现在资源分配的结果方面，还进一步表现在获取社会资源的手段积累的差距方面。随着社会资源获取结果越来越不利，弱势群体的生活状态将逐渐从生活型转向生存型。后者则意味着弱势群体将在未来的生活中面临日益严峻的窘境。在这种窘境之中，他们除了用以维持生命的基本资源，几乎不会有任何的盈余可供积累。而社会资源的优势群体则除了维持生活之外，还会获得越来越多的财富累积；不断积累的财富反过来又会为他们通过既有社会法制和规则之下的游戏规则和潜规则谋取更多、更有利的优势资源的机会。

马克思在著名的《共产党宣言》中经由分析资本主义社会中资产阶级和无产阶级的社会分化形象地阐述了公权力、社会优势群体和弱势群体之间在获取社会资源方面的关系。马克思指出，资产阶级在它已经取得了统治的地方将一切社会关系还原成为人和人之间赤裸裸的利害关系，除了冷酷无情的现金交易，就再也没有任何别的联系了。它用公开的、无耻的、直接的剥削代替了由宗教幻想和政治幻想掩盖着的剥削。

生产的不断变革，一切社会状况不停的动荡，永远的不安定和

---

① 北京大学哲学系外国哲学史教研室：《十八世纪法国哲学》，北京：商务印书馆，1963年版，第537页。

变动，是资产阶级时代不同于过去一切时代的地方。资产阶级日甚一日地消灭生产资料、财产和人口的分散状态，使人口密集起来，使生产资料集中起来，使财产聚集在少数人的手里。由此必然产生的结果就是政治的集中。各自独立的，几乎只有同盟关系的，各有不同利益、不同法律、不同政府、不同关税的地区，现在已经结合为一个拥有统一的政府、统一的法律、统一的民族阶级利益和统一的关税的统一的民族。资产阶级创造了自由竞争以及与自由竞争相适应的社会制度和政治制度，资产阶级的经济统治和政治统治。

随着资产阶级即资本的发展，无产阶级即现代工人阶级也在同一程度上得到发展。现代的工人只有当他们找到工作的时候才能生存，而且只有当他们的劳动增殖资本的时候才能找到工作。这些不得不将自己零星出卖的工人，像其他任何货物一样，也是一种商品，所以他们同样地受到竞争的一切变化、市场的一切波动的影响。由于推广机器和分工，无产者的劳动已经失去了任何独立的性质，因而工人也失去了任何吸引力。工人变成了单纯的机器的附属品，要求他们做的只是极其简单、极其单调和极容易学会的操作。因此，花在工人身上的费用，几乎只限于维持工人生活和延续工人后代所必需的生活资料。但是，商品的价格，从而劳动的价格，是同它的生产费用相等的。因此，劳动越使人感到厌恶，工资也就越少。

以前的中间等级的下层，即小工业家、小商人和小食利者、手工业者和农民——所有这些阶级都降落到无产阶级的队伍里来了，有的是因为他们的小资本不足以经营大工业，经不起较大的资本家的竞争；有的是因为他们的手艺已经被新的生产方法弄得不值钱了。无产阶级就是这样从居民的所有阶级中得到补充的。

我们已经看到，至今的一切社会都是建立在压迫阶级和被压迫阶级的对立之上的。但是，为了有可能压迫一个阶级，就必须保证这个阶级至少有能够勉强维持它奴隶般的生存的条件。现代的工人却相反，他们并不是随着工业的进步而上升，而是越来越降到本阶级的生存条件以下。工人变成赤贫者，贫困比人口和财富增长得还要快。由此可以明显地看出，资产阶级再不能做社会的统治阶级了，再不能把自己阶级的生存条件当作支配一切的规律强加于社会了。

资产阶级不能统治下去了，因为它甚至不能保证自己的奴隶维持奴隶的生活，因为它不得不让自己的奴隶落到不能养活它反而要它来养活的地步。社会再不能在它统治下生存下去了，就是说，它的生存不再同社会相容了。

尽管马克思曾经论述的资本主义社会随着第二次世界大战之后的西方国家政治经济改革而有所改观，然而，资本和资本运行所决定的当今世界本质上并没有改变。任何一个由资本控制的市场和这个市场所影响的政治环境都仍然无法完全避免政治公权力对不同阶层的偏见，以及社会资源的不公正配置。在现代国家发展过程中，国家的发展和发达通常由这个国家全体人民共同努力才能最终实现。然而，有时一个国家进入发展和发达状态过程中，社会和经济进步的红利却并不是大致公平地被全社会的人所共享。

通常社会发展初期，社会进步所提供的机遇普遍存在。但随着社会发展进入到稳定阶段，社会给不同群体所提供的机遇便会自然而然地呈现出特有的归属性。这种归属性虽然不一定和政策相关，却依然会通过某些被社会默认的准入标准表现出来。换句话说，随着社会发展进入稳定状态，改变生活状态的机会不再公平地属于社会的每一个人，而是逐渐被某些人或者具有某些条件的人所掌控。这也就是为什么社会发展到一定阶段必然会出现社会阶层的重新分化，以及社会矛盾的转变等等所谓社会转型期的问题。

从腐败的角度理解社会资源配置的失衡，我们不难发现，这里不仅包含着作为公权力掌握者以其个人的腐败行为对社会资源配置的不公平影响，而且还存在着社会公权力体系因其无法及时跟上社会经济发展产生的新问题、提出的新要求而产生的制度性的自然衰败。前者，无论从法律、社会舆论，还是从社会道德层面都是极易被人们发现并且修正的；后者，却因为公权力自身的合法性而被人们所忽视、被既有秩序的合法性所掩盖。然而，后者给整个社会经济发展带来的负面影响，对公权力体系所造成的负面冲击更具危害性。

20 世纪中期以来，一些国家官员贪腐个案层出不穷。这种以公权力掌握者为核心，以与官员裙带关系的人垄断经营社会优势资源为特征的腐败问题造成了很多国家在进入整体转型过程中突然翻车的现象。20 世纪，马科斯治下的菲律宾、苏哈托治下的印度尼西亚就是这种政治现象的典型代表。

当今，很多国家都宣称坚持“主权在民”的原则，即国家的权力来源于人民，人民是国家和社会的主人，人民掌握着国家权力。由此可见，人民是公权力的拥有者。但是，在这些国家当中，由于人口众多以及对权力行使的高效率的追求，每个国家都普遍实行代议制度。在这种制度下，人民只能通过选举代理人并且通过代理人来行使其所拥有的权力，而这些代理人却成了公权力的真实行使者。这种公权力的中介现象意味着公权力的拥有者与其行使者的事实分离。而公权力所代表和追求的社会公利益必须通过这一代理中介的活动才能得以实现。

这里需要明确的是，作为公权力的事实行使者，即代理中介，亦即通常所称的“官员”，也只是一个人民所委托的普通人。作为普通人，他们也有自己的个人利益。也就是说，官员在当今的各个国家中都是社会公共利益与个人利益的“结合体”。因此，官员在其社会活动中，不仅包含公权力所代表和追求的社会公共利益活动，而且还包含实现其个人私欲的个人利益活动。而后者既可能是一种合法合理的活动，也可能是一种非法不合理的活动。

权力作为一种实现利益的手段，使其拥有者及行使者掌握了更多实现利益的手段。在当代国家中，公权力的拥有者与行使者处于一种分离状态，公权力的行使由官员所掌控。这就意味着官员对所掌控的公权力的行使，使其拥有更多实现自身利益的手段，也使得官员有通过行使公权力来实现自己个人私利的可能性。当官员将公权力当作实现个人私利而不是社会公共利益的手段时，公权力就发生了异化，而政治腐败也随之产生。这从另一个侧面印证了阿克顿勋爵的著名论断：“权力趋向腐败，绝对权力导致绝对腐败。”

公权力的拥有者与行使者的分离为政治腐败提供了可能性。这主要是因为公权力的行使者（即官员）有可能将公权力异化为实现其个人私利的工具。倘若公权力的拥有者与行使者不存在这种分离，那么国家中的每个人都是公权力的直接拥有者与行使者，这样一来每个人都能运用这种公权力合法地实现自身的个人利益，也就无所谓公权力私化的问题存在，而所谓的政治腐败也就无从谈起。因此，公权力在当代民主国家当中的这种分离实际上就是权力异化、私化的前提。在社会资源配置的过程中，由于不同的利益优势群体拥有不同的相对利益优势，官员和利益优势群体之间更容易达成交易“协议”。这无疑会增加社会资源配置和社会利益的失衡。

如前所述，在官员腐败问题之外，公权力还存在着另一个更为重要的隐患，那就是政治性的制度和措施相对于社会经济发展的滞后问题。当这种滞后严重到了一定程度，已经无法缓解因社会经济发展而造成的社会资源极端化配置、阶层分化、社会矛盾加剧等问题时，便形成了上文所谈及的第二个层次的腐败问题。虽然这个层次的腐败问题表面上似乎比容易引起公愤的官员的腐败更加抽象，但是其所表现出来的特征却更具危害性。因为一旦一个国家的政治性的制度和措施容忍了公权力对社会资源的不公平分配，那么也就等于容忍了这个国家进入社会阶层迅速分化、社会矛盾持续积累、社会冲突由弱到强、社会动荡由点到面的状况。一旦一个国家的公权力呈现出类似的状况，这个国家和曾经拥立它的人民就成了对立面。与此同时，也正因为它不再能够承担起保护人民利益、维护人民稳定生活状态的责任而彻底失去了它的合法性。

## 三、腐败与社会资源配置失衡的双螺旋恶化

公权力的腐败会导致社会资源配置失衡。社会整体性资源配置失衡会将公权力的腐败从官员个体的腐败发展成为政策、体制的弊端。由于人性趋利避害的本然特征，以及权力结构本身的惯性，一旦贪欲促成了规模性的腐败且造成了社会公权力体系相对于社会经济发展滞后的顽疾，腐败便和社会资源配置的失衡形成巨大的社会政治综合惯性，最终导致整个政治体系面临重大变革的挑战。

一般而言，每个人都会有私欲。然而，人的私欲究竟能够对人产生多大的影响却一直存在争议。正和这山望着那山高的道理一样，人的私欲在某个时期、某个地点、某种境遇下是有限的。不过，如果放在纵向的人生道路上考察，我们却又会发现，人的私欲其实是在不断变化和发展的。在一个愿望实现了之后，往往提出另外一个新的愿望。新旧愿望

相替，形成了人的私欲的无限性。

当人的无限私欲与公权力相结合时，如果没有有效的制约机制或者本人的道德约束，私欲与公权力的结合则很容易产生腐败的动机。正如有些学者所描述的："腐化分子的贪欲是无止境的。旧的欲望满足了，又会产生更多、更高的欲望。许多腐化分子在从事腐化活动初次得手尝到甜头后，就一发而不可收拾。他们的胃口越来越大，要价越来越高，贪欲越来越强，以致于在腐化的泥潭中越陷越深不能自拔。"①这也是腐败不断满足私欲过程中社会资源配置的公正和平衡被不断打破的过程。

在腐败和社会资源配置失衡的双向运转过程中，公权力者并非一开始就是一个"性恶"的人。然而，在其执掌公权力并加以运用的过程中，公权力的行为和行为效果却对行为主体有着不可忽视的影响。这其中，利益递增效用和利益边际效用都值得试图改善腐败问题的人们所关注和研究。

利益效用递增性导致政治效应的持续性发展是第一个应当被重视的规律。所谓利益效用的递增性，就是主体在生存和发展过程中对利益在质和量上的期望值表现出依次增长发展的趋向性。而政治效应的持续性，就是主体对于利益效用的依次递增而在政治行为上的反应具有不断发展的趋势。这一规律的表现随着利益效用的增长发展，其对应的政治主体行为具有不断发展的趋势。② 根据这一规律，在政治腐败活动过程中，掌权者在权力交易时所实现的个人利益效用的递增性与其后政治腐败活动的持续性发展有着必然的联系。如果没有道德和法制等对公权力和私欲的制约因素的存在，或者这些制约因素严重乏力，那么掌权者通过公权力异化所实现的个人私利欲求必然会持续增加。这一道理对于通过权力异化间接实现了其个人私利的财富优势群体来说亦是如此。当公权力的不当运作与官员的个人私欲及推动其扭曲公权力的社会群体相结合的时候，利益递增效用的政治效应持续性规律便正式进入发挥作用的状

① 何增科：《政治之癌——发展中国家腐化问题研究》，北京：中央编译出版社，1996 年版，第 18 页。

② 张江河：《论利益与政治》，北京：北京大学出版社，2002 年版，第 212—214 页。

态了。

利益的边际效用与政治效应的转化是第二个应当引起重视的规律。所谓利益的边际效用，就是某种利益在社会一定时空中对主体需要的欲望达到饱和时所具有的效用。其与政治效应的关系表现在两个方面：首先，如果一定社会的治理者在对利益进行权威性分配时，连续不断地满足主体某一种利益或者相同的利益需要，那么，利益效用的强度就会逐渐递减，直到最终达到饱和。其次，执政者在对利益进行权威性的调控时，如果把经济利益与非经济利益联系在一起，那么，政治效应将呈现出复杂性。其具体表现是：当经济利益出现边际效用，而非经济利益却得不到实现时，主体对为经济利益所进行的政治活动反应或许是冷淡的，其积极性、主动性可能会减退；相反，主体为非经济利益的实现而参与政治活动的主动性、积极性将可能呈现增长趋势。[①]

以这一规律来观察腐败和社会资源配置的恶化，我们可以发现，当掌权者通过公权力的异化实现的某种个人利益需求达到边际饱和状态时，他对于围绕这种利益需求所展开的政治腐败活动反应会相对淡化，其积极性、主动性可能会减退。可见，随着某种个人私利达到边际饱和状态，围绕着此种个人利益而从事政治腐败活动的主动性会相应弱化。但这并不意味着政治腐败的恶化程度达到其极限。因为这一规律还暗示着另一面，即在此种个人私利达到边际饱和状态时，掌权者围绕另一种个人利益需求而从事政治腐败活动的兴趣则变得更为浓厚，其积极性、主动性则会相应加强。也就是说，围绕着新个人利益需求而从事政治腐败活动的主动性得到进一步的强化。这对于财富优势群体来说也是一样的。仔细观察当今世界各国腐败问题的发展过程，可以看出，在政治腐败活动中，利益优势群体的某种个人私利达到边际饱和状态，这意味着他们在这种个人私利上已经得到了极大的满足，进而进入对另一种个人私利的追求状态。对于利益弱势群体来说，他们可能还在竭力追求此种利益的实现。这本身就是一种社会资源配给的极度不公平和极端失衡的表现。

马斯洛曾根据人对其自身发展和自我价值的实现提出了所谓的基本需求层次理论。该理论将人的基本需求分为五种，即生理需求、安全需

① 张江河：《论利益与政治》，北京：北京大学出版社，2002 年版，第214—216 页。

求、情感和归属需求、尊重需求、自我实现需求，这五个基本需求层次逐级上升，形成人生追求的金字塔。



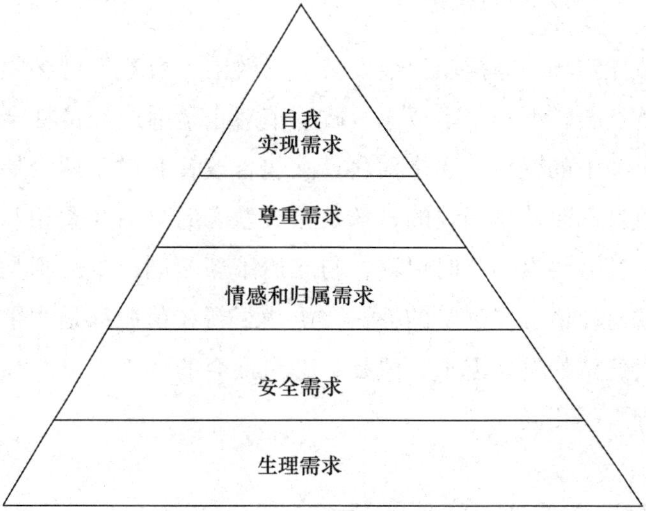


马斯洛需求层次理论示意图

借鉴这一理论，可从多视角理解腐败者和腐败问题的发生、发展的规律，还是具有实际意义的。从这一理论模型中可以看出，人的需求是不断向更高层级的方向发展的。因此可分析在政治腐败活动当中，腐败动机也是不断向更高层级方向演进的。这就意味着腐败者的个人利益需求在政治腐败过程中的不断高级化。显然，在这一腐败进阶过程中，越来越多的社会资源源源不断地向权力者和权力支持者的手中集中。在这个腐败持续深化发展过程中，腐败程度必然会进一步恶化，因为越高的需求层次越需要更加宽广、坚实的基础为支撑。与之相适应，为腐败者提供支撑的社会利益共同体也会攫取更多的相关利益来支持公权力掌握者的需求，同时以更强的资源掠夺能力来达成实现自我价值的需求。二者相辅相成，社会资源配置的失衡状态自然不可能随着腐败者需求层次的增高而得到改善。

# 第三节　政治革新与革命

经济依照市场规律推动社会发展，而政治上层建筑则必须积极跟进以适应经济社会转型的基本要求。政治革新正是适应经济社会发展要求的一种自上而下的变革。通常而言，它包含改良和改革两个层次。从本质上讲，改良和改革是一致的，都是相对静态的政治要素相对于充满活力的经济、社会要素的与时俱进。与政治革新不同，革命则是一种社会自下而上的对政治上层建筑的冲击。虽然革新和革命都是为了使政治重新适应社会经济的发展需求，但是二者对社会的冲击力以及社会发展的积极作用却大不相同。

## 一、政治革新与公权力修正

改良与改革在本质上并无太大区别。在中文语境中，改良的程度和深度都略低于改革。通常而言，改良行动的发动者是国家或者政府。其过程大致是社会经济发展到一定程度时，现有管理体制在某些方面出现了不适应社会经济发展需要的地方，国家或者政府通过调整制度实现管理体制与社会经济发展的重新适应。由于改良由政府主导，因此通常表现为自上而下的政令式管理体制的主动修正和调整。改良在某种程度上是针对具体管理体制的行为，因而它的修正幅度并不大，不会左右社会根本制度，也不会对社会总体发展态势产生重大影响。不仅如此，所有的改良行为还有一个共性，那就是都以原有的社会根本制度为基础的微调、局部修正，改良的措施与原有的社会制度之间保持着彼此兼容的特性。

改革相对于改良是一种强度、深度、影响都更大的，自上而下的体制变革。改革的内容往往涉及除了根本制度之外的方方面面，有的时候甚至会有直接针对根本制度的、大刀阔斧的改革。

改革和改良是国家或者政府主动推动公权力体系与社会经济相适应的过程。改良和改革并没有特别的界限，也没有在某种程度下只能改良不能改革，或者只能改革不能改良的严格规定。改革和改良都是针对社会既有病灶与时俱进式的修复，都具有积极意义。二者之间在很多情况下并不容易判定孰优孰劣。唯一能够判别的标准只有社会实践。

从某种意义上说，改良的力度的确要弱于改革。但是对于社会发展而言，并不是所有的有深度的改革都是最适宜的。当社会经济条件和上层建筑之间的关系没有发展到必要的阶段时，当改革的某些客观基础还不具备时，贸然推进具有一定强度、深度的改革措施往往会导致事与愿违的结果。因为在很多改革外部因素和压力并没有完全展现的时候，改革的设计往往更多依赖于主观的分析和判断，所以改革的效果会表现得不尽如人意。这个时候，局部的改良和修正或许比生猛的改革更为有意义，更有利于利用现有资源，更有利于发挥既有优势。当然，改革的条件一旦成熟，改良的效果就不再适应社会经济发展的需要了。

由于改革和改良都是在原有体制上进行的，因此多少会留下原有体制的特征和影响，甚至还会在未来的社会发展过程中出现原有体制在某些方面的反复。这是改革和改良不可回避的问题。然而，改革和改良却能够最大限度地保留原社会体制能量并且使之为己所用。

从社会经济发展的角度考察，改革是一种从政治体制高度解放生产力的过程。人类社会在经济、政治、社会三大层面之间有着不可割裂的联系。经济的发展改变社会，同时也会对政治产生重大的影响。这就如同恩格斯论述私有制产生之后，社会以家庭为单位构成了新的发展模式，进而产生出国家这个根本上影响人类社会事务的情况一样，经济、社会、政治三者之间一直存在着密切的互动关系。由于政治体制和社会管理制度相对于经济和社会而言是一个被动因素，政治因素的发展往往滞后于社会因素和经济因素的发展。它需要经济、社会发展过程中客观地反应出政治因素的不适应状况，引起公权力部门的重视，并且在产生足够强大的改革或者改良压力之后，改革或者改良的措施才能够被讨论或者最终出台。然而，需要注意的是，当一个国家没有一种主动的、积极的社会经济发展监测体系，在政治因素对社会经济发展需求反应迟钝的条件下，改革和改良的主动行为就可能会变得消极、懈怠，致使贻误改革和改良的最佳时机。

从改革的意义角度考察，改革的本意是建立一种更为有效的、更加适合社会经济发展的公共制度。“成功的改革将有助于社会抵制腐败，并且可以使问题本身朝着良性发展的方向转变”，进一步“提高公民追求和捍卫自己经济和政治利益、摆脱公权力不恰当的束缚”，提高社会规则的透明度、竞争的公平性等等。①

“在一个先进的社会里，使腐败受到制约的力量并不一定就是那些首先就把腐败置于控制之下的社会力量。有效的法律、惩戒和反腐败态度既是长期民主和经济发展的原因，也是结果。因此，改革具有重要的社会特性：法律和程序必须与文化价值、公平观念及合法权威相提并论。公民中可能出现的种种反应也必须得到重视。”基于这种目标，我们可以理所当然地认为，与旨在大刀阔斧地削减腐败相比，改革措施所要求的构建制度基础和政治拥护、使社会能承受其所经历的腐败并且把这种腐败逐步转变为各种破坏力不大的腐败，都是更为恰当的目标，从长期来看更具持续性。②

但是从实际的角度来看，普通的发展理想目标是建立一种制度。在该体制中，政治和经济参与是公开的、充满活力的并且广泛均衡的——从某种意义上而言，政治行为者不应当控制经济，反之亦然——并且两个领域中的活动在凭借强大的国家、政治和社会制度持续开展的同时也受到制约。这种理想目标或许是一种改革的指南。腐败现象在这种体制中不会彻底消失，但是，腐败将以各种破坏力不大的形式表现出来。此外，在一定程度上，腐败实际上是一种不完善自由化的结果和原因，健全的制度化和充满竞争的政治和经济不太可能被腐败者或被那些通过贿赂达到目的的人所掌控。③

既然改革具有如此重要的意义，那么如何改革才能实现其正向意义？由于公权力决定着社会秩序和经济秩序，因此实现社会秩序和经济秩序的变革首先要改变既有的运行轨迹。经由改革形成的对权力的约束和引

① ［美］约翰斯顿著，袁建华译：《腐败症候群》，上海：上海人民出版社，2009 年版，第 196 页。

② 同上书，第 205—207 页。

③ 同上书，第 207—208 页。

导，以使之成为一种能够主动适应社会经济发展的力量。这种能够自我监控、自我约束、自我完善的公权力便成为改革和改良的基本内容之一。为此，公权力的组织形式、权力的主体、公权力和公众之间的关系都有必要被纳入改革和改良的政策范畴。



亚里士多德指出："理想的政体应该是城邦凭以实现最大幸福的政体。"在这种政治制度之下，人民使自己成为一切的主人，用命令、用人民当权的陪审法庭来处理任何事情。他们这样显然做得对。因为少数人总比多数人更容易接受金钱或权势的影响而腐化。

然而，现实的政治并不能完全保证人民都有机会参与与自己生活息息相关的政治活动。现实的政治活动领域，无论是民主的体制，还是集权的体制，都存在公权力的代理状况。人民只能通过自己的选举权来对一个即将代理自己利益的人做出选择，而无法直接决定他在担任公权力职务之后的行为。这种间接的代理制度背后所隐藏的缺陷正是政治因素无法及时跟随社会、经济因素进行变革的重要根源。即便是最成功的民主制度，它也无法在公权力的环境中建立纯粹的以公民福祉为根本目标的竞争制度。因此，制度最终只能求助于公共的监督，也就是来自于外部的干预。这种随着社会经济发展而不得不发展起来的机制，正是所有改革中最佳、最关键，也是最难以实现的环节。为了根除公权力被滥用的状况，一个真正有效的改革就必须在政权的组织形式上建立能够吸纳社会外部监督机制，并正确、及时、稳健地反馈到现有措施、体制的变革上。这是改革和改良的第一大基本内容。

要想启动公共监督机制首先要确立适当的法律制度。当改革和改良的客观需求产生时，社会既有体制并不一定具备实现改良的客观条件。相反，在很多时候由于社会经济发展本身所具有的新鲜特征，公权力在推进改革时往往还会遇到种种来自于社会原有法律制度的约束和限制。这种情况下，政治权力要想主动推进改革，并使之行之有效，就必须建立一种利于推进稳健的改革和社会法律制度，并坚持在这一法律制度的框架下推动包括立法、法律、法规、行政规范等等一系列改革。

在确立基本的法律秩序之后，创建有利于有效监督权力主体的机制便成了防范公权力异化的另一个重要环节。在这里，针对腐败而进行的改良和改革便需要重新审定公共监督机制的效能问题。因为针对腐败——包括公权力体系中制度的落后、无效的腐败形势和公权力掌握者谋求私利的腐败行为——的公共监督所面对的是代表国家机器的公权力体系。无论监督的矛头指向人还是某一种制度，公权力的监督者都将面对巨大的挑战和压力。因为在没有特别有效的法制保障的条件下，这种监督是非常可能被扭曲为向法律秩序挑战的行为而受到国家机器的惩罚。从而，一个有效地保障自己顺畅运行的公权力体系要想保持健康发展必须能够与外部监督机制形成一种良性循环的关系，避免自身权力体系与外部监督机制的对立和排斥。为此，外部监督至少要具备相对独立的权力和相关的功能性特征。

> 对公权力主体执行监控任务的主体必须具有相对独立性。权力监控必须是依据一定的法律或制度的行为。监控方对监控对象拥有合法的监控权。相关监控主体保持独立，监控行为独立行使、纵向上负责且应具有不应受其他机关、组织和个人非法干涉的条件。相对监控主体而言，监控的客体的必要信息必须能够合法地公开。权力的活动虽然不一定时刻曝光在监督之下，但是权力行使的程序、规范则必须明确、公正、有效、与行政目标完全吻合且可以随时由公权力监控者审查。一旦程序、规范等环节出了问题，公权力监督者就有权随时提请审查程序。
>
> 公权力监督的最佳机制是权力制约权力。根据马克思在《法兰西内战》中的分析，只有权力最终回归了人民，这种监督权才能真正发挥作用。然而，在现实政治中，由于代议制的存在，人民因不同职业、工作特性的差别，以及生活现实压力的干扰，对权力的制约和监督往往流于形式。在更多情况下，人民多以一个个体的形式而不是一个整体的力量的形式与公权力相抗衡。因此，依凭公共监督的力量矫正公权力的错谬就需要更多制度性的保障。

公权力监控最理想的目标就是如马克思在《法兰西内战》中所论述的那样，全社会的公权力和公权力人都能得到人们及时、有效的监督。

一切权力曝光在人们的政治热情之下，从而使一切权力腐败现象得以杜绝。然而，这种曾经在巴黎工人起义的特殊历史条件下的民主监督制并不能被当今世界现实政治体制所完整地复制。人民监督在现实社会，尤其是对那些人口众多、幅员辽阔、社会经济差异和文化差异性巨大的国家而言仍然是一个非常理想化但不具现实操作性的议题。现实的公权力监督仍然不仅需要机制的保障，而且需要更为专业的机构代为执行。

由于权力监控的对象是国家机器和公权力掌握者，因此对权力的监控往往存在被监控对象的权力打压、打击、报复等可能的后果。从而，权力监控行为的权力保障机制如何确立就成为公权力监控的最重要内容。为了保证权力体系健康的运作，必须保证权力监控对权力的有效性。在这层意义上，公权力的监控主体和掌握者之间必须建立一种相对平等的关系。当然，这种对等并不一定表现为职权、级别的对等上，最重要的是能够使权力监督机制发挥作用。需要说明的是，权力监督不能走矫枉过正的路子。因为过度的权力监控会直接导致改革行为主体的不安全感，轻则影响权力行使者的积极性，重则导致权力监督者权力过大，致使整个国家机构倾向于为了应对监督而运转，甚至最终导致国家公权力机构被严重妨碍而丧失正常功能。

在公权力监督体系中，无论是集权型的政治体制，还是分权型的政治体制，最终都是公权力对于公权力的制约，因此仍旧是一种类似内部监督机制的监控系统。鉴于公权力体系与社会经济发展之间的相互关系，要想建立一种有效的监督机制，并帮助既有的公权力系统及时地除旧布新、改革弊制，就需要重新考虑这种机制与社会本身的关联度。为了及时从社会吸纳最具活力的要素，公权力系统还需要与公民社会建立稳定的良性互动关系。从社会上广泛地接受和吸纳有益于发现公权力问题的力量，进而实现及时完善公权力体系的目标。

公权力监督机制对于社会舆论的利用不仅表现在自下而上的信息吸收方面，还表现在自上而下的对社会舆论的正向引导方面。就社会公共舆论与社会监督机制的建立方面，公共舆论能否形成健康、正向、准确的话题和话题引导至关重要。随着当代传媒向立体化发展，传媒对社会大众的影响力在呈几何级数增长。在社会公众的关注和经济效益直接对应的情况下，社会舆论导向往往会在社会经济大转型的过程中更倾向于刺激性的新闻，以及能够创造轰动效应的事件。这类传媒规律在社会普遍蔓延的结果将导致社会改革和改良的环境急剧恶化，甚至形成社会舆论对公权力的过度压力。为了避免在改革和改良公权力体系的过程中公权力体系遭受过度的舆论压力，公权力的监督者有必要适时、适度地处理舆论和公权力腐败之间的关系，避免矫枉过正，甚至迎合社会舆论的错误。这种权力监督体系的居间作用在市民社会形成过程中，在公民意识尚未走向常态的情况下，尤其重要。

## 二、改革与革命

改革通常是指统治阶级中的政治领导集团，根据社会矛盾状况，适应经济社会发展要求，依靠现有的社会制度本身的力量所进行的改进政治体制、调节政治关系、完善政治功能，以巩固和加强其政治统治的政治过程。因其主要依凭政治的功能而实现，所以也可称为政治改革。

政治改革的主要内容包括法令法律的修改、政治体制的完善和重建两个方面。前者主要是革除与现实经济社会生活不相适应的法律、法规，同时通过必要的立法活动增补社会经济发展所需的法律、法规等内容。后者则主要是完善民主体制、进行司法制度改革、重新界定政府机构和与之相关的中央与地方的权力，以及公权力体系工作人员的相关制度等等。通过这些制度性的完善和修改，最终实现适应新的时代所需要的政治上层建筑的完善工作。由于政治改革是一种自上而下的、有计划的、有步骤的政治行为，因此这种政治改革行动通常都是以不破坏现有政治框架为前提，以调整、完善、提高统治阶级政治权力的实际效能为目的的政治改革行为。在过去几十年里，除了极个别的国家在改革中经历了相对激烈的政治过程，绝大多数国家的政治改革主要表现为一个和平、缓和、长期、渐进的过程。

政治改革是政治发展的要求。随着经济、社会的发展，政治改革是必须的。由于政治改革除了适应经济社会的要求之外，还承担着让社会从分化、矛盾的状态重新回归和谐、共荣的状态的任务，因此，尽管这些改革所产生的政令、法律并不会损害统治阶级的根本利益和现存的基本制度，然而，政治改革通常仍会触动某些社会既得利益集团的利益，甚至引发局部层次的针对某些既得利益集团的不满和反抗。

政治改革的首要作用是缓解或消除社会利益矛盾。政治改革既是当时社会矛盾发展的必然结果，又是解决社会矛盾的一种重要的政治方式。考察近几十年来发生在匈牙利、古巴、英国、中国等国家的改革，几乎所有的改革都在不同程度上缓解或消除了政治机制与经济、社会之间的矛盾，并大大缓解和削弱了传统政治体制对社会经济发展的束缚。

革命是一种与改革截然不同的社会政治运动。按照马克思主义的说法，革命是以阶级为主体、以夺取政权为首要标志、以政治制度的新旧更替为基本内容的激烈的政治变革。在人类历史上，曾经出现过奴隶对奴隶主的革命、农民对地主阶级的革命、资产阶级对封建主义的革命，以及无产阶级对资产阶级的革命。由于统治阶级总是不那么情愿自动退出历史舞台，因此相对于政治改革而言，革命则表现出更多的暴力特征。

政治革命通常以先进阶级和广大群众为革命主体，以腐朽、堕落和不再适应生产力发展的统治阶级的统治为革命对象。政治革命不是少数政治人物、政治派别和政治群体之间的行为，而是席卷整个社会的阶级之间的政治斗争，是一个阶级与另一个阶级（或几个阶级与另几个阶级）之间的政治较量。因此，政治革命与军人造反、政治叛乱不同，它是以阶级为基础，是一个阶级对阶级的政治斗争。

政治革命的终极目标是夺取政权。因此，尽管这场政治行动通常是发生在统治阶级和这个时期反对统治阶级统治的先进阶级之间，然而，革命却往往会席卷整个社会，并吸纳整个社会成员加入到这场超级政治斗争中。这个时期，作为统治阶级的反对者——先进阶级是整个革命的领导者，但是这场革命往往并不会被宣传成为为了某个阶级的革命，而被宣传成为代表整个社会的整体的革命。

政治革命的发生通常以政治体制严重阻碍社会经济的发展为契机。政治革命基于这种政治上层建筑和经济、社会的不适应而发生。政治革命的根本目标正是在于改变这种不适应经济、社会发展的既有政治上层建筑。

通常而言，当一个国家的政治上层建筑与经济、社会发展能够保持同步，或者彼此适应的时候，政治统治的延续不会对社会和经济发展造成重大障碍。随着社会、经济的发展，一个健康、仍然有活力的政治体制一定能够通过各种方式对自己进行调整，进而实现与社会、经济发展的共同进步。这种共同进步可以经由改良和改革来完成。然而，当某个社会的政治上层建筑趋于腐朽、僵化，不再能够通过自我修缮的力量完成对社会经济发展的重新适应，这个掌握着国家公权力却无法适应社会、经济发展的政治力量就会成为真正的阻碍社会发展的力量，而掌握着国家公权力的既得利益集团也就成了最为反动的统治集团。在这种情况下，革命的发生便不可避免。不仅如此，由于统治集团往往连改革的觉悟都没有，在掌握国家机器的情况下，自动退出统治地位、自动放弃既得利益也是不可能的事情，因此，革命通常也需要经过暴力的过程才能完成。

由于革命的主要目的不在于统治阶级本身，而在于统治阶级所掌控的政治上层建筑中不适合社会、经济发展的那部分社会政治制度，因此革命一旦成功，变革既有政治体系便成为革命最终要实现的目标。随着革命的成功，原有政治统治体系当中的政治制度、权力分配关系、国家机构、中央和地方的关系、宪法和法律等等都要进行重新的设计和完善。当然，这里要特别指出的是，由于先进阶级对统治阶级的革命目标不在于统治阶级中具有自然生命属性的人，而在于他们所掌握的政治权力和维护的政治制度，因此只要后者在特定的历史条件下能够主动放弃政权，革命也有通过和平方式完成的可能。

导致革命的原因有很多。除了马克思主义传统的革命理论之外，现代政治学研究还发现了社会挫折感、相对剥夺感等几种可能导致类似革命行为的理论范式。尽管这两种有关革命的说法与马克思主义有关革命的论述在很大程度上有所不同，并且缺乏阶级理论那样精辟的理论体系的支撑，以及20世纪纵贯全世界的无产阶级革命风潮的印证，但这两种观点对于我们反思当今社会个体的、小范围的反社会行为、恐怖活动、恶性群体性事件却有着非常积极的意义。

亨廷顿在其经典论著《变化社会中的政治秩序》中提出了“社会挫折感”与革命的关系。他指出，在发展中国家所经历的现代化过程中一直存在着两个方面的变量：一个是社会动员程度的不断提高，另一个则是经济的发展。其中，前者在现代化过程中不断提高了人们对未来生活品质的期望；而后者则以实际生活水平的提高兑现着当初动员人们参与发展进步的期望。然而，遗憾的是，这种经济发展和社会动员之间并不能长期稳定地共同发展。很多时候，由于经济发展的周期性限制，以及政治上层建筑对社会资源的不公平配置等问题的存在，当现代化发展到一定阶段，社会动员的程度和速度往往会出现不定期地高于经济发展的状况，因此，便会在期望满足疲软与需求刚性增长的状况下形成普遍的“社会挫折感”。[①] 在社会、经济发展出现困境和政治上层建筑调整不及时的状况下，无法缓解的社会挫折感就会使人们产生通过政治参与向政治体系施加压力进而改变生活境遇的要求。如果既有的政治体制尚不具备组织和疏导政治压力的机制和能力的话，带有革命性质的政治动乱便会应运而生。

与亨廷顿的“社会挫折感”观点相近，美国学者格尔经过多年的研究发现，当代世界革命并不一定是由于贫穷引起的。格尔的研究表明，非常穷的人往往由于太忙于供养他们的家庭而根本无暇造反。相反，那些能够填饱肚子，并注意到另外一些人正过着比他们好得多的生活的人才是革命的生力军。因此，并不是贫困本身，而是社会资源配置过程中的不公平状态——“相对剥夺”，以及它所产生的“相对剥夺感”激起了人们的愤怒而引起革命。不仅如此，类似的革命也并不是发生在社会经济生活变得更糟的时候，而是人们感到可能获得的有价值的东西和机会与他们实际获得之间存在着巨大的鸿沟的时候，而这个时候恰恰是社会经济生活正在变得更好的时候。革命发生在人们对“相对剥夺感”的愤怒当中，尤其是这个社会已经存在着鼓励人民敌视政治目标的市民文化的时候。革命的发生或许远远不如安静、耐心的等待，然而革命却给了人们发泄愤怒的途径，尽管革命的结果可能与他们的追求大相径庭。或许，他们在发动革命之初也不知道他们想要的到底是什么。

革命的发生与社会资源的不公正配置有关。这种不公正的资源配置

① ［美］塞缪尔·P. 亨廷顿著，王冠华等译：《变化社会中的政治秩序》，上海：上海人民出版社，2008 年版。

以及与它相适应的政治上层建筑必然会面临种种的社会质疑。在激烈的社会质疑和反对声浪中，革命或许在不经意中豁然成型，让人们无所适从。在某些执政者一次次错过可以经由改革改善政治环境的前提下，社会的不满和愤懑被积压、被积累，直至最终爆发。埃及的政治动荡如此，利比亚的政治动荡亦是如此。

## 三、改革的挑战与革命的宿命

政治改革与革命的背景和原因相似，却又不同。改革需要社会矛盾虽然已经产生，但却仍处于可控范围这样一个独特的前提。而革命却是社会矛盾已经超出了现有政府所能控制的范围。因为革命一旦发生就不是以政治改革为目标的，而是以推翻现政权——至少是现在的统治集团为目标的。因此，当今世界的革命往往与传统的革命一样具有暴力的特性。就当代世界整体发展而言，自上而下的政治改革要远远胜于暴力革命。因为无论改革还是革命，政治所要解决的问题终归就是上层建筑与经济、社会不适应的问题。从而在某种程度上说，改革是直接针对问题而进行的政治活动，而革命则迂回得多。因为它首先要推翻一个既有的政权，或者至少推翻一个既有的统治集团。然而，无论我们在革命的戏剧中看到多么激动人心的场面，我们终须知道，革命不是目的，打破一个旧世界也不是目的，目的是建设一个新世界。遗憾的是，在人类革命的历史上，只有共产党领导的革命才是唯一一个在革命的过程中就知道要如何建设一个新世界。

20世纪末期以来，世界发生了多种以政治动荡为特征的革命。这些革命无论是被冠以浪漫色彩的“茉莉花”之名，还是其他名称，都是以动荡开始，以动荡继续。时至今日，那些依然在动荡中朝不保夕的人们早已无法再回到过去那个虽然每天都有不满，却还可以保全生活的日子。当今的革命和马克思生活的时代已经大相径庭了。革命已经成了被西方大国所利用的政治伪精英的华丽借口。

无论世界怎样，生活需要安定、团结、和谐的基本环境。这一环境不能靠革命，只能靠改革。所以亨廷顿也承认：改革者所面对的课题比革命者的要困难得多。因为，革命是单线作战，是阶段性工程，而改革却是多面作战，改革者必须具备比革命者更多的政治技巧，有更多的耐心和智慧，能够更精巧地理解和控制社会变迁。

**【思考题】**

1. 什么是腐败，腐败主要有哪些表现形式？
2. 腐败对社会、经济和政治上层建筑有哪些影响？
3. 腐败的根源是什么？
4. 公权力的垄断与社会资源的配置之间存在什么样的必然联系？
5. 改良和改革的基本前提是什么？
6. 传统的革命和当今世界发展中国家发生的革命有哪些区别？
7. 改革和革命哪一种政策更有利于社会的发展？

# 第七章　政治发展与公权力的转变

政治是人类社会的特有现象。虽然它相对于经济、社会等因素显得缺乏活力，但是它并不是亘古不变的。自人类社会出现政治现象至今，政治现象和政治结构经历了诸多发展阶段。不同的发展阶段，政治及其所依凭的国家机器呈现出不同的特征。作为政治的两大维度——权力和利益——也在不同时期呈现出不同的表现形式。这种不同人类发展时期政治及其所依凭的载体——国家——所呈现的不同表现形式就是政治发展的历程。当今世界，经济、社会随着高科技的迅猛发展进入了日新月异的快速发展阶段，这势必为政治的发展带来机遇和挑战。面向未来，政府应该从哪些角度调整自己的发展方向以更好适应高速发展的世界已经成了摆在全世界政治家，尤其是发展中国家和经济、社会转型中国家的重要课题。

## 第一节　政治发展

政治发展是人类20世纪后半期最主要的政治学命题之一。二战至今，人类社会经历了“民主社会主义”的创造、社会主义国家政治制度的建设与改革、发展中国家摆脱殖民地后的民主政治抉择，以及发达资本主义国家的政府再造运动等等。所有这一切变革都在不同程度上体现了政治发展的相关内容。政治不是一个一成不变的事务。作为经济的上层建筑，它与经济发展的适应关系是其存在、维系、变革的根本。

## 一、政治发展的两种基本说法

政治学有关政治发展有两种不同的说法：一种是以西方国家政治学者根据对发展中国家，或者所谓传统国家在工业化进程中实现社会经济转型中的问题提出的有关政治发展的研究；另一种是马克思主义根据经济、社会发展的基本规律提出的政治发展的理论。前者主要针对发展中国家提出，后者则更注重一般性规律的总结和研究。

现代政治学领域的政治发展问题最早由西方国家学者提出。二战后，世界殖民主义体系崩溃，众多新兴民族国家兴起。独立后的这些国家开始寻求自己的独立发展道路。很多国家都将工业化、现代化作为自己经济发展的战略目标，这将它们推向了工业化的进程。一些与西方殖民宗主国有着密切联系的国家在经济上推行工业化、现代化进程的同时，在政治上尝试着建立了民主制度，文化上广泛地普及西方教育体制和理念。这种特殊的变化经由西方主导的世界市场的关系而直接影响了独立后众多民族主义国家的发展。这种影响不仅包括经济的、政治的，还包括社会文化的等等。

随着经济发展的工业化、政治发展的民主化、社会文化的西方化，发展中国家在经历了一段相对稳定的发展阶段后迅速进入经济、社会转型的发展阶段，并在这一阶段经历了众多传统西方经济、政治理论所没有涉及的挑战和挫折。与此同时，西方国家虽然经历了战后的繁荣，经过发展“民主社会主义”制度实现了社会的和谐与繁荣，但是一系列经由政治和经济关系的新问题也被重新提了出来。正是这一时期众多发展中国家开始了工业化之后的社会政治变迁，这些社会政治变迁所引起的种种变化，以及整个西方世界体系内部的微妙变化，使西方学者以发展中国家的政治发展问题为研究对象，借鉴发达资本主义国家和社会主义国家的制度比较引发了大量学术研究成果的涌现。

20 世纪六七十年代，此类研究相继出现。其中，著名的有勒奈 1958 年的《传统社会的消失》、阿尔蒙德和科尔曼 1960 年的《发展中地区的政治》、阿普特 1965 年的《政治现代化》、帕伊 1966 年的《政治发展面面观》，以及亨廷顿 1968 年的《变革社会中的政治秩序》等等。这些论著和其中对发展中国家的大量个案分析和研究成为后来影响政治发展问题的重要经典论著。

这些西方学者认为，所谓的政治发展其实就是发展中国家进入经济和社会现代化进程之后必然要经历的政治变革。（亨廷顿）这种政治变革发生在经济发展到达一定程度且经历社会转型的过程中。它是传统经济社会国家向现代化国家转化过程中的政治后果。一个国家一旦开始了工业化进程，走上了现代化的道路，其经济发展自然而然地会推动社会发生相应的变革，并由此造成政治的发展，也即政治现代化的过程。在这一过程中，一个国家独立的民族性会越来越强，行政制度和法律会逐渐趋于完善，市民社会逐渐成熟且公民的政治化组织程度会逐渐明显增强，进而这个国家的民主化进程也会随之被启动，民众参与政治的热情和程度都将得到发展。与此同时，政治权力系统与社会民众的关系、政府有效运作的能力都将接受新的考验，并且最终经由政治发展而得到改善。

在政治发展的过程中，传统的权力政治体系与公民的参与共同建构起政治发展的核心价值。市民社会中普通公民参与政治的途径、机制逐渐发展，越来越多的市民阶层被吸纳到政治参与的系统当中。公民与社会公共事务之间的相互联系逐渐加深。政治体系的运作从传统的金字塔结构下仅由若干权力集团、少数社会精英掌控的状态转向由广大市民共同参与的扁平化政治权力运作体系。

这些西方学者认为，伴随着发展中国家权力结构从金字塔型逐渐向扁平状态转化，传统的具有集权特性的政治权力结构将经由政党政治、民主体制，以及经济、社会、文化等领域的能够影响公权力体系的利益集团的发展和崛起而逐渐被分化，进而进入公权力多元化的结构状态。伴随着社会、经济、政治等因素的综合发展，作为公权力的主要因素，政治将与经济、社会、文化等部门形成新的分工合作关系，并在未来的权力结构运行过程中形成彼此互动、相互约束的关系。

从效果角度来考察，政治发展往往意味着政治功能的系统性强化。换句话说，在经济社会发展推动政治发展的过程中，政治发展意味着政治性的因素与经济、社会之间的功能协调得到进一步加强。一方面，政治作为公权力的使用者和管理者，其职能、权限范围、工作对象都随着经济、社会的发展而相对改变，传统意义上不属于公权力协调的内容逐渐成为公权力发挥重要作用的领域，例如金融、市场、文化教育等等。另一方面，政府的职能和公权力的范围，在经济社会发展的过程中发生了收缩。一些传统上不得不经由政府权力运作的事情，经由政治的发展而转交给了经济和社会等要素的职能来处理。

现代政治学探讨的政治发展更注重经济与社会变化为政治上层建筑所带来的现实动力，政治如何与经济、社会彼此建立更加和谐的关系，以及这些关系如果无法得到妥善的变更将遇到的种种社会、政治问题。然而，这些问题并非仅仅出现在发展中国家。求实地说，发达国家的政治发展同样面临着种种挑战和危机。20 世纪末以来，西方包括美国在内的发达国家在经济发展逐渐走向低靡的状态下，经济、社会中出现的新问题对现有西方国家引以为傲的政治制度提出了种种质疑和挑战。西方国家的民主制度给人们带来便利的过程中，频繁出现的战略短视、政策失误、追求眼前利益等等在传统政治学角度显而易见的失误的现实说明，政治发展不仅仅是发展中国家的问题，而且也是发达国家的问题。

马克思主义认为，在人类共同生活的状态中，政治、经济、社会三大要素构成一个完整的整体。这三个要素处于相互影响、相互制约、相互促进的关系当中。三大要素中，经济和社会处于相对更加活跃的状态。因为人类的经济活动基本上来源于人类生存的需要，其活力和变化最大。社会是人们在经济活动过程中形成的各种需求和思想交融的载体。经济发展变化势必引起社会因素的发展。在人类社会三大要素构成的统一体中，经济、社会因素的发展势必带动政治因素存在环境的变化和发展的动力。

政治发展的本质是经济和社会发展对政治矛盾运动的基本要求。在这一发展过程中，政治发展被经济和社会的发展所决定。然而，由于相对于经济和社会因素而言，政治因素因其拥有公权力而在某种程度上处于与经济、社会相对脱离的状态。政治发展具有特殊的滞后性。这种滞后性是经济、社会与政治因素矛盾发展的根源，也是经济、社会因素最终规范政治因素发展的原因。

政治发展是政治正义性的根本体现。在抽象的政治正义性层面，政治作为经济和社会的上层建筑理应为经济、社会服务，为经济、社会发展开辟道路。然而，作为现实政治的发展规律，这种抽象的政治正义性并不存在。政治作为公权力构成和运作的核心体现因其自我调整的滞后性而经常无法跟上经济、社会发展的步伐，甚至在某些时候还会因为一些既有制度的限制而成为经济、社会发展的阻力。这种情况下，政治发展便成为那个特定的人类社会发展的必要条件。

政治因素相对于经济、社会因素的滞后性由多种原因造成。通常情况下，只有在最理想化的状态中，政治因素才能够随着经济和社会因素的发展而实现恰当的自我调节。在现实人类社会中，政治因素因其主要由人的主观能动性来决策政治与经济、社会因素之间的关系，以及政治相对于经济和社会因素的调整等问题而难免出现脱离客观现实、非科学的状况。不仅如此，当一个国家处于稳定的政治状态的时候，政治的统治集团也会随之趋于稳定。这种掌握着公权力且日趋稳定的政治统治集团在现实政治的过程中与其他社会阶层对公共社会资源的掌握能力，以及社会地位也将随之而发生变化。当社会统治集团形成自己独特的利益链，而这一利益链与社会经济的发展方向出现背离的时候，政治统治集团便在很多情况下成为阻碍政治发展的重要力量。因为既有的相对陈旧、已经不适合经济社会发展的政治架构或者运作模式在某种程度上或许恰恰就是政治统治集团获取最大利益的工具。从而，如果不推翻政治集团的统治，或者不触及国家政权，政治发展便不可能实现。这就是为什么马克思主义将政治发展的核心问题归结为国家政权问题的根本原因。

与现代西方政治学者以发展中国家工业化为起点研究政治发展的思路不同，马克思主义在研究政治发展的起点时更强调政治因素本身——是谁最终阻碍了政治发展。在马克思主义看来，政治的根本在于社会权力和利益的分配关系。作为政治统治者，统治阶级的根本利益在于维护自己的既得利益，否则就不会有人类社会自古至今种种不公平、不公正的制度规范。在政治统治的视野里，社会阶层和阶级对公权力掌握的差异性、对社会资源占有的差异性是一切经济社会活力的最大禁锢。正是因为统治阶级对社会利益的高度垄断以及通过公权力对既得利益的高度维护阻碍了经济社会发展的活力，形成了政治发展的外在压力。虽然当代世界发展中国家的改革从多个层面诠释了政治适应经济和社会文化发展的灵活性和适应性，然而，古代社会和当今世界某些独裁国家的政治表现却从另外一个侧面证明了马克思关于阶级斗争和政治发展的基本理论——阶级斗争是政治发展的重要动力之一。

人类社会政治权力的结构决定了权力永远只能由一部分人掌握。在人类自信的道德没有得到实际检验的情况下，在没有真实有效的制度约束的情况下，掌握公权力的人一直保持权力服务于社会的可能性是微乎其微的。基于这两种现实，政治因素在其运行过程中脱离经济、社会的发展，对社会资源实施倾斜性分配的情况自然在所难免。不仅如此，政治因素与经济、社会发生脱节的情况还会发生在对非己阶层的冷漠和无情方面。在封建制度取代奴隶制度的过程中，资本主义制度取代封建制度的过程中，都曾经经历过统治阶级因为无视新生阶级的利益需求而引发社会政治矛盾，最终导致阶级斗争和政权更迭的历史事实。这种统治集团与社会其他阶层利益诉求过度脱节，无视其他社会阶层利益的历史顽疾正是一个欣欣向荣的国家最终败在政治因素所诱发的社会动荡中的根本原因。也正因此，马克思主义在探讨政治发展的时候，才特别强调了民主建设的重要性。因为，只有健全、完善的民主制度才能保证政治统治机器能够随时随地地将人们的心声接纳成为自己的思考，转化成有效的政策和制度，完善与社会、经济发展相互脱节的政治因素。

政治发展是一个独特的历史进程。与西方学者对发展中国家的研究和最终的西方式民主结论不同，马克思主义更加强调政治发展的历史唯物主义。在马克思主义看来，一切事物都有其独特的地方。不同的民族、国家、文化、宗教信仰、生活习惯等等最终都成为一个国家政治发展的重要影响因素。世界上没有完美的政治体制，也没有放之四海而皆准的政治制度。任何国家、任何制度都不能因为在某一时期、在某一国家的成功就认为有资格自我标榜，将自己视为他国发展的榜样，甚至党同伐异。马克思主义的政治发展是因时因地因人而异的。这也就是为什么马克思主义者一直强调政治发展不能盲目照搬他国经验、更不能忽视本国国情的原因。

## 二、政治发展与政治稳定

无论是西方学者对发展中国家现代化进程研究所提出的政治发展理论，还是马克思主义有关政治发展的研究，政治发展的核心都是政治因素适应经济、社会因素的一种变革。无论这种变革最终是以稳定的、自上而下的改革完成的，还是以暴力的、社会动荡为特征的、自下而上的革命的方式实现的。政治发展的最基本任务是为了革除传统政治因素中制约社会经济发展活力的部分，创建新的制度和规则以更好地推动实现经济与社会的发展。因此，政治发展的本意不在于否定传统的政治体制，而在于创立和完善政治体系。虽然革命是政治发展的一个重要途径，但是革命不是政治发展的目标，也不应该成为政治发展的目标。因为政治发展的根本目的是建立和完善一种更适于社会的制度，而不仅仅是破坏既有的制度。

按照马克思主义的理论，国家的本质是阶级统治，而阶级统治的本质就是要把国家的秩序维持在符合统治阶级的利益的秩序之内。秩序是政治稳定的另一种说法。从传统上说，统治阶级主要依靠手中的国家机器，通过暴力的手段维持着国家的统治。在暴力的威压下，国家保持着有序的状态。然而，暴力统治下的国家秩序和政治稳定是不长久的。历史证明，凡是实施暴力统治的国家最终都会被人民所推翻。因此，暴力虽然是维持国家秩序和政治稳定的重要手段，却并不是很有效的手段。因为过度的暴力将会迎来极端的暴力反抗。

纵观古今中外的历史，政治与经济、社会的绝对对立和绝对相容都是不现实的、不长久的。当一个国家长期处在暴力统治的状态下，这个国家的秩序虽然看似稳定，实则非常脆弱。相反，一个国家的政治制度和法律如果太过频繁地随着经济社会发生变化，这个国家也会因为政策的不确定性而失去社会的信任，进而导致政治动荡。从这个角度理解政治发展，似乎我们不但能够明白所谓“政治稳定就是政治体系在持续回应经济与社会发展过程中将国家与社会保持在秩序的范围内”这句枯燥的话其实并不简单，而且也能理解古人曾经说过的“治大国如烹小鲜”的微妙道理了。

政治发展与政治稳定之间并不是简单的辩证关系。所谓“政治发展构成政治稳定的基础，政治稳定只有在政治发展中才能真正得到保障”这句话本身就包含着多种含义。从政治因素与经济和社会两大因素之间的关系当中我们可以看到，三者之间的相互平衡是国家整体稳定发展的关键。在政治因素相对于经济和社会因素滞后发展的情况下，经济、社会因素的自主发展特性与政治因素的人为发展特性决定了政治因素不得不基于更多的人的因素才能得到发展的特性。因此，一旦政治因素由于人为原因而被耽误时，政治因素相对于经济、社会因素的发展就会呈现出滞后性，以及相应的与经济、社会因素之间的不适应性。这种不适应性如果不能够经由政治发展而得到稳妥的改善，经济和社会因素变革所引起的政治因素的不适应程度就会持续增加，进而引起社会动荡。政治稳定就会出现危机。

政治发展需要政治稳定。政治发展是为了建立一套更加有利于适应经济、社会的制度和机制，而不是仅仅变革既有的政治制度和体制。政治发展的本质既包含破旧，也包含立新。破旧，需要打破传统体制下既得利益者的利益结构；立新，则需要适应新的经济、社会形势而提出并建立恰当的制度和措施。在政治发展的过程中，破旧和立新在很多时候都会因为触动既得利益者的利益链而遭到激烈的反对，也会因为新兴政策短期内没有收到应有的效果而被即将受益的对象所指责。因此，政治发展本身蕴含着一个特殊的挑战。这个挑战就是如何处理好政治发展与政治稳定的关系问题。

改革任何时候都会遇到挑战。然而，改革在很多时候需要把握时机。时机不成熟的改革，会埋下政治陷阱；错过了改革的时机，改革将遇到更大的阻力，甚至失去改革的可能而只能等待革命。政治发展与政治稳定的关系对于政治实践而言，最容易得出的最佳结论就是在政治稳定的状态下，凭借敏锐的政治敏感性推动政治发展。然而，现实的政治实践往往并不是这样。因为政治稳定的时候，经济、社会发展也会是最佳的发展时期。这个时候虽然有些政治因素不适应经济、社会的苗头出现，但是总体来看会是好形势。从而，政治稳定虽然创造了政治发展的绝佳机会，却同时又削弱了政治发展的动力。缺乏动力就不可能有行动，更不可能有为了政治发展而忍痛牺牲暂时的经济和社会发展的决心。

政治发展与政治稳定的另一个悖论是当政治稳定性差时，政治发展需求最为迫切，但是实施起来却最难。之所以出现这样的问题，主要是由政治发展本身对政治稳定的特殊需求性决定的。任何政治统治者在掌握公权力的基础上都不会轻易放弃自己的权力。政治不稳定、社会动荡的时候，最容易感受到威胁的恰恰是政治权力统治集团。从而，在政治稳定性差的时候，政治发展同样非常艰难。

政治发展与政治稳定之间存在着辩证关系。这种辩证关系不仅表现在互为基础和动力的关系上，更表现在政治发展和政治稳定的悖论上。然而，人类的历史告诉我们，政治发展在政治稳定的过程中推进仍然是最佳的选择。之所以说这种选择是最佳的是因为政治稳定并不是永远存在的。也就是说，政治相对于经济和社会的发展的滞后性是有限的。政治不可能永远滞留在原地不动，而寄希望与经济和社会持续发展并且不断适应旧的政治体制。一旦政治统治集团多次错过了推动政治发展的政治稳定环境，政治因素的滞后将达到经济和社会所能够承受的极限而最终彻底崩溃。一旦政治稳定突然崩溃，政治发展将很难回到稳定的、温和的政治改革道路。政治统治集团将因为他们面对政治发展机遇时的傲慢而付出被反对者“矫枉过正”式的惩罚。根据历史经验，这种惩罚最终将超过政治发展本身的需求，而会将政治统治集团卷入进来，作为直接攻击的对象。从而，在政治发展与政治稳定的辩证关系中，政治发展是决定性的。

当代世界经济与社会发展在很大程度上解放了个人，给个人带来了更多的自由和自主空间。这种源自市场经济和社会发展的自由不但使更多的人获得了独立性，而且让这种独立性直接改造了社会文化和人们的生活习惯。从而，当今世界的政治发展在更大程度上体现出了民主化的特色。越来越多的人对政治现象的关注和对政治问题的参与造就了当今世界政治发展的独特环境。政治发展过程中如何给人以正常的参与政治的途径，如何使这种民主化的变革成为有益于政治发展的动力已经成了当今世界各国政治发展中最为重要的课题之一。

## 三、推动现代政治发展的新因素

21 世纪是继 20 世纪信息革命之后更加快速发展的新科技革命的世纪。新科技革命对当今世界经济、社会、政治产生了巨大的影响。这种影响不仅表现在人们生活水平的提高方面，更表现在信息对人和人对信息的影响方面。在新科技革命所推动的社会进步面前，传统的权威正在迅速消失，整个社会逐渐趋向扁平化。

引起这种变化的原因主要有两个：一是技术革命打破了传统公权力对所垄断的特殊资源的掌握能力；二是信息传递的速度直接削弱了官方通过保持信息神秘性而获得的权威性。二者相互配合最终导致了公权力和平民之间的距离被迅速拉近的结果。

当政府行为被置于公众视野之下，公众对政府行为直接做出判断的机会和条件就越来越成熟。这种信息技术革命带给当今世界的是人们的自我教育和对政治行为理解能力的迅速攀升。无论是谁，只要他有自己的途径获取信息，他就有权根据这些信息做出自己的判断、分析和评价。没有任何人可以阻碍这种信息传播链条的延续，也没有一种方法可以直接掐断这个链条而避免反面效果。

信息时代改变了很多东西。人们对公权力的理解和反馈途径越来越畅通就是其中之一。面对越来越畅通的信息发布网络，传统的公权力机构将不得不借助新媒体而不是打压或者回避。这种新媒体压力下的公权力的运行规则便成为当今世界政治发展的最根本动力之一。新媒体解放了人、人的思想，以及人对政治的理解。新媒体发展的当今时代，人在言论、思想等方面获得的自由度空前发展，人与人之间进行思想互动、交流，相互影响的机会也越来越多。思想的自由改变了人对自由的政治理解。掌握公权力的政治统治集团将不得不在未来的政治统治过程中面对更多的挑战，并在应对挑战的过程中积极稳健地推动政治发展。

如果说由精英提出的权力制约模式对于广大民众来说依然属于被动接受的范畴，那么因为自我意识觉醒而由广大公民主动要求的权力制约和利益均分则显得更加具有进步色彩和实践意义。而这种公民意识的觉醒离不开先进信息的有效传递。在这里试图说明三个问题：其一，信息传播双方的信息对称性与开放民主社会间的关系具有双重性，它既是原因也是结果；其二，对影响信息传播发展的因素进行描述和效应分析；其三，从信息传播发展的角度阐述公民意识觉醒曲折性的原因。

## 第二节　公权力的转变

资本主义制度从产生至第二次世界大战结束经历了重大的洗礼。周期性的经济危机改变了战后资本主义世界的政府功能和机制，并且使整个资本主义社会发生了根本性的变化。吸收了马克思主义的经济政治理论，西方政府不但在社会治理上推行了“民主社会主义”制度以竭力减少社会极端分化的状态，而且还在政府干预经济发展方面做了充分的调整。这种政策调整为战后资本主义世界的发展迎来了黄金阶段。然而，随着政府干预社会和经济程度的加深，西方出现了经济发展滞涨、社会趋向保守、政治效率低下等难题。为了应对新的问题，以美国的里根和英国的撒切尔夫人为首的政治领导人发起了以自由主义刺激经济、社会发展的改革运动。从此西方发达国家政府经济、社会政策相继进入了自由和干预之间寻求平衡的发展阶段。政府政策的周期性调整对整个国家机器提出了新的要求。这种新的要求不仅表现在国家机构和职能与经济、社会高度灵活性接轨方面，而且表现在政府及其手中的公权力本身的转变方面。

### 一、政府再造运动与权力政治的弱化

第二次世界大战之后，凯恩斯主义在西方大行其道，加上福利国家观念的影响，政府职能得以不断扩张，进而形成了对经济与社会广泛的干预管制。随着管制覆盖面的扩大和程度的加深，政府角色开始出现错位现象。伴随着政府角色的错位，政府机构的官僚体系急剧膨胀，结构日趋僵化，政府的执行力日益下降，大量腐败和社会资源闲置、浪费现象越来越严重。社会福利制度的无止境扩张极大地增加了政府开支，甚至将政府财政推到危机的边缘。工业化时代构建起来的政府官僚体系科

层制，在日趋僵化的组织结构、日益低下的办事效率、日益让人失望的公共服务状况，以及对公共问题的久拖不决，对公众需求的迟钝反应等等弊端暴露无遗的状态下，遭遇了彻底的适应性危机。

在公众对政府的不满声浪中，提高政府公共政策质量、减少官员腐败、转变政府行为方式、改进公共服务的品质成为各国政府重新获取公民支持、维护政府合法性的首要任务。在这种特殊的历史背景下，西方政府掀起了自上而下的政府再造运动。所谓“政府再造”就是西方国家政府通过对政府权力结构、责任机制、组织激励机制、绩效管理机制、组织目标等进行大幅度改革，进而有效提高组织效能、效率、适应力、创造力，以及公共部门的服务效率等宏观改革。



当代政治再造运动发起于20世纪70年代末全球普遍的治理危机背景下。通常认为，英国希斯政府的行政改革是这一运动的先声。希斯政府在改革中，把私营企业的行政管理方法运用到政府机构当中，政府机构被彻底重组。加强集中以管理为特色的“超级大部”取代分门别类的繁琐的行政部门，减轻了财政负担，提高了行政效率。希斯之后的撒切尔夫人继承了前任政府的改革，并将改革的范围、力度、深度拓展到前所未有的程度。在撒切尔夫人任内，英国的国有企业、行政机构、政府效率、公权力和经济社会的衔接度等方面均得到了堪称彻底的改革。

在英国的政府改革过程中，重新分配公权力是重要的环节。其中1988年的《改进政府管理：下一步计划》改革方案体现了其内容。第二次世界大战之后，英国政府重建过程中实行了政府各部门决策和执行合一的“条条管理”模式。在这种模式下，作为国家局部公权力机构的政府各部就成了相对集权的部门。长期以来，这种由各部制定政策，并由各部执行政策的至上而下的行政体制实质上改变了自由资本主义体制所反对的公权力集中化限制，带来了种种行政弊端。为了提高行政执行力、政策纠错力，英国政府通过改革，将高度集中在各部级层次的行政决策和政策制定权与执行权分离，成立了专门的行政执行机构，改变了各部部长不仅负责决策，而且还要监管具体执行事务的传统。通过改革，英国的行政政策执行机构直接对公众服务，进而实现了改善管理和对公众服务的效果。

1990 年英国首相撒切尔夫人卸任，继任的梅杰政府继续了前任的政府改革。为了改善公共服务质量，缩小政府官僚体系的规模。英国政府 1991 年发布了《以竞争求质量》白皮书（也称《公民宪章》）。白皮书要求各中央政府部门和行政机构在其服务中引入竞争机制，在最大程度上向社会开放过去由政府部门垄断的公共服务供给。与此同时，英国政府还在白皮书中将政府公共部门向社会提供的各类服务具体内容、标准、责任等向全社会公开，接受公众的监督。

为了进一步打破政府的权力垄断，英国政府在 1993 年再一次加大了在公共服务领域引入竞争机制的力度，创造性地实施了以鼓励私营企业与政府公共部门竞争，降低服务费用，改进服务质量的改革措施。在改革的过程中，英国政府不但直接裁撤了不必要的职能机构和国企，并且直接将营运不佳的政府服务功能和国营企业交给民营企业来负责。对于运行不佳却不得不保留的机构，则在比较分析政府直接承担和民间承担的效益之后，将更适宜通过民间组织承担的职能再次分配出去，而将不得不保留的职能经由对执行主体、资源配置等多方面的评估而继续保留下来。此次改革之后，英国政府文官数量锐减，行政效率和公共服务水平得以提高，政府开支得到了大幅度压缩。

英国的政府改革虽然一直将重点集中在公权力部门，但是这一改革本身的影响范围却不仅仅局限于政府。因为改革涉及国有企业、政府职能的剥离、公共服务等等方面，因此它也是一场经由政府改革而延伸为政府与经济、政府与社会关系的改革。在这一改革的进程中，不仅英国政府内部得到了重大改造，而且国家内部政治、经济、社会、文化等诸多重要部门及其相互之间的关系也得到了重新的梳理和改造。

发端于 20 世纪 70 年代的政府再造运动为改善当代政治制度和公权力效能提供了与传统西方政治学截然不同的思路。如果说在传统西方政治中以自由、人权为基础建构起来的民主制度和代议制度为政治权力的制约和政治统治条件下社会公平的建立提供了最大保障，那么这一时期政府再造运动的发展则为当今世界政府发展提供了超越自由、民主传统思路的新途径。

与传统政治改革不同，政府再造过程中，政府的功能整体上呈现了更进一步的扁平化态势。众多本来由政府权力掌控的职能经由种种改革措施而转移到了由于竞争关系而充满活力的私人企业部门。这种改革的本质实际上超越了传统政治改革的范畴，是一种将政治改革和社会改革合二为一的举措。这一改革实质上推动的是公权力和市场的有机结合。它在一定程度上抛弃了公权力的政治属性，而纯粹地运用技术手段来实现政府改革的目标。政治作为统御国家权力的因素，不再是唯一的因素。经济利益的竞争、市场的规律被引入政治权力运作的局部层次，进而改善了政府的形象和效率。

在政府再造过程中，公权力的运行模式第一次被注入了社会和经济的因素。众多市场经济的运行规则开始在政府政策的执行层次发挥作用，公权力中与人民生活息息相关的一大部分权利重新回归市民社会，公民不但获得了参与公权力运行的机会，而且还因此改善了公权力的实际效果。非国有化进程在减少政府管理职能和责任的过程中不但减少了政府雇员人数，而且改变了经济社会发展过度依赖政府投资的传统。放松规制则降低了政府干预市场过程中的人力成本。制度风险创造出新的市场和干预的选择关系，为公权力注入了市场和竞争的活力。部门与企业、部门与部门之间的合作代替了过去公权力部门包揽一切的做法，公共物品的提供更加贴近需求，社会资源得以更加高效率地被利用和发挥作用。经由公权力运行模式的改造，公共服务作为公民社会和政府之间的桥梁作用变得更加贴近民心，增加了政府公权力和社会之间的缓冲力和社会稳定度。政府部门大量精简机构和人员，权力下放、责权明晰、绩效导向更加合理提高了公权力运行方向与社会需求的契合度，提高了政府的施政效果。政策决策与执行职能分开，不仅经由执行部门的检验而提高了政策制定和修订的科学化和及时性，而且还扩大了政策执行的灵活性。传统的公权力的金字塔形结构被严重冲击，公权力的神秘性迅速下降。公权力结构的扁平化拓宽了政府与社会交流的渠道，增强了政府的服务职能。

政府再造运动虽然没有彻底改变公权力的属性，但却在很大程度上拓展了公权力再建构的思路。作为国家机器运作的灵魂，公权力在政府再造的过程中创造了打破官僚集团（如英国的文官体系）垄断公权力的奇迹。这一运动将市场引入公权力的运作进程，直接打破了公权力主要依赖政治规则和潜规则运行的传统。市民社会的发展和市场机制的引入，为新世纪公权力更好地发挥作用创造了条件。

## 二、公共管理技术与公民社会的进阶

20 世纪 70 年代以来，源自西方发达国家的政府改革运动在创造政府再造奇迹的同时创造了一门新兴的技术——公共管理技术。公共管理技术的产生与传统政治治理原则的困境和新兴理论创新性使用密不可分。在 20 世纪 70 年代经济滞涨、政府失败两大困境下，西方国家经济、科技领域的变革为公共管理技术的兴起提供了有力的条件。

经济与政治两大问题重压下的西方发达国家政府在政府再造运动发起之前面临着前所未有的挑战。这种挑战一方面来自于传统政治理论的实效，另一方面来自于经济领域私营企业管理技术的发展。当时的客观现实是，按照马克斯·韦伯、托马斯·伍德罗·威尔逊和弗兰克·J. 古德诺等人思想建立起来的传统官僚行政体制陷入了机构臃肿、效率低下、人浮于事等等弊病纠缠之中。面对社会、经济的发展，传统死板僵化的行政官僚机构根本无法适应高科技发展下迅速变化的经济社会环境的要求。政府行动的滞后成了社会公共服务和公共产品供给稀缺的重要原因。在西方发达国家政府陷入管理困境的时候，私营企业领域管理技术却日益成熟，并引起众多理论研究者的关注。借鉴经济管理模式修正政府行为的理论已经悄然引起人们的注意，如比较有代表性的公共选择理论、交易成本理论等。

公共选择理论是研究选民、政治人物，以及官僚行为的理论。公共选择理论有一个重要的前提，那就是假设选民、政治家、行政官僚都是按照自私的动机而采取行动的人。基于公共选择理论，市场经济下私人选择活动中的理性原则同样适用于政治领域的公共选择活动。政府、政府官员在公共选择过程中同样会反应出个人利益、小集体利益、公共利益等复杂的利益选择过程，而不是单纯的以公共利益为目标。从而，政府和公权力掌握者虽然在应然的层面代表着公共利益，但却在实然的层面存在着特殊的复杂性。政治选择活动本质上也是一种基于自我动机而进行的利益交易行为。

交易成本理论认为，人类社会追求经济效率的行为所导致的专业分工产生了交易过程中市场价格与成本分离的现象。由于交易过程中不可避免地存在着有限理性、投机主义、环境因素的不确定性与复杂性、信息不对称、互不信任或者立场对立等导致交易困难的交易氛围等因素，因此，任何交易发生的过程中都会产生额外的交易成本。这些交易成本包括：搜集商品信息与交易对象的搜寻成本，取得交易对象信息与和交易对象进行信息交换所需的信息成本，针对契约、价格、品质讨价还价的议价成本，进行相关决策与签订契约所需的决策成本、监督交易对象是否依照契约内容进行交易的监督成本，违约时所需付出的违约成本等等。由于交易所具有的专属性特征、交易的不确定性和交易的频率都会导致交易成本的持续增加，因此如何降低交易成本变成了交易行为的最理性选择。

交易不确定性指交易过程中各种风险的发生机率。由于人类有限理性的限制使得面对未来的情况时，人们无法完全事先预测，加上交易过程中买卖双方常发生交易信息不对称的情形，交易双方继而透过契约来保障自身的利益。因此，交易不确定性的升高会伴随着监督成本、议价成本的提升，使交易成本增加。

基于公共选择理论和交易成本，为了尽可能降低公权力不恰当的公共选择行为，在政府部门中引入市场化运作模式，不仅提高了行政部门的效率，而且改善了公权力基于私利原因而进行不当交易选择的弊病。

除经济发展因素之外，现代信息技术的产生和发展还为现代公共管理技术的发展提供了新的平台。20 世纪 90 年代是信息技术革命突飞猛进的时代。这一阶段电视覆盖率的迅速上升、互联网技术的广泛应用所带来的信息爆炸为普通民众创造出空前的信息量。这种信息网络的发展从根本上改变了传统社会政府和大众之间信息严重不对称的情况。经由信息获取能力，民众同时获得了对政府行为的有效关注能力、客观评价能力、一定的影响力和部分参与能力。民众对政府行为感知、反馈能力的增加直接改变了传统政治活动中公权力可以有效控制的权力运作环境。公民与政府普遍的信息共享能力对政府治理能力、行政效率、公正处理事务的要求越来越高。传统不对称的金字塔型公权力结构体系在政府和公民信息享有能力日趋平衡的情况下，迅速趋向扁平化。为适应新科技革命和政治权力结构变化所引起的新的公权力变革需求，一系列公共管理技术理论也应运而生。

新公共管理理论基础与政府再造运动中所借鉴的理论一脉相承。承认公权力掌握着的经纪人特性，借鉴私营部门的管理技术，更多借鉴绩效管理、目标管理、组织发展、人力资源开发技术，而不是政治理论来修正政府行政行为的思路使公共管理技术在政府再造运动之中脱颖而出。

按照简·莱恩的说法，新公共管理不仅仅是公共选择和私人部门管理理论的混搭，也不仅是运用于公共部门的微观经济学，它具有意识形态的中立性、独特的契约制（不仅是签约外包）、更加关注现实，以及更多的独创性等等特征。和传统的公共管理相比，新公共管理技术中的政府角色态度已经从干预控制转向了放任竞争，行政官员的职能更像经理人，权力结构不再是集权控制而是分权负责，公权力结构彻底摆脱了金字塔型的自上而下控制模式并且形成了更具活力的扁平化网状结构，而对于公权力的评价方式也不再是全程监控而是结果导向。

新公共管理模式实现了政府角色的转变和行政管理的市场化导向。政府所能承担的任务和市场所能承担的工作经由市场最大化的方法得以重新划分。政府功能的关键点集中在国防之类不可能实行市场化的职能，以及培育市场方面，而将市场可以承担的职能部分、政府与市场可以共同承担的部分尽可能地转交给市场来处理。

在公共管理技术和政府再造运动的过程中，市场承担了传统社会政府所控制和掌握的众多职能，直接导致了公权力结构的扁平化态势。公权力结构的扁平化发展改变了公民与公权力关系，以及参与政治的机会。

在这个过程中，公民的政治自觉力得到了提升，公民参与政治的能力得到了锻炼，公民社会经由政府再造与公共管理技术的发展和应用得到了前所未有的培育。以公民为主体的社会与国家的关系从以往的服从、制衡抑或对抗转向了参与、合作、互补。[①] 公民社会与国家公权力关系的改变创造性地实现了公权力部分回归社会母体的可能，也为公权力重新回归其作为社会公正、公平的契约方带来了希望。

## 三、非政府组织与公权力的局部解体

公权力的异变是政治理论的一大核心问题。无论古希腊、古罗马的经典政治论著，还是近代启蒙思想的社会契约思想，抑或马克思有关国家本质、职能的论述，无一例外地指出了任何公权力最终都存在成为社会对立面的难题。根据不同的时代和不同的理论根据，人类为预防和防止公权力的异变提出了种种思路。这其中不仅包括政治制度的选择、权力制约权力的探索，也包括空想社会主义和马克思主义有关共产主义社会的构想。所有的思想理论中，马克思主义在《法兰西内战》中有关“国家终究是一个祸害”，以及官僚机器“迟早会蜕变成骑在人民头上的老爷”的论述仍旧是最直截了当地指出问题实质的论断。按照马克思主义的理论，只要国家存在，只要公权力存在，权力的异变就是难以避免的。

按照马克思主义的构想，当人类进入到物质和精神文明极大丰富的时代时，应有共产主义社会出现。彼时国家的存在不再是必要。物质可以满足任何人的需要，而极高的精神境界又能够使人们摆脱贪欲、仇恨等愚昧思想的束缚。在那个人与人极度和谐、人与物质极度和谐的社会，人的自觉行为早已使人类社会的一切规则失去了存在的意义，作为约束社会秩序的国家也就失去了存在的意义。国家消失了，公权力就消失了，公权力的异变自然也就不再存在。人们永远不需要担心官僚和官僚体系，以及由它们而引发的种种问题。

20 世纪后期的政府再造运动和随之发展起来的新兴政治组织改变了

---

① 何增科：《公民社会与第三部门研究引论》，《马克思主义与现实》，2000 年第 1 期。

传统政府公权力的发展轨迹。自人类社会产生政治现象以来，公权力机构的膨胀和腐败就一直如同梦魇般萦绕在政治的范畴。古今中外，官僚体系的建立和发展一直保持一个基本的轨迹：建立之初精干而有效，中期迅速膨胀而效率下降，后期机构臃肿却成为阻碍社会进步的最主要的腐朽力量。政府再造运动的兴起彻底改变了这一亘古不变的政治机器发展的规律。在这一运动中大幅度地精简政府部门，压缩政府人员，将政府职能经由市场机制有效地推向社会等等一系列举措在本质上减少了政府对社会的监控、管制，同时增强了社会本身对自身的管理能力。

公权力的异化基于国家和政府的存在。国家和政府的消失，意味着公权力异变的终结。然而，马克思没有论述这中间的过程究竟如何。按照传统的马克思理论，这个过程要经由社会主义制度来完成，唯一可循的路径只有《法兰西内战》中有关巴黎公社的描述，以及马克思回应俄国革命者有关“跨越卡夫丁峡谷”的若干信件。前人未经的事业为后人留下了自我创造的空间。西方世界在学习和借鉴马克思经济社会理论之后创造性地找到了一个政治、社会、经济的平衡点。在这个点上，我们虽然没有看到国家消亡的迹象，但是却看到了国家机器和社会自我管理在政治职能的范畴内重新分配的过程。经由政府再造运动，西方官僚的腐败、丑闻依然层出不穷，然而，庆幸的是政府对于社会的职能经由这个运动收缩了。不仅如此，这个运动在不断深化发展的过程中，另外一个准政治现象的出现加速了社会和政府重新界定公权力范围的进程，即非政府组织在世界各国的迅速发展。

非政府组织通常指独立于政府之外，不隶属于任何政府或政府机构，非官方却依法建立的非商业化组织。此类组织最早产生于19世纪中期，最著名的就是1863年的国际红十字会。1945年《联合国宪章》第71条款第10章中第一次界定了非政府组织的概念。1950年2月27日联合国ECOSOC288决议X款再次将非政府组织的概念界定为：“国际非政府组织就是任何不通过订立国际条约而成立的国际组织。”1968年联合国经社理事会通过1296号决议，规定联合国同非政府组织关系的法律框架，国际非政府组织得到认可。1996年联合国经社理事会通过1996/31号决议对联合国同非政府组织之间的咨询关系再次做了规定，并宣布承认在各国和各地区活动的非政府组织。

20 世纪 70 年代后期，以西方阵营经济合作为基点的经济全球化改变了整个世界的经济、社会、政治交往关系。为了平衡国际条约组织一类带有浓重政治色彩的国际组织，以发展人道主义、资助、可持续发展为重点的一系列组织相继成立。80 年代，国际非政府组织开始大量产生，并在 90 年代达到发展的高峰。据联合国全球管理报告统计，至 1995 年，全世界国际非政府组织已经接近 3 万大关。



尽管非政府组织不是由政府及相关机构所建立，然而非政府组织的政治色彩却非常浓郁。不仅如此，在很多情况下，非政府组织还带有明显的政治意图，以致很多非政府组织都有向其成员推广政治理念、社会目标的功能。从而，在当代政府发展的过程中，非政府组织在政府机构和政府职能、传统经济和社会机制之外形成了一种新的补充政府功能——教育人民，培养公民社会政治能力的力量。这种力量带着它特有的理想主义色彩形成了来自民间的力量、监管政府行为、发动群众，以及在某些具体事务上对政府施压的能力。

随着非政府组织的蓬勃发展，其影响力越来越大。从政治的角度考察，非政府组织在改善政府管理和推动市民社会两大功能上对当代世界各国政府及其处理公权力和社会之间的关系方面影响最大。一方面，非政府组织与世界各国智库、学会的合作关系可以为政治发展提供所需的技术、信息、咨询。另一方面，非政府组织凭借其独特的政治理念和社会信念而代表着广泛的公民利益，能够为社会提供各种服务。而后者则包含着众多可能在政府层面被排除，或者暂时不考虑的部分公民的利益。随着非政府组织的发展，人权、法治、妇女权益、公民教育、新闻自由、政党政治、政府监督等等与政治密切相关的内容大量进入国际非政府组织的关注范围。随着非政府组织的发展，传统的、以国家为界限的公权力在经济全球化时代被迫让渡出部分权力之后，又面临着来自非政府组织经由公民教育而形成的压力。

由于国际非政府组织主要发端于发达国家，并经由发达国家扩展到世界各国，因此，国际非政府组织的政治信念和社会治理理念通常带有强烈的西方民主思想的特征。国际非政府组织的这一特征导致了众多发展中国家在接受它的过程中的政治排斥和警惕。然而，随着非政府组织为发展中国家带来了大量的资金、技术帮助，很多国家逐渐改变了对非政府组织的传统观念。不仅如此，随着非政府组织国际影响力的扩大，很多大型的国际非政府组织对发展中国家的经济、社会，甚至政治发展提供了越来越多的实质性帮助。这些帮助在经历政治无能、私营部门过度关注利润的情况下，给那些对政府和利益集团失去信心的人们带来了新的希望。

近30年来，国际非政府组织发展逐渐进入了新的层次。它对发展中国家促进可持续发展，培育公民社会，为基层社会成员争取利益等等方面做出了越来越多的贡献。在很大程度上，非政府组织发挥着越来越多政府在特殊阶段无法或者不能够发挥的作用。它相比局限于国内的利益集团更多地展现了推动社会平衡发展的能力。在政府公权力这一传统构建社会秩序的唯一力量之外，一些国际非政府组织的兴起，在某种程度上分担了政府的责任，为政府提出了更多带有政治理想主义色彩的发展方向。

尽管非政府组织没有经由权力制衡原则分配任何公权力，然而它却通过非盈利、非政府的方式实现了对社会秩序的重新塑造。这种对公权力的重新塑造，本质上压缩了公权力的自由程度，而扩张了社会的自由程度。二者相较，公权力在当今世界受到的约束比以往任何一个时代都大。它不仅在全球化的过程中出让了部分主导权，更在非政府组织的蓬勃发展中丧失了对社会、文化发展的绝对控制权。

正是在公权力的这种非常态演进过程中，政治这一传统上以国家为主要界限的人类社会现象，转而在更大程度上被赋予了国家间政治的特征。政治正从以个体的人为单位的社会，迈向以国家为单位的国际社会。国际政治因素的加入让原本就复杂的政治和公权力变得更加复杂。

# 第三节 国际政治中的权力与秩序

既然被国际政治权力视为政治学的一个分支，那么国际政治与政治一样，也不会逃离权力、利益两大维度，以及与其息息相关的秩序的限制。相对于政治在国家层面的功能，国际政治所体现的政治更像是人类在自然状态下的政治雏形。自有历史记载以来，国家与国家间关系在绝大多数的情况下都处在彼此经由实力决定利益的状态。实力即权力，有实力就能夺取利益。

在人类历史上，国家与国家之间的秩序大致存在过三种形式。

第一种是古代中国在汉唐、明清等国力强盛的时代与周边国家建立起来的朝贡关系。在这一关系中，中国的政治地位至高无上，周边国家在政治上接受中国的领导。当然，朝贡并不意味着中国与周边国家在物质利益的交换方面有着不平衡关系。中国与周边国家的朝贡关系在更多时候看重的是一种抽象的政治利益。

与朝贡体系不同，在欧洲中世纪和近代，国家间的关系曾经一度相当复杂。在这种复杂的国家间关系当中，国与国间不同时期的不同联盟关系纷纷出现。联接这种联盟关系中国家间关系的纽带是利益。经由利益需求的合作，国家间的联盟关系为某些国家赢得了相对于另一些国家的优势，从而获得了经由战争等暴力手段战胜他国并夺取他国资源的权力。在这种短暂的联盟体系和联盟体系的对立面等矛盾体所组成的复杂的国家间关系当中，国家间关系的秩序得以建立。这种经由利益的纽带建立的国家间关系秩序，经由权力对利益的分配而趋向解体。

第二次世界大战之后，人类社会国家间关系中的秩序经历了两次世界大战的洗礼而浴火重生。联合国的建立、国际法的颁行、国际协调机制的产生、地区组织的建立等等将人类社会国家间关系中本来不甚牢靠的秩序推演到了空前的状态。在各类组织建立和发挥作用的过程中，人类社会第一次将原本属于国家内部的种种制度投射到了国际政治的环境当中。国际社会的运行终于摆脱了直至殖民主义时代仍然保留的蛮荒状态。血腥的战争、暴力仍然在这个世界存在，但是其不再是一个全方位的决定性因素。人类诸如正义、人权等普遍价值被灌输到了新时代的国际秩序当中，成为人类理解和判别每一个国家在国际秩序内行为的标准。在这样一个时代，暴力仍然横行，但是却不得不遵循特殊的规则。单纯的暴力不再被人们认可，也不再能够真正获得利益。暴力必须经过人类社会公认的规则的修饰，才能够发挥它应有的效力。这就是当今世界国际政治中的秩序。

国家间秩序的建立给这个新的时代带来了新的游戏规则。正义、独立、自由、人权等等精神元素融入了国际社会，规范出新的国际秩序。然而，国际秩序并没有超越权力决定利益的传统，只不过是演变得更加纷繁复杂。而在这些背后是国际政治的精英们操弄权力的舞台，是国际资本巨头攫取利益垄断市场的现实。

当新时代的国际秩序被注入种种精神元素的时候，权力决定利益的规则也随之被灌注其中。源自西方文化的自由、民主、独立等等理念成为当今世界国际社会秩序构建的最基本因素，并决定了西方强国对世界秩序的解释权，也决定了整个世界秩序的中心所在。西方世界以外的国家在新时代的国际秩序之下，只能接受并顺从这个秩序，并且在这个秩序之下寻求所期待的利益，而不能和这个既有秩序对抗、冲突。不仅如此，即便某个国家想要局部突破现有秩序，也只能在国际秩序所允许的范围内进行。

在新的时代，世界各国经济和社会文化的联系经由新科技的发展而空前紧密。新经济秩序的建立否定了殖民主义体系赤裸裸的剥削关系，然而，却保留了不同市场梯次之间的利润差异。高科技产品市场攫取超额利润，普通市场因低准入引发的激烈竞争而不得不承受利润所剩无几的悲惨。世界经济的市场秩序仍然极度不公平、不平衡，仍然是一个贫穷国家养活富裕国家、富裕国家剥削贫穷国家的秩序。这个时代的国际经济秩序与以往时代的唯一不同点是：过去需要凭借暴力来维持的国际剥削秩序，现在只需要祭起所谓“公正的自由贸易原则”的大旗就能让所有低层次市场国家默认现有秩序的合法性。在所谓自由贸易的国际秩序当中，自由贸易规则的制定、监督、裁决是一切经济权力的关键。然而，综观当今世界，这个权力从来没有真正由全世界参与贸易的所有国家所掌握。即便是某些看似在自由市场中获得的权利，在关键时候也能够被轻易地剥夺。

精神元素被灌注到当今世界秩序中后，国际社会和国家之间的相互关系开始成为各国不同社会阶层精神消费的一个重要内容。20 世纪信息革命的发展给这个世界秩序带来了独特的影响。在信息可以凭借国际媒体全球网络疯狂向全世界传播的时代，国际政治行为主体的生存环境发生了巨大变化。这种变化使国际行为体的行为本身的影响超越了以往历史的局限，转而成为国际舞台的一幕幕真实话剧。

这样，一个国家的行为和一个国家的形象产生了比以往时代空前紧密的联系。任何一个国家的国际行为都赤裸裸地曝露在全世界人民的眼中，接受着全世界上至各国政府、下至市井小人的审视、评价。在这样一个时代，一个国家的行为和利益之间的关系趋向复杂化。过去由实力决定利益的简单模式被彻底打破。20 世纪 90 年代伊拉克入侵科威特的事实表明，当今时代实力已经绝不仅仅局限于军事力量，而实力关系对比也绝对不能够仅仅考虑国际行为主体和行为客体的实力对比关系。赢得国际秩序基本文明规则的认同已经成了这个时代任何国家国际行为的基本准则。

需要说明的是，当前国际秩序文明规则并不是全世界各国文明的结晶，而更多的是世界发达国家面向世界推广的“文明准则”。在国际舆论主导权基本掌握在西方发达国家手中的情况下，在国际行为文明规则主要由西方发达国家建构、由西方世界监督、由西方媒体评判的情况下，世界信息主体上呈现出来的单向流动正无情地拉大发展中国家与发达国家参与现有国际文明规则的能力和水平。

现代世界建立了稳定的国际秩序。在这种国际秩序中，战争作为人类社会国家间关系的最常见行为得到了众多规范和约束。然而，国际秩序之下的战争并没有从此消失。相反，战争仍然是我们这个世界最耳熟能详的集体暴力形式。现代国际秩序的建立没有削弱战争和战争的影响力。它所约束的只是战争的行为，只是给战争的发生、发展、结果提供了一系列看似文明的规范。

战争，无论是在古代社会还是在现代世界，都是极大的物资消耗过程，国家间的战争尤其如此。所以，战争的背后都有着巨大的利益欲求。然而，当今世界秩序之下的战争却不能基于赤裸裸的利益而发动。因为那样将会违背当今世界秩序中的普遍价值，而这些价值是值得所有的国家共同遵守的。一场消耗大量物资的仅仅是为了实现国际正义而没有任何利益考虑的战争是不存在的。然而，如果一个国家公然为了赤裸裸的利益就发动战争，那么它一定会受到整个世界“正义秩序”的约束。现有的国际秩序并没有根本约束战争的机制，它所能约束的只是在国际舆论中赤裸裸的、以利益为理由的战争。在当今世界国际舆论力量分布极度不平衡的条件下，战争行为也被无情地纳入了不平衡的国际秩序之下。

秩序是由权力界定的。然而，当今世界的权力已经不再等同于简单的军事和经济实力。权力的构成吸纳了高科技的因素，吸纳了商品国际分工的利益分配的因素，吸纳了文化的因素，吸纳了国际舆论主导权的因素等等。权力构成的演变改变了决定秩序的因素，也改变了权力和秩序之间直接的联接关系。权力和秩序新因素的加入是任何国际政治行为体在追求利益的过程中都不得不选择更加迂回的道路和更加文明的方式的原因。尽管这些秩序背后仍然存在着更加隐蔽的、更加迂回的权力作用和利益计较，然而，秩序对赤裸裸的权力的约束毕竟给人类社会的文明和发展创造了从未有过的新环境。

20 世纪后半叶至今，世界经济全球化的浪潮通过产品的国际分工、资本的国际流动、文化的信息化流动将整个世界变成了一个更为紧密的整体。整个世界彼此之间联系纽带的加强、国家部分主权的让渡和国际规则对国家行为约束力的加强根本上改变了当今世界国际行为体权力适用的传统范围。权力从一个国家与若干国家之间发展到若干国家与若干国家之间，从若干国家与若干国家之间又发展到覆盖整个世界的国际秩序当中。在当今世界，没有一个国家能够逃离国际秩序的约束。在国际秩序的舞台上，权力早已冲破了国家的界限，权力的优劣不再以国家为基本参照系，而转向某个产业链不同分工的定价权、某种文化的同化力、某种货币的坚挺度、某个市场对某种产品的吸纳度、某种政治模式的吸引力等等。某个国家相对于其他国家的至高无上的威压不再成为权力的象征。权力巅峰的特征不再是血腥的军事征服，而是对国际秩序的掌控和影响能力。

世界在转变，权力的体现形式也在转变。在当今世界，是国际秩序，而不是一地、一域的得失，决定着一个国家的生存和发展的空间。

**【思考题】**

1. 西方有关政治发展的主要研究对象和内容是什么？

2. 为什么说政治发展为经济、社会发展服务？

3. 西方政治发展相关理论与马克思主义的政治发展观有何不同？

4. 为什么说政治发展的核心问题是国家政权问题？

5. 为什么说阶级斗争对政治发展有重要影响？

6. 为什么说民主建设是政治现代化发展的必然要求？

7. 如何理解政治发展与政治稳定的辩证关系？

8. 政府再造运动、公共管理技术的发展、国际非政府组织对公权力体系的影响是什么？

9. 如何理解当代国际秩序权力和秩序的关系？

# 主要参考文献


1. 曹维安:《俄国史新论》,北京:中国社会科学出版社,2002年版。
2. 陈振明主编:《政治学——概念、理论和方法》,北京:中国社会科学出版社,2004年版。
3. 范进学:《权利政治论——一种宪政民主理论的阐释》,济南:山东人民出版社,2003年版。
4. 范亚峰:《英国宪政的自由精神的生长》,北京:中国政法大学出版社,2003年版。
5. 韩明谟主编:《社会学概论》,北京:中央广播电视大学出版社,1997年版。
6. 何增科:《政治之癌——发展中国家腐化问题研究》,北京:中央编译出版社,1996年版。
7. 姬金铎:《剖析腐败》,北京:经济管理出版社,1992年版。
8. 麻宝斌:《十大基本政治观念》,北京:社会科学文献出版社,2011年版。
9. 倪世雄:《当代西方国际关系理论》,上海:复旦大学出版社,2001年版。
10. 梁晓声:《中国社会各阶层分析》,北京:文化艺术出版社,2011年版。
11. 李强:《社会分层十讲》(第二版),北京:社会科学文献出版社,2009年版。
12. 林吕健:《驾驭权力烈马:公共权力的腐败与监控》,杭州:浙江大学出版社,2012年版。
13. 刘伟:《丙午立宪:大清王朝最后的变革》,上海:古籍出版社,

2007 年版。
14. 宋立刚等主编：《中国未来二十年的改革与发展》，北京：社会科学文献出版社，2011 年版。
15. 《孙中山选集》第 2 版，北京：人民出版社，1981 年版。
16. 王惠岩主编：《政治学原理》，北京：高等教育出版社，2006 年版。
17. 王浦劬主编：《政治学基础》，北京：北京大学出版社，1995 年版。
18. 王英津：《港澳特区政府与政治》，台北：博杨文化事业有限公司，2009 年版。
19. 王绍光：《民主四讲》，北京：生活 · 读书 · 新知三联书店，2008 年版。
20. 杨继绳：《中国当代社会各阶层分析》，兰州：甘肃人民出版社，2006 年版。
21. 应克复等：《西方民主史》，北京：中国社会科学出版社，1997 年版。
22. 俞可平主编：《政治学教程》，北京：高等教育出版社，2010 年版。
23. 张江河：《论利益与政治》，北京：北京大学出版社，2002 年版。
24. ［清］严可均辑：《全上古三代秦汉三国六朝文》，北京：中华书局，1950 年版。
25. ［奥］曼弗雷德 · 诺瓦克著，毕小青等译：《民权公约评注：公民权利和政治权利国际公约》，上海：上海译文出版社，2003 年版。
26. ［德］马克思、恩格斯著，中共中央马克思恩格斯列宁斯大林著作编译局译：《马克思恩格斯选集》，北京：人民出版社，1995 年版。
27. ［德］马克斯 · 韦伯：《经济与社会》，上海：上海人民出版社，2010 年版。
28. ［俄］列宁著，中共中央马克思恩格斯列宁斯大林著作编译局译：《列宁选集》，北京：人民出版社，1995 年版。
29. ［法］卢梭著，何兆武译：《社会契约论》，北京：商务印书馆，2003 年版。
30. ［法］孟德斯鸠著，许明龙译：《论法的精神》，北京：商务印书馆，2009 年版。
31. ［法］涂尔干著，渠东译：《社会分工论》，北京：生活 · 读书 · 新知三联书店，2000 年版。

32. ［法］托克维尔著，董果良译：《美国的民主》，北京：商务印书馆，1988 年版。

33. ［古罗马］西塞罗著，沈叔平、苏力译：《国家篇　法律篇》，北京：商务印书馆，1999 年版。

34. ［古希腊］柏拉图著，郭斌和、张竹明译：《理想国》，北京：商务印书馆，1986 年版。

35. ［古希腊］亚里士多德著，吴寿彭译：《政治学》，北京：商务印书馆，1983 年版。

36. ［古希腊］亚里士多德著，颜一等译：《亚里士多德选集》，北京：中国人民大学出版社，1999 年版。

37. ［荷］斯宾诺莎著，温锡增译：《神学政治论》，北京：商务印书馆，1997 年版。

38. ［美］丹尼尔·贝尔著，高铦等译：《后工业社会的来临：对社会预测的一项探索》，北京：新华出版社，1997 年版。

39. ［美］丹尼斯·朗著，陆震纶、郑明哲译：《权力论》，北京：中国社会科学出版社，2001 年版。

40. ［美］莱斯利·里普森著，刘晓译：《政治学的重大问题》，北京：华夏出版社，2001 年版。

41. ［美］罗伯特·A. 达尔著，王沪宁等译：《现代政治分析》，上海：上海译文出版社，1987 年版。

42. ［美］罗伯特·达尔著，曹海军等译：《民主及其批评者》，长春：吉林人民出版社，2006 年版。

43. ［美］罗伯特·达尔著，谭君久译：《多头政体》，北京：商务印书馆，2006 年版。

44. ［美］汉密尔顿、杰伊、麦迪逊著，程逢如、在汉、舒逊译：《联邦党人文集》，北京：商务印书馆，1982 年版。

45. ［美］庞顿、吉尔著，张定淮等译：《政治学导论》，北京：社会科学文献出版社，2003 年版。

46. ［美］乔万尼·萨托利著，冯克利等译：《民主新论》，北京：东方出版社，1993 年版。

47. [美] 塞缪尔·亨廷顿著，李盛平等译：《变革社会中的政治秩序》，北京：华夏出版社，1988 年版。
48. [美] 塞缪尔·亨廷顿著，刘军宁译：《第三波——20 世纪后期民主化浪潮》，上海：上海三联书店，1998 年版。
49. [美] 熊彼特著，绛枫译：《资本主义、社会主义和民主主义》，北京：商务印书馆，1979 年版。
50. [美] 约翰斯顿著，袁建华译：《腐败症候群》，上海：上海人民出版社，2009 年版。
51. [美] 伊斯顿著，马清槐译：《政治体系：政治学状况研究》，北京：商务印书馆，1992 年版。
52. [美] 詹姆斯·博曼、[英] 威廉·雷吉主编，陈家刚等译：《协商民主：论理性与政治》，北京：中央编译出版社，2006 年版。
53. [南非] 毛里西奥·帕瑟林·登特里维斯主编，陈家刚等译：《作为公共协商的民主：新的视角》，北京：中央编译出版社，2006 年版。
54. [日] 松本三之介著，李冬君译：《国权与民权的变奏——日本明治精神结构》，北京：东方出版社，2005 年版。
55. [英] 安德鲁·海伍德编，李智译：《政治理论教程》，北京：中国人民大学出版社，2009 年版。
56. [英] 戴维·赫尔德著，燕继荣等译：《民主的模式》，北京：中央编译出版社，2004 年版。
57. [英] 霍布斯著，黎思复、黎延弼译：《利维坦》，北京：商务印书馆，1985 年版。
58. [英] 洛克著，瞿菊农、叶启芳译：《政府论》，北京：商务印书馆，1982 年版。
59. [英] 苏珊·斯特兰奇著，肖宏宇、耿协峰译：《权力流散》，北京：北京大学出版社，2005 年版。
60. [意] 罗伯特·米歇尔斯著，任军锋等译：《寡头政治铁律》，天津：天津人民出版社，2003 年版，第 23 页。
61. [意] 托马斯·阿奎那著，马清槐译：《阿奎那政治著作选》，北京：商务印书馆，1963 年版。

**图书在版编目（CIP）数据**

政治学概论/鞠海龙著. —北京：时事出版社，2015.2
ISBN 978-7-80232-545-6

Ⅰ.①政…　Ⅱ.①鞠…　Ⅲ.①政治学　Ⅳ.①D0

中国版本图书馆 CIP 数据核字（2014）第 149133 号

出版发行：时事出版社
地　　址：北京市海淀区万寿寺甲 2 号
邮　　编：100081
发行热线：（010）88547590　88547591
读者服务部：（010）88547595
传　　真：（010）88547592
电子邮箱：shishichubanshe@sina.com
网　　址：www.shishishe.com
印　　刷：北京市昌平百善印刷厂

开本：787×1092　1/16　印张：17　字数：270 千字
2015 年 2 月第 1 版　2015 年 2 月第 1 次印刷
定价：68.00 元
（如有印装质量问题，请与本社发行部联系调换）